全国教育科学"十三五"规划教育部青年课题
冠军成长特征与现实启示研究，课题编号：

精英运动员力量训练基础理论与实践调控

陈 辉◎著

吉林出版集团股份有限公司
全国百佳图书出版单位

图书在版编目（CIP）数据

精英运动员力量训练基础理论与实践调控 / 陈辉著. --
长春：吉林出版集团股份有限公司，2023.5
　　ISBN 978-7-5731-3584-1

Ⅰ. ①精… Ⅱ. ①陈… Ⅲ. ①运动员—力量训练
Ⅳ. ① G808.1

中国国家版本馆 CIP 数据核字 (2023) 第 104730 号

精英运动员力量训练基础理论与实践调控
JINGYING YUNDONGYUAN LILIANG XUNLIAN JICHU LILUN YU SHIJIAN TIAOKONG

著　　者	陈　辉
责任编辑	王贝尔
封面设计	李　伟
开　　本	710mm×1000mm　　1/16
字　　数	275 千
印　　张	15.5
版　　次	2024 年 1 月第 1 版
印　　次	2024 年 1 月第 1 次印刷
印　　刷	天津和萱印刷有限公司

出　　版	吉林出版集团股份有限公司
发　　行	吉林出版集团股份有限公司
地　　址	吉林省长春市福祉大路 5788 号
邮　　编	130000
电　　话	0431-81629968
邮　　箱	11915286@qq.com
书　　号	ISBN 978-7-5731-3584-1
定　　价	75.00 元

版权所有　翻印必究

作者简介

陈辉 男，1987年5月生人，重庆第二师范学院体育与健康管理学院教师，北京体育大学在读博士研究生，现服务于国家体育总局奥运备战办，国家社科基金项目、全国教育科学规划课题负责人，在《体育科学》等核心期刊发表学术论文20余篇，曾获全国青年体育理论研讨会"优秀论文"，重庆市体育科学论文报告会"一等奖"等多个奖项。

前 言

  竞技体育的竞争随着科学的发展越发激烈，人们逐渐认识到造就运动员和创造优异成绩，不但需要生理、生化和生物力学等自然科学，而且涉及人文社会科学领域。竞技体育的可持续发展、优秀竞技体育后备人才的培养、高水平运动员训练行为的控制、高水平运动队的组织文化、竞技体育表演的市场运营、金牌教练员的成才等，正在对运动员成才和创造优异成绩发挥着越来越重要的作用。近年来，逐渐有学者对此进行探讨。力量是竞技体育中运动员竞技能力的主导因素，它是运动员技术、战术等能力的重要基础，只有具备了良好的力量，一切技术与战术行为才能得到有效的开展。可以说，体能是技战术训练的重要基础，能很好地培养运动员坚忍不拔、吃苦耐劳的心理品质，还能有效预防运动损伤，保证运动训练和比赛的顺利进行。科学的体能训练对精英运动员运动能力的提升具有举足轻重的作用，因此制订一个科学的体能训练方案或计划是尤为重要的。由于每个运动项目的特点不同，对运动员体能的要求也存在着一定的差异，这就是一般体能与专项体能的区别。因此，从事不同运动项目的运动员要针对运动项目的特点展开有针对性的专项体能训练，这样才能有效促进体能水平的提升。

  本书第一章为运动与训练的生物能量学特征，分别介绍了生物的能量系统、限制运动表现的生物能量因素两个方面的内容；本书第二章为精英运动员力量训练基础理论，主要介绍了四个方面的内容，依次是力量训练的生物学基础，力量训练的适应性调控，神经内分泌对力量训练的反应，力量训练在年龄、性别上的差异；本书第三章为精英运动员力量训练安排，分别介绍了四个方面的内容，依次是力量训练的周期性训练体系、力量训练计划设计、最佳力量训练方案的设计、肌肉恢复；本书第四章为精英运动员力量训练评估与调控，依次介绍了肌肉与训练动作的关系、力量训练前的功能评价、力量训练的功能障碍及评价、力量训练危险收效比分析四个方面的内容；本书第五章为精英运动员力量训练与营养，主要介绍了三个方面的内容，分别是身体健康与运动营养、肌肉增长的最佳营养、运动员体重调控与营养素补充。

在撰写本书的过程中，作者得到了许多专家学者的帮助和指导，参考了大量的学术文献，在此表示真诚的感谢！本书内容系统全面，论述条理清晰、深入浅出。

限于作者水平有不足，加之时间仓促，本书难免存在一些疏漏，在此，恳请同行专家和读者朋友批评指正！

陈辉

2022 年 11 月

目 录

第一章 运动与训练的生物能量学特征 ·· 1
 第一节 生物的能量系统 ··· 1
 第二节 限制运动表现的生物能量因素 ··· 7

第二章 精英运动员力量训练基础理论 ·· 13
 第一节 力量训练的生物学基础 ·· 13
 第二节 力量训练的适应性调控 ·· 26
 第三节 神经内分泌对力量训练的反应 ··· 44
 第四节 力量训练在年龄、性别上的差异 ······································ 63

第三章 精英运动员力量训练安排 ··· 78
 第一节 力量训练的周期性训练体系 ··· 78
 第二节 力量训练计划设计 ·· 91
 第三节 最佳力量训练方案的设计 ·· 102
 第四节 肌肉恢复 ··· 112

第四章 精英运动员力量训练评估与调控 ·· 124
 第一节 肌肉与训练动作的关系 ·· 124
 第二节 力量训练前的功能评价 ·· 141
 第三节 力量训练的功能障碍及评价 ··· 151
 第四节 力量训练的危险收效比分析 ··· 167

第五章 精英运动员力量训练与营养 ··· 177
　　第一节 身体健康与运动营养 ··· 177
　　第二节 肌肉增长的最佳营养 ··· 200
　　第三节 运动员体重调控与营养素补充 ··· 215

参考文献 ··· 229

附　录 ··· 233

第一章 运动与训练的生物能量学特征

了解生物能量的制造与使用是掌握各种运动和训练所需不同新陈代谢的基础。明确不同运动项目如何产生能量以及不同训练法如何调整能量的产生，才能设计出更有效率和符合目标的训练法。本部分重点讲述供给骨骼肌 ATP 的三种基本能量系统，了解基质的消耗与补充，特别是疲劳与恢复时，讨论限制运动表现的生物能量因素，有氧及无氧对于摄氧量的贡献，最后讨论训练的代谢特殊性。

第一节 生物的能量系统

一、能量

能量可被定义为做功的能力或容量，能量以各种形式存在，例如机械能、化学能、电磁能、热能与原子能，能量转换对每一种活动都是重要的。生物系统中的许多功能包括动作，从化学能转变为机械能是必要的。生物能量学或生物系统的能量流动主要关注的是将碳水化合物、蛋白质和脂肪等化学大分子物质转变为可用的生物能量，这些分子中化学键的分解，释放出做功所需的能量，如肌肉收缩的能量。大分子分解成小分子，同时释放能量称为分解代谢；小分子合成为较大分子时，使用了从分解反应所释放的能量，该建构过程称为合成代谢。蛋白分解为氨基酸为分解代谢，而氨基酸形成蛋白质为合成的过程。释能反应是释放能量的反应，通常是分解代谢；吸能反应需要能量，包括合成代谢过程及肌肉收缩。新陈代谢是生物系统中分解、释能和合成和吸能反应的综合，借助中间分子三磷酸腺苷 (ATP)、从分解到释能反应获得的能量去驱动合成并吸能反应。如果没有供应适量的 ATP，肌肉活动与成长是不可能的。因此，体能训练人员在设计训练计划时，应该明了运动如何影响 ATP 的使用及补充。

本质上，ATP 提供肌肉收缩的能量而产生人体动作。ATP 被归类为高能量分子，因为末端两个磷酸根化学键里储存大量能量，分解这些高能化学键会释放能量去驱动身体的各种反应。因为肌纤维中仅储存有限的 ATP 数量且必须维持供应 ATP，以提供收缩所需的能量制造 ATP 的过程必须在细胞内进行。

二、供能系统介绍

哺乳类动物中，补充 ATP 的三个能量系统为：磷酸原系统，无氧的过程没有氧分子参与作用；糖酵解有快速糖酵解及慢速糖酵解两种类型；有氧系统需要氧分子参与作用。三种能量系统都在一定的时间中活动，然后每种能量的使用程度，主要取决于活动的强度，次要的是持续时间的长短。

（一）磷酸原系统

磷酸原系统提供 ATP，主要针对短时间、高强度的活动（如重量训练和短跑），并且不管运动强度，所有运动一开始就会动用磷酸原系统。碳酸原系统是以高速率的方式进行能量提供的，然而肌肉中仅储存少量的 ATP 和磷酸肌酸，所以此系统无法为长持续时间的运动提供能量。每克肌肉中大约有 5 摩尔三磷酸腺苷及 16 摩尔磷酸肌酸。通常，II 型快缩肌纤维比 I 型慢缩肌纤维拥有更高的磷酸原浓度，磷酸原系统另一重要的反应是肌激酶反应，该反应提供即刻的 ATP 来源，而 AMP 是糖酵解的一个有力刺激物，这一事实也相当重要。磷酸原系统的调节主要是肌酸激酶（CK）的作用调节磷酸肌酸的分解。增加肌浆中 ADP 浓度可以促进肌酸激酶的活动。刚开始运动时，ATP 水解成 ADP，释放能量以便收缩肌肉，而提高的 ADP 浓度激活肌酸激酶，催化磷酸肌酸的分解形成 ATP。假如一直持续高强度运动，则肌酸激酶持续激活。假如停止运动或维持低强度运动，使糖酵解或有氧系统提供适当 ATP 量以满足肌细胞的能量需求，肌浆的 ATP 浓度很可能会增加，此时 ATP 的增加会减少肌酸激酶活动。

（二）糖酵解系统

糖酵解是指碳水化合物（肌糖原或血液中葡萄糖）分解以制造 ATP，并补充磷酸原系统来供应高强度肌肉活动。酵解过程包括多个由酶进行的催化反应，糖酵解酶存在于细胞质中，其中肌细胞质中是指肌浆。酵解过程以两种方式进行，分别是快速糖酵解和慢速糖酵解。快速糖酵解时丙酮酸转变为乳酸，提供能量的速度快于慢速糖酵解。慢速糖酵解时，丙酮酸进入线粒体以利有氧系统的使用。快速糖酵解一般被称为无氧酵解，而慢速糖酵解是有氧酵解，为丙酮酸的终点。然而，糖酵解本身并不依靠氧，所以有氧和无氧无法实际描述该过程。最终产物的命运是由细胞内能量需求所控制，假如能量是高需求率，如抗阻练习，则主要使用快速糖酵解；假如能量需求不高，且细胞内具有充足的氧，则进行慢速糖酵解。

1. 快速糖酵解

快速糖酵解发生于肌细胞缺乏氧的供应时并且形成有机最终产物——乳酸。运动过程中的肌肉疲劳通常与高浓度的组织乳酸有关。组织乳酸堆积是由于乳酸的制造和使用之间的失衡所致。乳酸堆积时，氢离子浓度会相对地增加，进而抑制糖酵解反应，并直接干扰肌肉兴奋——收缩耦联，可能抑制钙和肌钙蛋白的结合或阻挠横桥的形成，甚至 pH 的下降也会抑制细胞能量系统酶的活动。借助肌肉和血液的缓冲系统，乳酸转变为乳酸盐。不像肌肉中的乳酸，乳酸盐不被认为是疲劳物质。反而，乳酸盐常被当作能量基质而加以利用，特别是在Ⅰ型及心肌肌纤维中。甚至长时间运动和恢复时，乳酸盐可与非碳水化合物形成葡萄糖，此过程称为糖异生。

正常情形下，血液与肌肉的乳酸盐浓度是低的。报告指出，休息时血液乳酸盐浓度的正常范围是 0.5～2.2 摩尔/升，甚至每千克湿肌中含有 0.5～2.2 摩尔/升乳酸盐。乳酸的产生随着运动强度和肌纤维类型而改变。研究报告指出，与Ⅰ型肌纤维相比较，Ⅱ型肌纤维具有较高的乳酸生成率，可能反应较高的浓度和或较活跃的糖酵解酶的活动。虽然尚未获悉可能的最高乳酸盐累积浓度，有研究显示完全疲劳的血乳酸盐浓度为 20～25 摩尔/升；然而，也有研究报告指出，在数组动态运动后，出现大于 30 摩尔/升的血乳酸盐浓度。除了运动强度及肌纤维类型以外，运动持续时间、训练状态和糖原的初始水平也影响乳酸盐的堆积。血液乳酸盐浓度反映了乳酸的生成与清除，而血中乳酸盐的清除反映了平衡状态的恢复，因此可判断个人的复原能力。乳酸盐可借助肌纤维产生的氧化作用而获得清除，或转送至其他肌纤维中进行氧化作用。乳酸盐也可借助血液传送至肝脏，再转化为葡萄糖。专家指出，正常情形下血乳酸盐浓度在运动后 1 小时内会恢复至运动前的水平。运动后低强度的收缩会增加乳酸清除的速率。相对于非训练者，有氧训练者和无氧训练者有较快的乳酸盐清除率。血乳酸盐峰值浓度出现于停止运动后5分钟，这种延迟现象是因缓冲及从组织传送乳酸至血液中需要时间。相对于低强度持续运动，间断的高强度运动（如重量训练和冲刺）在运动后会堆积较高的血乳酸盐浓度。专家指出最大重复次数的无氧运动之后，产生最高血乳酸浓度。有研究组观察多组的抗阻运动（蹲举），每组逐渐增加阻力至无法举起负荷，发现训练者比非训练者堆积较高的血乳酸盐浓度，并且较不易达到衰竭且能够完成较多的功。然而，进行相同负荷的功时（相同阻力），训练者比非训练者产生较低的血乳酸盐浓度。此现象显示，抗阻练习造成血乳酸盐反应的改变与有氧训练是类似的。这些变化包括了，训练者在标准的工作负荷下产生较低的血乳酸盐浓度，承受较高的工作负荷而产生较高的血乳酸盐浓度。快速糖酵解的净反应如下：

$$葡萄糖 + 2Pi + 2ADP \rightarrow 2\ 乳酸盐 + 2ATP + H_2O$$

2. 慢速糖酵解

假如线粒体（发生有氧新陈代谢反应的细胞器）中具有充分的氧，则糖酵解最终产物丙酮酸不会转变为乳酸而是被运送至线粒体。同样地，两个还原（还原是指获得1个氢原子）的烟酰胺腺嘌呤二核苷酸（NADH）分子被运送至线粒体，NADH 是糖酵解反应时产生的。丙酮酸进入线粒体时借着丙酮酸脱氢酶复合体的作用，转变为乙酰辅酶 A。乙酰辅酶 A 然后进入三羧酸循环制造更多 ATP，NADH 分子进入电子传送系统，这是它们被用来制造 ATP 的场所。慢速糖酵解的净反应可简述如下：

$$葡萄糖 + 2Pi + 2ADP + 2NAD^+ \rightarrow 2\ 丙酮酸 + 2ATP + 2NADH + 2H_2O$$

3. 糖酵解产生的能量

糖酵解可以将1分子葡萄糖制成2分子的 ATP。然而，假如使用1分子糖原（葡萄糖的储存形式），则可产生3分子的 ATP，因为磷酸化（加入磷酸基团）葡萄糖的反应，需要1个 ATP。激烈的肌肉活动时，糖酵解受氨、无机磷酸、ADP 和 pH 轻微下降的刺激而起作用，AMP 也会给予糖酵解很大的刺激。不足的氧气供应、pH 明显下降及休息状态时上升的 ATP 水平、磷酸肌酸、柠檬酸和游离脂肪酸会抑制糖酵解。糖酵解的调节主要是由六碳糖激酶形成的葡萄糖磷酸化作用，糖酵解调节必须注意的另一点是糖原分解成葡萄糖的速率其过程由磷酸化酶担任催化的角色。关于任何反应系列的调节，另一个考虑要素为限速步骤，这是指系列中的最慢反应。糖酵解速率限速步骤是 6－磷酸果糖变为 1，6－二磷酸果糖，此反应由磷酸果糖激酶（PFK）催化而成。因此，PFK 在调节糖酵解的速率上扮演着重要角色。磷酸原系统的活化及借助肌激酶产生 AMP 刺激糖酵解，两者作用促成高强度运动所需的能量。高强度运动时因为 AMP 或氨基酸去氨基作用而产生氨进而刺激 PFK，这一作用对于下降的 pH 可产生部分补偿作用，因为它可以抑制磷酸化酶及 PFK 的活动。

研究显示，运动强度增加时乳酸盐堆积曲线出现转折点。对于某运动强度或相对强度，血乳酸盐在基准线浓度以上突然增加，称为乳酸阈值（LT）。LT 代表对无氧机制的依赖增加，非训练者的 LT 起始于 50%～60% 的最大摄氧量，训练者则为 70%～80%。对于较高的相对运动强度，第二个乳酸盐堆积率的上升引起了注意，被称为血乳酸盐堆积拐点（OBLA），通常发生于血乳酸盐浓度接近 4 摩尔/升时。血乳酸堆积点比乳酸阈值更高，其相对应的训练强度也比乳酸阈的训练强度更高。与乳酸阈一样，血乳酸堆积点被认为也是预测耐力表现能力的一项较精确的指标。一些研究认为训练强度接近或在 LT 或 OBLA 之上时，则 LT 和 OBLA 会向右移（例如较高运动强度乳酸堆积会发生得较晚）。这种右移是因为荷尔蒙的释放产生变化所致，特别是高运动强度时茶酚胺的释放下降，这种变化让运动员以较高百分比的最大摄氧量参与运动，而不会堆积较高的血乳酸盐。

（三）有氧系统

在休息或低强度运动时，有氧系统是主要的 ATP 来源，该系统以碳水化合物和脂肪为基质。除了长期饥饿和较长持续运动时间（大于 90 分钟）之外，正常情形下蛋白质并不明显地参与新陈代谢。休息时 ATP 约 70% 来自脂肪，30% 则来自碳水化合物。开始活动之后运动强度逐渐增强，基质由脂肪转移成碳水化合物，高强度有氧运动时，假如充分供应，几乎 100% 的能量来自于碳水化合物。然而，冗长时间的大强度稳定做功，能量基质逐渐由碳水化合物转变为脂肪与蛋白质（如表 1-1-1 所示）。

表 1-1-1　运动时间长短对能量系统的影响

运动持续时间	主要能量系统	运动强度
0～6 秒	磷酸原	极强
6～30 秒	磷酸原与快速糖酵解	强
30～120 秒	快速糖酵解	中等
120～180 秒	快速糖酵解和有氧系统	中等
>180 秒	有氧系统	低

1. 糖原与葡萄糖氧化

血液中葡萄糖和肌糖原的有氧新陈代谢由糖酵解开始。假如提供充分的氧，则糖酵解的最终产物丙酮酸不会转换为乳酸而是被传送至线粒体，再进入三羧酸循环（或称柠檬酸循环）。三羧酸循环是一系列反应，继续对来自糖酵解基质的氧化，以 1 分子葡萄糖间接从鸟苷三磷酸（GTP）产生 2 分子 ATP。1 分子葡萄糖制造了 6 分子 NADH 和 2 分子 $FADH_2$（还原黄素腺嘌呤二核苷酸）。这些分子将氢原子传送至电子传送链，用于将 ADP 转变为 ATP。电子传送链将 NADH 和 FADH2 分子重新进行磷酸化作用，使 ADP 变为 ATP。氢原子被传送经过该链，此时系列电子传送体细胞色素形成质子浓度梯度，提供能量产生 ATP，而氧成为最终的电子接受者并形成水。因为 NADH 和 $FADH_2$ 由不同部位进入电子传送链，它们制造 ATP 的能力是不同的。1 分子 NADH 可以制造 3 分子 ATP，而 1 分子 $FADH_2$ 只能制造 2 分子 ATP，此时制造 ATP 的过程称为氧化磷酸化作用。有氧系统来自糖酵解，其中分解 1 葡萄糖分子，可以形成大约 38 个 ATP 分子。

2. 脂肪的氧化

脂肪也可以为有氧能量系统所使用。甘油三酸酯储存于脂肪细胞中，被激素敏感脂肪酶分解。分解后脂肪细胞释放游离脂肪酸进入血液中，从而进行循环及进入肌纤维。此外，一定数量的甘油三酸酯与激素敏感脂肪酶储存于肌肉中，形成肌纤维的游离脂肪酸。游离脂肪酸进入线粒体，进行 β 氧化（为分解游离脂肪酸的一系列反应），形成乙酰辅酶 A 和氢原子。乙酰辅酶 A 直接进入三羧酸循环，而氢原子由 NADH 和 $FADH_2$ 携带进入电子传送链。

3. 蛋白质的氧化

蛋白质对于大部分活动来讲并不是重要的能量来源，但其可以借助各种新陈代谢的过程分解成氨基酸。而后这些氨基酸转变为葡萄糖（此为糖异生过程），进入丙酮酸或三羧酸循环制造 ATP。对于短持续时间的运动，氨基酸能够产生 ATP 的量是非常少的，但长时间运动中，却可以应付 3%～18% 的 ATP 需求量。骨骼肌丙氨酸、天冬氨酸及谷氨酸会被使用，但主要被氧化的氨基酸是支链氨基酸，即亮氨酸、异亮氨酸、缬氨酸。氨基酸分解后，含氮废弃物与尿及微量的氨一起被排出。氨的排除举足轻重，因为它具有毒性且与疲劳有关。有氧系统的调节三羧酸循环中限速步骤是将异柠檬酸氧化脱为 α 酮戊二酸，参与催化此反应的是异柠檬酸脱氢酶，异柠檬酸脱氢酶受 ADP 所激活，正常情况下受 ATP 所抑制 NADH 或 FADH$_2$ 的产生也会影响三羧酸循环的调节，如携带氢原子的 NADH 和 FADH$_2$ 数量不足，则三羧酸循环的作用速率也就下降。GTP 堆积时，琥珀酰辅酶辅酶 A 浓度就会增加，这会抑制三羧酸循环的初始反应。电子传送链受 ATP 所抑制，受 ADP 所激活。

第二节　限制运动表现的生物能量因素

运动和训练产生疲劳机制时，必须考虑限制最佳表现的因素。设计训练计划和尝试延缓疲劳以提高表现，需要了解与该项运动有关的可能限制因素，这些因素取决于能量来源的消耗和肌肉氢离子的增加。无论是长时间低强度的有氧运动，或是高强度短时间的无氧运动，糖原的消耗对这两种运动类型都是限制因素。乳酸及增加的组织氢离子浓度，可直接或间接影响而限制收缩力量，这一事实对于力量训练、短跑及其他无氧活动都是相当重要的。

一、能量的产生与容量

对于各种活动的强度和持续时间长短，磷酸原、糖酵解和有氧能量系统的供应能量能力迥然不同（如表 1-2-1 所示）。运动强度被定义为肌肉的活动程度，并可量化为功率（每单位时间所做的功）输出。最近的研究指出最大摄氧量的功率大约是脚踏车测功器最大功率的 20%～30%。因此，有氧机制所提供的运动，甚至是 100% 摄氧量，都不该归类为高强度运动。属于高强度的抗阻训练，因为有高功率输出，故需要快速能量供应，它们几乎完全依靠磷酸原系统供应能量。低强度活动（但持续长时间），如马拉松赛跑，需要供应大量能量，依靠的是有氧系统。介于这两个极端之间的运动项目，主要能量的来源取决于运动强度及运动持续时间。通常，时间短的高强度运动如抗阻训练和短跑依靠磷酸原系统和快速糖酵解。当强度下降及运动时间回升，则强调的重点就逐渐转移至慢速糖酵解及有氧能量系统。活动的持续时间也会影响所使用的能量系统。

表 1-2-1　生物能量限制因素排名

运动强度	ATP 与 CP	肌糖原	肝糖原	储存的脂肪	较低的 pH
低（马拉松）	1	5	4~5	2~3	1
中等（1500米）	1~2	3	2	1~2	2~3
高（400米跑）	3	3	1	1	4~5
非常高，投掷类	2~3	1	1	1	1
非常高，重复类	4~5	4~5	1~2	1~2	4~5

注：1= 最不可能的限制因素；5= 最可能的限制因素；2~4= 正常因素

无论运动或休息期间，没有任何一个能量系统能够完全单独提供所需的能量。运动时，无氧和有氧系统参与制造能量的程度，主要取决于运动强度，其次为运动持续时间。一般来讲，强调 ATP 制造率与制造量的能量系统无法同时并存，所以磷酸原系统主要供应 ATP 给短时间高强度运动如 100 米短跑，糖酵解系统则针对短—中持续时间的中—高强度运动 400 米跑，有氧系统则适合低强度的长时间运动马拉松跑。三种能量系统产生 ATP 的程度主要取决于肌肉活动强度，其次取决于运动持续时间。无论运动或休息期间，没有任何一个能量系统能够完全单独提供所需的能量。

二、底物的消耗和补充

能量底物是指能够为生物能量的反应提供启动物质的分子，包括磷酸原（ATP 与 CP）葡萄糖、糖原、乳酸盐、游离脂肪酸和氨基酸。由于各种运动项目的不同运动强度及持续时间，会消耗不同的能量基质，使该生物能量系统所能制造的能量减少了。许多活动产生的疲劳常常与磷酸原及糖原的消耗有关，游离脂肪酸、乳酸盐和氨基酸基质的消耗通常不会到达限制运动表现的程度。因此，身体活动之后，磷酸原和糖原的消耗与补充形式，对训练及运动的生物能量是相当重要的。

（一）磷酸原

运动产生的疲劳至少有一部分与磷酸原的减少有关。相对于有氧运动，高强度无氧运动更快降低肌肉的磷酸原浓度。磷酸肌酸在高强度运动的最初阶段（5～30秒）会显著减少（50%～70%），非常高强度运动至精疲力竭，磷酸肌酸几乎被耗尽。然而，甚至在非常高强度运动时，肌肉ATP浓度的下降也不会超过开始运动时浓度的60%。应该注意的是，产生外功的动态肌肉动作通常比等长肌肉动作使用更多的新陈代谢能量，消耗更多的磷酸原。

运动时，由于磷酸肌酸的使用、肌激酶和其他能量来源（如糖原和游离脂肪酸）的反应，使肌内ATP浓度大致上仅下降少许。运动后相当短的时间即可补充磷酸原，ATP的再合成完成于运动后3～5分钟，磷酸肌酸的再补充完成于运动后8分钟内。虽然高强度运动之后快速糖酵解有助于复原，但是有氧新陈代谢更可以完成大部分磷酸原的补充。训练对磷酸原浓度的影响，仍有待研究与了解。有氧训练可增加休息时磷酸原浓度，降低绝对非最大功率输出（相同的绝对功率输出）训练动作的磷酸原消耗率，但无法减少相对非最大功率输出（个别最大功率输出百分比）训练动作的磷酸原消耗率。虽然研究人员认为训练可以提高休息时磷酸原浓度，但是短期8周短跑训练的研究，没有显示休息时磷酸原浓度的增加。然而短跑训练后，由于肌肉质量的增加，磷酸原总含量随之增加。为期5周的重量训练后，肱三头肌的休息磷酸原浓度增加了。增加的休息磷酸原浓度可能是Ⅱ型肌纤维增大所致，亚型肌纤维比Ⅰ型肌纤维维持更高的磷酸原浓度。

（二）糖原

运动时糖原的储存量是有限的，人体所有肌肉中大约储存300～400克的糖原，70～100克存于肝脏中。休息时肝脏和肌肉糖原浓度受到训练和饮食习惯的影响。研究建议无氧训练（包括短跑和抗阻训练）和典型的有氧训练会增加休息时的肌糖原浓度。糖原消耗率与运动强度有关，中等和高强度运动时，肌糖原是比肝糖原更为重要的能量来源，低强度运动时，肝糖原就显得较为重要了，且随着运动时间的延长，这种新陈代谢的重要性逐渐增加。50%、75%和100%最大摄氧量的相对强度分别形成0.7、1.4、3.4摩尔/千克·分钟肌糖原分解率。当运动的相对强度高于60%的最大摄氧量，则有些肌肉细胞会耗尽整个糖原储备。对于非常低的运动强度（50%最大摄氧量），由于低葡萄糖消耗量，使血液葡萄糖浓度维持着相对的恒定状态，运动时间增加时如运动90分钟之后，血液葡萄糖浓度会下降，但很少会低于2.8摩尔/升。长时间（大于90分钟）较高强度（大于50%最大摄氧量）运动，肝糖原的消耗会造成血液葡萄糖浓度显著下降。当运动血液葡萄糖浓度值少于2.5摩尔/升，某些人会有低血糖的反应。储存于肝脏的碳水化合物减少时，血中葡萄糖下降至2.5~3摩尔/升，并引起碳水化合物氧化作用的下降，最后引起疲劳。

非常高强度的间歇运动，如抗阻训练只进行少许回合的练习（低总量做功负荷），就会导致肌糖原的显著下降（下降20%~60%）。低重复次数及组数的抗阻练习中，磷酸原成为该运动的主要限制因素，但面对高组数和较大总功的抗阻练习时，肌糖原就成为该运动的限制因素，这种运动类型会选择性消耗肌纤维类型的糖原（如消耗更多Ⅰ型肌纤维糖原），因此限制了运动表现。至于其他类型动态训练动作，肌糖原的分解率取决于抗阻练习的强度。然而，不管相对的运动强度为何，进行多少功似乎会消耗多少糖原。恢复期肌糖原的补充与运动后碳水化合物的摄取有关。假如运动后，每2小时每千克体重摄取0.7~3克的碳水化合物，则能补充最多量的肌糖原。以此水平补充碳水化合物，使肌糖原获得最大的补充，即运动后4~6小时，每小时每克湿肌可补充5~6摩尔的肌糖原。假如能够充分摄取碳水化合物，肌糖原就可以得到完全的补充。然而，假如该运动使用较多的离心收缩的方式（与运动的肌肉损伤有关），则完全补充肌糖原需要更长时间。

三、摄氧量、有氧和无氧在运动中的角色

摄氧量可用于衡量一个人摄取和利用氧的能力。对于保持一定输出功率的低强度运动，刚开始运动几分钟内摄氧量增加，直到出现稳定摄氧水平，氧的需求等于氧的消耗。然而，运动刚开始时，其中有些能量必须借助无氧机制来供应，运动消耗的总能量中提供的无氧能量称为缺氧。运动后，摄氧水平一段期间高于运动前的水平，这段时期的长短因运动强度及运动持续时间而异，运动后的摄氧量称为氧债或运动后过摄氧量（EPOC）。EPOC是指高于休息时的耗氧量，并用于帮助身体恢复至运动前状态。相关研究指出，缺氧和EPOC仅存在低—中度相关，缺氧会影响EPOC的可能因素如下：

第一，ATP 的再合成能力与磷酸肌酸的储备；第二，从乳酸盐（20%的堆积乳酸盐）再合成为糖原；第三，组织水的氧分子再饱和；第四，静脉的氧分子再饱和；第五，骨骼肌血液的氧分子再饱和；第六，身体不同体腔的离子再饱和；第七，受损组织的修复；第八，增加心肺做功；第九，荷尔蒙的释放与累积的残余效果；第十，升高的体温。

假如运动强度高于个人的最大摄氧量强度，则无氧机制为其做功提供大部分能量。通常，该运动无氧机制所占的比重越重，则运动持续时间就相对减少。发生无氧机制的时间主要为 30～60 秒，持续时间超过此范围则有氧成为主要的能量供应机制，因此持续最大努力直到衰竭主要是依靠有氧系统。这类运动使用的无氧系统，即为最大的无氧容量。训练时，采用合适的运动强度及休息间隔，则动用特殊类型的能量系统，并且不同运动项目会产生各种有效的代谢需求。

四、训练的代谢特殊性

进行不同运动项目的训练时，特殊的运动强度与休息时间动用了特殊的能量系统。很少运动或身体活动需要持续最大努力至衰竭或接近衰竭。大部分运动及训练（如美式足球、间歇跳、跑、冲刺及抗阻练习），与一系列高强度、恒定或近乎恒定用力练习组，或于组之间穿插休息时间的训练，产生非常类似的代谢反应。对于这类运动训练，每组要求的运动强度（输出功率）大于持续使用有氧能量的最大功率输出。借助有氧训练所提高的有氧功率输出如果没有采用无氧功率（强调训练强度）及无氧容量（强度训练量）的训练则对这些项目的运动员是很少有帮助的。

（一）间歇训练

间歇训练可用于训练合适的代谢系统。其基本观念是相较于持续训练，间歇训练以较高运动强度产生较大的功，却累积较少的疲劳（或一样的疲劳）。运动与休息交替安排形成的代谢反应，强调有氧代谢、快速糖酵解及磷酸原系统，立足于运动与能量底物复原时动用不同能量系统。（如表 1-2-2 所示）呈现的是根据最大功率及基质恢复时间，所建议的运动与休息时间。

表 1-2-2　间歇训练强化的不同能量系统

最大功率百分比	强化的主要能量系统	训练时间	运动与间歇比
90～100	磷酸原系统	5～10 秒	1:12 : 1:20
75～90	快速糖酵解系统	15～30 秒	1:3 : 1:5
30～75	快速糖酵解与有氧代谢	60～180 秒	1:3 : 1:4
20～35	有氧代谢	>180 秒	1:1 : 1:3

（二）混合训练

有人建议无氧训练时应该加上有氧训练，这种训练方式称为混合训练，可借以加快恢复，因为恢复主要依赖有氧机制。然而，有氧训练会减少无氧表现，特别是高阻力与爆发力项目，有氧训练会减少无氧能量的制造能力。一方面，如果有氧训练与无氧训练同时进行时，会减少肌肉围度及最大肌力，特别是与速度、爆发力有关的运动项目，尽管确切的机制仍不清楚。另一方面，有氧项目进行训练时，加上无氧练习却具有利的影响，一些研究及综述建议表明，无氧训练（肌力训练）可以改善低强度动作的耐力。虽然有氧代谢对于高负荷无氧运动（如抗阻练习、短跑训练）的恢复是重要的，但是为无氧项目开立有氧训练处方时必须谨慎为之。该特殊化无氧训练可提高有氧功率及提高恢复指标。因此，不用借助额外的有氧训练来提高无氧项目的恢复能力，否则对爆发力及肌力运动项目产生不良影响。

借助了解不同类型运动如何产生能量及不同训练处方如何根据能量的产生，而设计有效的训练计划。肌肉收缩时靠何种系统供应能量主要是取决于训练强度。其次为运动持续时间，代谢反应及训练适应大部分可通过训练特征的安排（即强度、持续时间、恢复时间）加以调整。身体活动之后这些反应及适应如何发生，这是形成运动与训练特殊化代谢的基础，借助这些原则改善训练计划进而提高运动表现。

第二章 精英运动员力量训练基础理论

每位从事力量训练的人都应该读懂一些训练原则和相应的基本概念，他们对这些基本训练原则理解得越清楚就越能更好更快地掌握和运用本书中的信息，而且可以制订有益于自身天赋和专项能力的训练计划。为了理解本书中讨论的训练方法，我们有必要理解肌肉收缩能力的工作原理。

第一节 力量训练的生物学基础

一、肌肉和肌肉收缩

肌肉包含特定的肌纤维，它们的长度从几厘米至三米，与整块肌肉一样长。这些肌纤维以束为单位，称作肌束，每个肌束都被分别通过一个鞘（肌束膜）把肌纤维包在其中。每条肌纤维有丝状的蛋白质链，称作肌原纤维，肌原纤维包括特殊的肌球蛋白（粗肌丝）和肌动蛋白（细肌丝），它们在肌肉收缩中的作用是非常重要的（如图2-1-1所示）。肌肉收缩和收缩力的大小取决于它的结构：横桥交叉区域、肌纤维长度和肌肉内的肌纤维数量。专门的训练可以使肌丝增粗，从而增加肌肉围度和收缩力量。

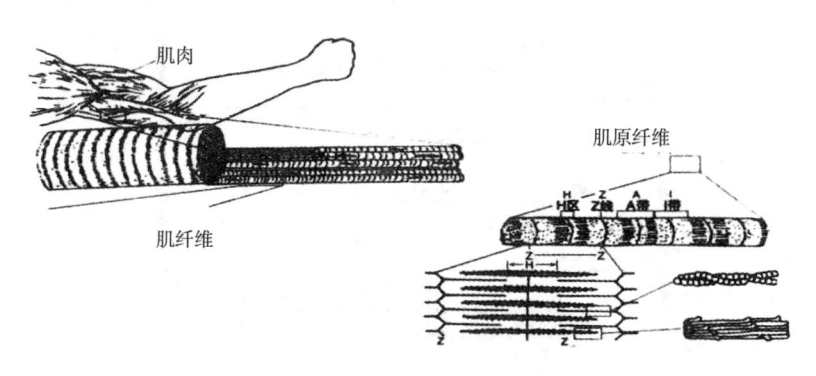

图2-1-1 肌细胞结构示意图

二、肌肉收缩机制：肌丝滑动学说

有两种收缩蛋白（肌动蛋白和肌球蛋白）在肌丝滑动学说中参与肌肉收缩。每个粗肌丝被六个细肌丝包围。粗肌丝包含横桥，它是一些朝细肌丝移动的微小伸展物。当运动神经冲动传导至肌细胞时会产生使肌动蛋白和肌球蛋白横桥相结合的化学变化。肌动蛋白通过横桥向肌球蛋白的黏合释放能量可以带来横桥的旋转、牵拉，使肌动蛋白滑向肌球蛋白。这种滑行运动导致肌肉变短（收缩），并产生能量。一旦刺激停止，粗肌丝和细肌丝分离，肌肉恢复到放松时的长度（如图 2-1-2 所示）。横桥运动解释了为何肌肉产生的力取决于其收缩前的初始长度。肌肉收缩的最佳长度是静息时长度（或稍长），因为所有的横桥可以与肌动蛋白结合，缓慢释放最大张力。

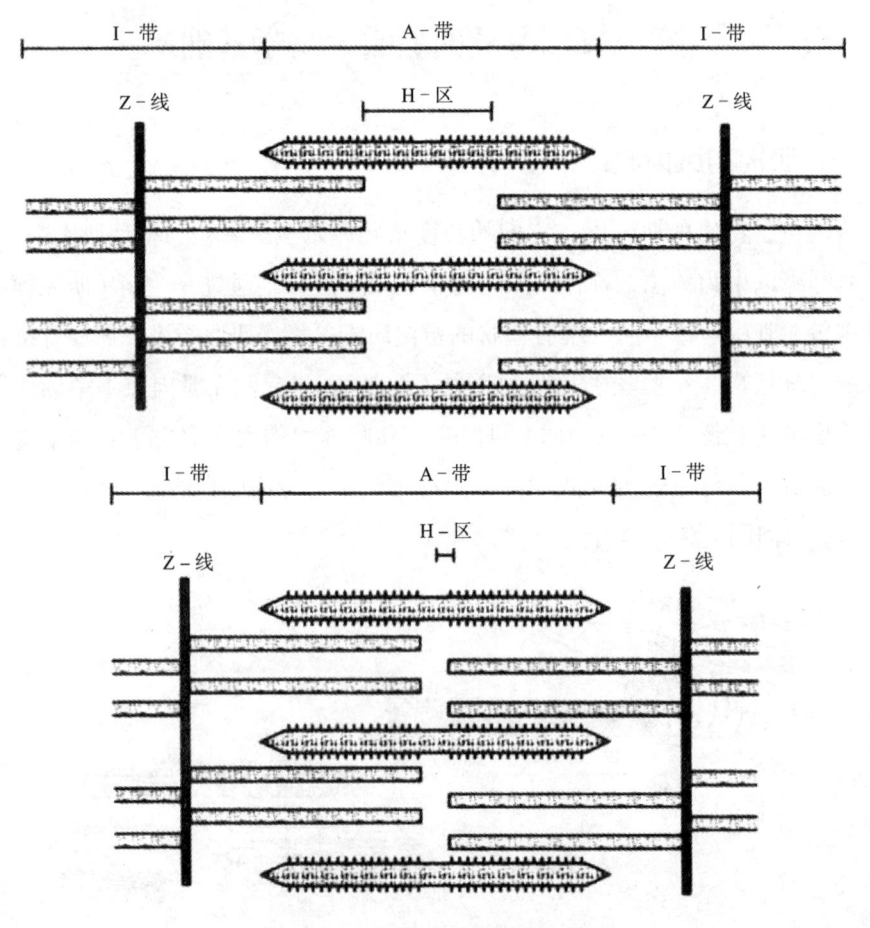

图 2-1-2　肌肉缩短时的收缩示意图

当收缩开始在一个大约110~120度的结合角度时产生最大力量的输出。当肌肉长度在收缩前既不短于也不长于静止长度时收缩力量消失，当肌肉长度远比静止长度短时，肌动蛋白丝和肌球蛋白丝已经镶嵌，剩下一些横桥张开以"拉住"肌动蛋白，当肌肉收缩前长度远比静止长度长时潜在的力量就小，因为肌动蛋白丝距离横桥太远而不能与之结合并且缩短肌肉。

（一）运动单位

每个运动神经传导至肌肉能够刺激一个甚至几千个肌纤维，它们可以随着神经冲动而同步地收缩和放松。一个运动神经和它所激活的肌纤维构成一个运动单位，当运动神经受到刺激，冲动传导要么完全传播到运动单位中肌纤维，要么根本不传导，这就是全或无现象。全或无现象并不适用于所有的肌肉。当所有的肌纤维都在一个独立的运动单位中来反应运动神经的刺激时，不是所有的运动单位在肌肉收缩过程中都是被激活的，参与肌肉收缩的运动单位数量取决于作用于肌肉的负荷，这也直接关系到收缩所产生的力量。如果作用于肌肉的负荷非常大，那么所有或几乎所有的运动单位都将被募集，导致最大能量输出。如果负荷较小，只有一小部分的运动单位被募集而且收缩的力量也较小。由于肌肉运动单位的募集是按照一定顺序的，所以训练整个肌肉的唯一方法就是使其承受最大的负荷，只有这样，每个运动单位才都会参与肌肉收缩。肌肉产生的力量取决于肌肉收缩过程中运动单位募集的数量，同样也取决于一个运动单位中肌纤维的数量。肌纤维数量的变化在20~500之间，平均数量在200左右。一个运动单位中肌纤维的数量越多，其输出的力量越大。基因条件决定了肌纤维的数量。

（二）肌纤维类型

所有的运动单位都通过同样的方式起作用，而肌纤维则不同。不同肌纤维其动能是不同的，尽管所有的肌纤维都可以在无氧和有氧的条件下做功，但是有些在无氧条件下做功能力较强，而有些则在有氧条件下做功能力较强。主要利用氧气以产生能量的肌纤维归类并称谓为有氧代谢型、Ⅰ型、红肌或是慢肌纤维（ST），无氧条件下工作的肌纤维可以归类并称谓为无氧代谢型、Ⅱ型、白肌或是快肌纤维（FT）。人体内的白肌纤维和红肌纤维的含量相对均等，一般认为力量训练不会对二者的数量产生很大的影响。肌纤维的分布可以多样化，可在相同的肌肉内也可在不同的肌肉中。手臂肌肉的快肌纤维的百分比往往比腿部要高，肱二头肌的快肌纤维百分比平均值大约为55%，肱三头肌约为60%，然而小腿的比目鱼肌的快肌的百分比大约为24%。肌肉内快肌纤维的数量在力量训练和健美运动中起到重要的作用。含有较高快肌纤维百分比的肌肉能够更快更有力的收缩，而含有较多慢肌纤维的肌肉能够抗疲劳并且对于耐力性运动项目则更重要。

　　肌纤维类型的募集是由负荷决定的。在中等强度和低强度运动中，慢肌纤维参与工作，而随着负荷的增加，则有更多的快肌纤维参与收缩。男女运动员的肌纤维类型没有明确的分别。一般来说受遗传较多快肌纤维的个体比那些拥有较多慢肌纤维的个体更适合于力量主导项目。尽管基因是决定成功与否的重要因素，但并不是唯一因素。不考虑基因天赋，每个个体通过肌肉训练和适当的营养是可以提高肌肉的围度以及获得清晰的轮廓。

（三）肌肉收缩

　　人体骨骼肌通过相应的韧带在关节处与骨骼相连接。跨过这些关节的肌肉为人体活动提供了必需的力量。骨骼肌不是各自独立收缩的，一个关节的活动会有很多肌肉参与，每块肌肉的作用都是不同的。主动肌和协同肌共同完成一个动作，对抗肌在人体的运动中的功能与主动肌相反。主动肌与对抗肌之间的相互作用直接影响运动员的运动。大多数情况下，特别是优秀运动员，对抗肌是放松的，从而使动作完成得很轻松。一个看起来比较缓慢或者完成起来比较僵硬的动作则可能是由于主动肌与对抗肌之间不协调的收缩造成的。一个运动员只有把注意力放在放松对抗肌上，他才能改变这种缓慢而且不流畅的肌肉收缩。主动肌是完成动作的肌肉，例如在肱二头肌弯举练习中，肱二头肌是主动肌，而肱三头肌则为对抗肌，而且需要它放松才更容易完成平稳的动作。对于力量训练和健身运动来说，肌肉拉力线是以纵向穿过肌肉纵轴，连接肌肉两端的假设出来的一条线。当肌肉沿着这条拉力线收缩时可以获得最高的生理和机械功效。比如，当你的手掌保持在几个不同的位置时，弯曲你的肘关节，手掌向上时拉力线是直的，从而产生最大的效率，当掌心向下时，由于肱二头肌肌腱绕着桡骨，所以收缩的效率就会降低。在这种情况下拉力线是弯曲的，因而消耗了一部分收缩力量。为了获得最大力量和最佳肌肉工作效率，最好沿着拉力线设计力量训练。

(四)肌肉收缩的类型

肌肉受到刺激就会收缩,当收缩停止肌肉就会放松。肌肉收缩的类型有三种:等张收缩、等长收缩和等动收缩。

等张收缩是肌肉收缩最普遍的类型,在等张收缩过程中张力是不改变的,等张收缩有两种类型:向心收缩和离心收缩。在向心收缩过程中肌肉长度缩短。只有当阻力(例如:力量负荷)小于运动员的最大力量潜力时肌肉才可能产生向心收缩。例如,肱二头肌弯曲动作和腿部肌肉的伸展动作。离心收缩或称反向收缩,是与向心收缩过程完全相反的收缩形式,即离心收缩使肌肉返回到起始点。在肱二头肌弯曲过程中,当手臂弯曲后退回到起始点就会发生离心收缩。在腿部肌肉蹬伸过程中,当腿部肌肉弯曲至膝关节处的起始位置时就会发生离心收缩。在离心收缩过程中,肌肉要么受重力(当徒手时)牵制,要么受器械的拉力牵制。在这种情况下,肌肉长度随着关节角度的增加而释放一个能够控制的张力。

等长收缩(静力收缩)是肌肉在不改变长度的情况下产生张力。等长收缩过程中,对固定物体的作用力促使肌肉在不改变其长度的情况下发展力量。例如,推墙壁的话尽管我们的肌肉保持了相同的长度但是仍然产生了张力。通过这种收缩而发展的张力往往比等张收缩发展起来的张力要大。

等动收缩表示在整个运动范围保持相同的速度不变。等动收缩练习需要一种在不考虑负荷重量的情况下以恒定的速度完成收缩的专项仪器。在这种收缩活动中,当这种器械提供了一个与运动员的拉力相等大小的力量时,运动员既做向心收缩又做离心收缩。这种形式训练的优点是它促使肌肉在整个运动过程中做到最大用力。

三、力量的类型及其在训练中的重要性

要塑造健壮、轮廓清晰匀称而且尽可能的无损伤,则需要不同类型的力量训练。一般力量是整个力量训练和健身计划的基础。对于有经验的举重运动员,在训练的开始阶段应将一般力量当作独立的重点,而对于刚入门的力量训练者或是健身者则需要在开始的几年内重点训练一般力量。一般力量较弱会限制所有训练的进展,使身体容易受到损伤,以至于难于发展肌肉力量的潜质。最大力量是指

在最大收缩过程中神经肌肉系统可以激发的最大力量。它反映出一个运动员一次可以举起的最大负荷，用最大力量百分比或是一次最大重复次数即 1RM 来表示。对于有目的的训练者来说，知道每个练习的最大力量是至关重要的，因为它是计算每个训练阶段的负荷量的依据。肌肉耐力被定义为肌肉维持较长时间收缩的能力，它多用于耐力训练，同时也在健美和其他项目的力量训练中起到重要的作用。

四、肌肉适应性

系统化的训练导致一些结构和生理上的改变，人体肌肉的围度和线条的清晰度表明了肌肉的适应性。这种适应性的程度直接表现在肌肉的体积、频率训练强度的比例上。在以下的小节中我们将探讨肌肉适应性的几种类型：肌肉肥大、解剖的适应性、神经系统适应性、神经肌肉协调适应性、新陈代谢的适应性、心血管系统的适应性和身体成分的变化。只有使身体适应了训练的负荷，运动员和健美者才会有益。换句话说，如果身体遇到比它的适应性更大的负荷，它就会变得更加粗壮以适应这种刺激。当运动负荷达不到挑战身体适应性阈值的强度时，训练效果将会为零（或者是最小的），将不会产生新的适应性。

（一）肌肉肥大

适应性增强最明显的信号之一就是肌肉围度的增力——肌肉肥大，即肌纤维横截面的增大。运动员和健美运动者会遇到两种类型的肌肉肥大。短期的肌肉肥大，只需持续几个小时，这是由于大强度训练中"泵血"过程，致使肌肉中的体液产生堆积（水肿）所致。举重导致肌细胞间隙体液水分含量的增加，使其看起来肥大。当训练后几个小时水分返回到血液中，水肿就会消失。这就是力量为什么不能总是与肌肉围度成比例的原因之一。慢性肌肉肥大是由于肌肉的结构改变引起的；它是由于肌纤维的增粗而引起的，它比短期肥大的效果更持久。肌纤维数量多的人要比肌纤维数量少的人强壮，肌肉围度也更大。传统上人们习惯地认为这种基因决定的数量是可以持续人的一生。然而现在有相反的理论认为，在力量训练中，大负荷会导致肌细胞分裂，可能引起肌纤维数量的增加。这种理论是根据动物实验研究得出的，还没有被人体试验所证实。有足够的证据证明个体肌纤维增粗导致了肌肉围度的增加。许多研究者提出了肌纤维围度的增加和肌丝数量的增加（特别是肌球蛋白丝）。以肌球蛋白为例，大负荷的训练可以增加横桥的数量，导致肌纤维重叠区域的增加和最大收缩力量的明显提高。并非所有导致肌肉肥大的因素都已经充分弄清。人们普遍认为主要是由于打乱了ATP（三磷酸腺苷）的消耗和再合成的平衡导致了肌肉围度的增大，这被称为"ATP不足理论"。在大负荷训练中和训练后，由于ATP的消耗，肌肉中的蛋白质含量很低，当运动员在训练期间恢复时，他们自身补偿了肌肉中的蛋白质，但是最后蛋白质的含量超过了最初的水平，从而使肌纤维的围度增加。富含蛋白质的饮食将会使这种效果更加明显。

关于肌肉肥大的另外一个理论焦点在于雄性激素睾酮。尽管男性和女性肌肉没有生理区别，但是男性运动员往往拥有更强壮的肌肉。这种区别归结于睾酮激素的含量，男性要比女性大约多10倍。尽管睾酮看起来可以促进肌肉生长，但是还没有科学证据证明它是决定肌肉围度的唯一因素。慢肌纤维向快肌纤维转换也有可能会导致肌肉肥大。尽管这一观点只是推测，但是一些研究者提出力量训练会造成慢肌纤维百分比的降低。对于这一理论的研究其实并不确定，因为这个研究只是对一些没有进行系统的力量训练和健美运动的个体进行研究。如果一个实验研究只跟踪那些从入门到职业级别的运动员，而不是观察只进行了八周训练的不同训练水平的个体变化的话，结果可能会不同。

（二）解剖的适应性

解剖适应性领域的研究表明：持续进行大负荷高强度的训练可能会减小骨骼的力量，这就意味着如果负荷没有包含从低到最高的话，结果可能会导致骨骼力量的降低，使运动员骨骼容易受伤。一个易于受伤的运动员可能是因为没有经过循序渐进的适应性阶段，就使骨骼承受剧烈的机械应力。但是，在早期或者是刚入门的水平时，低强度的训练对于人体骨骼的长度和围度或许有积极刺激的作用，而高强度大负荷的训练对于无训练经历者来说可能会永久的限制其骨骼的生长。

从事力量训练和健美运动的新手应该在几年时间内使用逐步增加负荷的长期计划，训练的目的是在给身体带来适应性变化。对于成年运动员来说，一个监控良好的负荷也是有积极的作用的，它会增加骨密度，使骨骼能够更好地应付力量训练中的器械应力。在力量训练中肌腱的适应性也是很重要的。肌肉并不是直接和骨骼相连接的，而是通过肌肉的延长物肌腱。肌肉强有力的牵拉骨骼完成动作，其能力取决于肌腱的力量。因为肌腱对力量负荷的适应性比肌肉要慢，因此肌肉的生长速度不能超过肌腱的适应性速度。

（三）神经系统的适应性

肌肉力量的提高也可以解释为运动单位募集的形式和运动单位同步作用的结果。运动单位被称作神经元的神经细胞控制，神经元既可以产生兴奋（刺激），也可以产生抑制性冲动。兴奋促使运动单位的收缩，抑制有助于防止肌肉产生超过结缔组织（肌腱）和骨骼所能承受的力量。这两种神经系统的活动完成了一系列确保肌肉收缩的安全性平衡功能。肌肉收缩产生的力量取决于收缩的运动单位数量和保持放松状态的运动单位的数量。如果兴奋冲动超过抑制冲动，一个运动单位受到刺激会参与到整个收缩过程并产生力量。如果相反情况发生的话，那个运动单位将会保持放松状态。这个理论就是训练能够减弱冲动的抑制，因此可以使肌肉更有力的收缩。力量的获得大部分是由于募集更多的运动单位参与整个肌肉收缩能力的提高。只有通过最大负荷强度训练，使肌腱适应了高强度训练之后这种适应性反应才容易形成。

（四）神经肌肉协调的适应性

力量训练和健身运动的神经协调需要时间，而且是一个学习的过程。协调不同的肌肉按照专项的顺序完成举重的能力，只有长期的不间断的重复才能够获得。一个有效的举重动作只有在健身者学会放松对抗肌时才能够完成，不必要的收缩会影响主要肌群的力量。一个高度协调的肌群在收缩过程中会消耗较少的能量而得到出色的表现。由于年轻的或是刚入门的力量训练者和健美运动员缺少一些必要的运动技巧和肌肉的协调性，使他们不能够期望肌肉的快速肥大。在力量训练的四到六周内，有的年轻运动员力量增长很明显但却没有伴随着肌肉围度的增加。这种力量增加却没有肌肉肥大的原因就是神经系统的适应性，即参与的肌肉的神经系统的协调性的提高。随着不断的训练，这些年轻的刚入门的运动员已经学会如何有效而又节省化地利用他们的肌肉。这种动作学习的效果对于早期的力量训练是非常重要的，而且运动员必须意识到这是必不可少的过程。肌肉围度没有明显增加很容易使人变得沮丧，但是如果身体准备充分了，这种围度的增加就会来临。

（五）新陈代谢的适应性

新陈代谢就是利用化学能来完成身体活动的生化过程。力量训练和心血管系统练习都会导致体内的生理和新陈代谢的适应性，最终带来更多的有效训练。新陈代谢的适应性提高是以制订周密的训练计划为前提。力量训练提高了肌肉的肌红蛋白的含量，特别是它和心血管训练结合进行时，肌红蛋白储存并提供身体运动所必需的氧气；含有葡萄糖长链的肝糖原储存于碳水化合物中，它在训练中释放葡萄糖以产生能量。因为经过训练的个体里储存了较多的葡萄糖，所以他们也提高了产生能量的能力。此外，持续长时间的训练计划提高了人体氧化脂肪作为能量来源的能力，从而延缓了葡萄糖的损耗。长时间的运动（例如持续运动超过至少 25 分钟）利用脂肪作为主要的能量来源，对于那些想要减体重或是提高肌肉轮廓和线条的人来说是很重要的。

除了要增加葡萄糖的生成外，力量训练的适应性提高了肌肉储存大量 ATP 和生成磷酸盐（CP）的能力。体内储存的 ATP 和 CP 在短时间高度强度的训练中用作能量。训练也有助于健美运动员更好的适应性血液中乳酸盐的堆积，例如，当他们完成强度训练组超过 15~20 秒时，乳酸盐是一种由于葡萄糖不完全分解而产生的疲劳代谢产物，若有良好的适应性乳酸盐就会减轻疲劳的产生。

（六）心血管的适应性

对于力量训练和健美运动来说，心血管的状况是非常重要的。即使是很简单的日常活动都依赖于我们心血管系统的活动功能。健美运动员进行大肌肉群的活动如跑步、自行车、爬台阶和游泳，以加强他们的耐受能力。心血管的耐力训练导致专项的适应性不仅可以使竞技能力得以提高，而且也促进整个健康和延长寿命，同时还可以降低心律、提高心脏容积、降低血压和提高肺活量。

（七）身体成分改变

有组织的训练计划最明显的结果就在于身体成分方面，全身身体形态和脂肪以及瘦体重的比例。心血管和力量训练的结合将会通过脂肪酸作为燃料降低身体的脂肪比例，特别是在持续的长时间的耐力运动中。心血管系统和力量训练相结合的另外一个重要结果就是热量的摄入和消耗之间的平衡。如果热量的消耗大于摄入比例，人的体重就会降低，体成分的变化就趋向于瘦体形。任何以增加肌肉瘦体重的健身计划都必须结合较大的负荷，而且必须包括身体利用脂肪酸作为燃料的心血管系统的训练计划（长于25分钟）。这两个专项的训练阶段会使人体的新陈代谢的速率提高，而且体成分和整个体形以及比例都将改进。

五、力量训练的原则

肌肉形态及力量的提高是一个复杂的系统，必须依赖于科学的原则和方法为指导，以获得更大的效益。

（一）原则一：训练的多样化

力量训练是一项要求较高的活动，它要求连续的专注训练。不断提高的训练量和强度所带来的压力以及反复的重复性很容易使人变得厌倦，这种厌倦可能会成为训练动机和获得效益的障碍。多样化是单调重复训练的最佳方法，为了增加多样化，必须熟练训练方法和周期训练计划，以及每组肌肉群的多种不同形式的训练。多样化的训练可以提高生理状态和训练的反应。以下的建议有助于增加训练的多样化：

（1）对每个专项的身体部位选择不同的训练方式而不是每次都做自己喜欢的训练动作。改变完成某些训练的先后顺序。请记住当精神和身体同时感到厌倦时，他们都需要变化训练方式。

（2）正如梯形负荷原则所建议的那样使自己的负荷体系与多样化相结合。

（3）在训练中使用不同类型的肌肉收缩形式（例如既采用向心收缩也采用离心收缩）。

（4）改变收缩的速度（慢速、中速、快速）。

（5）使用不同的器械，这样就可以进行从轻器械到器械力量再到等动收缩等的练习。

（二）原则二：个体的差异性

很少看到两个来参加训练的人拥有几乎相同的经历和训练历程。每个人有他或她自己不同于其他人的基因、运动背景、饮食习惯、新陈代谢、训练要求以及潜在的适应性。不论力量运动员和健美训练者的发展水平如何，必须拥有个体化的训练计划。在很多情况下，刚入门的运动员会受到高水平运动员的训练计划的诱惑而使用它。不管是什么目的，有经验的运动员的建议并不适合于新手。新手的肌肉、肌丝以及肌腱并不习惯于规范力量训练的刺激，为了避免损伤，他们需要较长时间的调解或是适应。以下的因素往往影响着个体的竞技能力：

（1）训练背景：训练需求必须适合于我们的训练经历、背景和年龄。

（2）个体的竞技能力：不是所有身材和外表相似的运动员都能够承受系统的训练负荷，在决定负荷的量和强度之前必须评估个体的竞技能力，这将增加成功以及确保无损伤的机会。

（3）训练负荷以及恢复速率：当计划和设计训练负荷时要考虑训练会给我们带来很高要求的外界因素。例如学校、工作或家庭等都会影响我们训练期间的恢复，有害的或是消极的生活习惯和情绪也会连累我们制订训练计划。

（三）原则三：梯形的负荷

力量训练中的递增负荷理论从古代就开始被人们了解并应用了。根据古希腊神话，第一个应用这个理论的人是著名的数学家毕达哥拉斯（公元前572年—公元前497年）的学生米洛，他是一位奥林匹克摔跤冠军，在他少年时期就立志要成为世界上最强壮的人，并且每天通过举重和举起小牛来达成他的这一使命。伴随着小牛的长大变重，米洛也变得更加强壮。最终，当这头小牛长成一头成熟的公牛时，由于米洛长期的进步，他不但可以举起这头公牛，而且他的确成为地球上最强壮的人。肌肉围度、特性以及清晰的轮廓是长时期训练的直接结果。从入门水平上升到奥林匹亚先生或奥林匹亚小姐的级别，如果肌肉的围度、特性以及清晰的轮廓要想继续提高，训练的负荷必须根据每个个体的生理和心理能力的提高而逐步增加。

负荷模式最有效的技巧就是梯形负荷原则。因为它包含了生理和心理的要求，即在无负荷训练一段时间后增加训练负荷。无负荷阶段相当于是对身体的缓解，这是为了适应新的更大强度的刺激以及自身为另外的负荷增加做准备的阶段。由于每个人对于刺激的反应不同，每个运动员必须计划适合其自身专项需要和适应性速率的负荷安排。例如，如果负荷增加太突然就可能会超出身体的适应能力，从而打破了超负荷适应的生理循环。一旦发生这种破坏，适应性就不会是最佳的，损伤也会随之发生。这种梯形方式涉及一个确保恢复的无负荷的阶梯之后，阻力的增加超过几个阶梯重复小型环路或者一个训练周（如图2-1-3所示）。

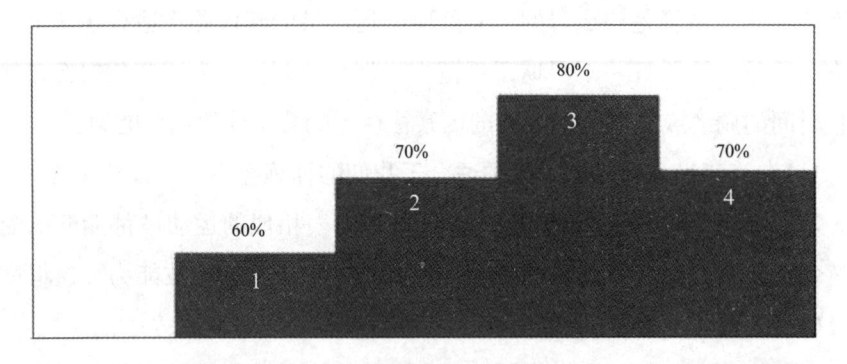

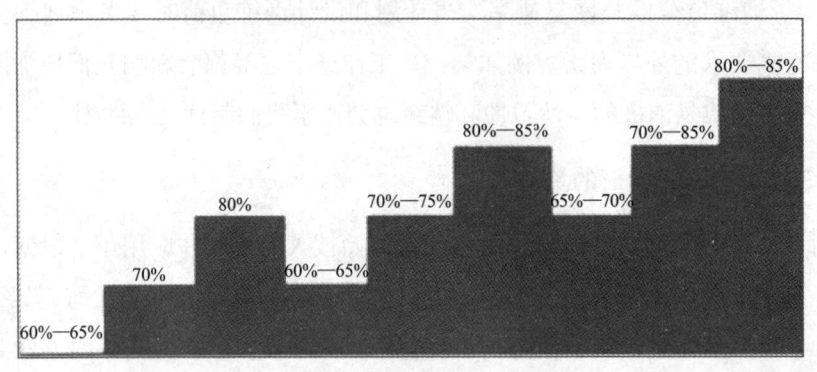

图 2-1-3 训练负荷增加的梯形方式

图中每一个台阶代表不止一个单独的训练，这意味着训练负荷不是在每一个训练阶段都会增加的。一个训练带来的刺激不足以在体内产生明显的变化。这种适应性只有在重复地承受统一训练负荷之后才会发生。图中，每个台阶代表一周，每条垂直线代表了负荷的变化，每个平行线代表了利用和适应这个负荷的周数。每个台阶上的百分比表明了最大力量的百分数。例如，星期一，通过增加运动负荷来开始一个小循环（一个新的台阶），由于对这种刺激的不适应性，在星期一的训练之后身体处于一种疲劳状态。当这一级别持续进行，身体在星期三可能会对完成这一负荷感到很轻松，而且在接下来的两天内会适应它。在星期五之前我们可能会感觉确实不错而且可以举起甚至更重的负荷。疲劳危机之后是适应性阶段，反过来在这个阶段之后会跟随着一个生理反弹，或者是提高。到下个星期一，我们会感觉到身体和精神更轻松，这就表明是立即挑战新适应水平的时候了。小循环的每个台阶都会带来进步并持续到负荷重构阶段（台阶 4）。这个阶段给身体所需要的时间以补充能量存储、恢复能量的生理平衡以及排除自身在过去三个星期内所积累的疲劳。该例中的第四个台阶成为另一个负荷增加阶段的新的最低的台阶。尽管负荷的增加看起来似乎很小，但是重要的是最大力量值在提高，这就意味着最大力量百分数也在增加。

六、力量训练的三个基本规律

前面讨论的训练原则为力量训练者提供了概念性的指导。如果运动员准备无损伤的继续训练、想得到一个更全面更严密的训练计划，另外还有三个力量训练的规律必须得遵守。刚入门的健美者和运动员在力量训练计划的开始阶段往往没有意识到他们将会遇到损伤，而且没有理解计划背后的训练过程和方法。有许多人经常想要从有经验的运动员那里寻求建议，结果他们发现这些经验者已经不在他们的团体之内而是在一个充满损伤的冲突过程中。遵循下面的训练规律将会确保年轻运动员或未受过训练的人在经历严格的力量训练之前有适当的解剖学适应性：

（一）规律一：在发展肌肉的力量之前发展关节的柔韧性

大多数特别是那些参与轻器械力量的练习，主要是关节周围肌肉活动。在一些练习中如果个体没有很好的柔韧性，杠铃的重量从某个角度压到关节会导致损伤和疼痛。比如膝关节深蹲，在进行深蹲的过程中膝关节的压力可能会给柔韧性较弱的运动员造成很多疼痛甚至是损伤。同样，在深蹲姿势中踝关节柔韧性欠缺的运动员不得不把力量放在脚底和脚趾上而不是放在能够确保有一个很好支撑和平衡的脚掌上。发展踝关节的柔韧性（例如，脚底弯曲或者是将脚趾靠近小腿）对于所有力量训练者来说都是重要的，但是对于刚入门的运动员是特别重要的。

（二）规律二：在发展肌肉的力量之前发展肌腱的力量

肌肉增长的速度通常是显示出超过肌腱和肌丝能够适应性更高的牵拉潜能。重要的是肌腱和肌丝适应是需要时间的，因为许多个体缺乏远见，他们过早地用大负荷来发展专项的肌肉群而没有加强肌肉支持系统的力量。这就如同在沙滩上建筑房屋一样，暂时看起来是很好，但是一旦涨潮所有的东西就会毁于一旦。将身体建立在坚固的岩石根基之上，这些就不会发生。肌腱和肌丝是可以训练的，而且确实可以通过适当的解剖学的适应训练来增加其半径和直径，从而增加了对抗肌腱和耗损的能力。这种训练目的可以通过一到两年的低负荷训练来实现。

（三）规律三：在发展四肢力量之前发展身体的核心力量

粗壮的手臂、肩膀以及腿部确实给人以深刻的印象，而且大量的训练必须专门针对这些部位。然而躯干是这些部位之间的纽带，四肢也只能和躯干一样粗壮。躯干包括大量的腹背肌，肌束在的核心部位有不同的走向，构成一个紧密而强有力的支持系统。一个发展不良的躯干在手臂和腿的用力工作时表现出较弱的支撑体系。因此，一个新手的训练计划不能以腿部、手臂和肩部周围为中枢进行训练，必须把重点首先放在较强身体核心部位的力量，腹肌、下肢肌肉以及脊柱上。背部肌肉包括沿着脊柱分布的长肌和短肌。它们还有内外旋肌和斜方肌，并且作为一个整体的活动。腹肌纵向的（腹直肌）、横向的（腹横肌）以及斜向的（腹斜肌）排列能够使躯干向后弯曲、旋转以及扭转。腹部肌肉在许多训练中都起到重要的作用，这个部位太弱就会极大地影响到许多力量训练的动作效果。

第二节　力量训练的适应性调控

大多数的运动员在初学阶段还没有为训练做好准备，开始制订严格的训练计划时主要集中于增加肌肉肥大或者是集中于增加肌肉质量和通过负重训练增加肌肉力量。身体则需要更多的时间渐进地适应一个新的和更多的训练刺激要求，而不是在这过程中带来损伤。

一、解剖适应性训练

（一）解剖适应性训练的持续时间和频率

初训者需要 6～12 周的时间去训练韧带和肌腱。尽管解剖的适应性训练不是大刺激训练，但是许多初学者可能会经历肌肉大小的增加。在解剖的适应性训练阶段，在给初学者介绍大负荷训练之前应该给他们时间去提升自己的技巧。对于有23年力量训练的训练者，6周已经足够。高水平运动员能够做3～6周的训练。少于六周将不会产生训练效果，身体不会有任何适应性。训练频率取决于一个人的训练背景和总的训练任务。一周2～3次的时间对初学者和有一定训练经历的运动员来说是较好的，然而对高水平运动员来讲每周4～5次是合适的。

（二）解剖适应性阶段的方法

前面提到，解剖的适应性训练是循序渐进的，使身体适应训练先发展肌肉。解剖适应性训练的最好方法是循环训练（CT），因为它可以促使肌肉群交替，也包括大部分或者是全部的肌肉循环。

1. 循环训练

循环训练被用作发展一般健康的方法。对于循环训练计划来说，一套练习系列是合适的，包括用自身体重（比如下降和引体向上）和哑铃、杠铃或力量训练机器。一个循环可能重复很多次，这取决于训练的数量、每站的重复次数、负荷量、运动员耐力和健康水平。选择循环训练进行交替肌肉群练习，在站与站之间能够促进更好和更快的恢复。站与站之间的休息间隔应该是1～1.5分钟，圈与圈之间的休息间隔是1～3分钟。许多体操运动提出了用不同的器械，这样可以创造包括大部分或者是全部肌肉群的循环，可以继续挑战运动员的技术，保持他们的兴趣。

2. 力量和心血管的循环训练

对于目标既是为了解剖的适应性阶段的力量训练，又是为了创造一个更好的心血管基础，我们提供以下的组合：第一，10～15分钟的心血管训练；第二，3～4次的力量训练练习；第三，10分钟的心血管练习；第四，3～4次力量练习；第五，10分钟的心血管练习。

这样的练习可以持续45～60分钟，要让它更长一些可以重复循环，或者是增加另外3～4次练习的部分，以更多的心血管练习结束。

（三）解剖适应性阶段计划的设计

从训练的第一周开始，运动员必须以客观的数据为基础制订自己的训练。这意味着测定至少一次主要训练或主要运动中的最大重复次数，以便能客观的计算训练负荷如最大百分比。

在最初的 1~2 周内，肌肉的疼和疲劳是正常的。尤其在那些以前并不喜欢运动的人身上，一旦肌肉适应工作以后，这些问题会很快消失，当训练继续时感觉会好起来，训练也将会看起来容易，按照以前的计划继续训练。

（四）适应性的暗示

抵制诱惑增加负荷，在下一个阶段将会有大量的时间去做。记住，即使肌肉感觉起来好像已经适应性了，肌腱和韧带仍需要更多的时间。每个循环身体要求必须是渐进的和个性化的增加。如表 2-2-1 所示，展示了负荷形式在初学者与高水平健美运动员之间的不同。因为初学者健美运动员需要一个较长的逐渐适应性，他们的负荷在增加需要之前仍然和两周（两个最小周期）前是一样的。高水平运动员在每个小周期都可以改变他们的负荷。

表 2-2-1　制订个性化解剖适应性计划的训练参数

	运动员的等级		
	初训	业余	高水平
阶段的持续时间（周）	6~12	6	3~6
站数	9~12	9	9
组数/训练时期	2	3	3~4
组间歇（分钟）	2~3	2	2
频率/周	2~3	3~4	3~5

为了监测和计算负荷，我们建议在最初的 1~4 周中，在第 1 周后半阶段测定最大重复次数。在解剖适应性训练最后，负荷达到一个最大的百分数之后允许立即过渡到下一阶段。许多解剖的适应性训练内容的类型，循环训练遵循从上到下的练习，在移到下一个站之前只做一套，这种做法可促进每个肌肉群的恢复，因为肌肉群经常被交替安排，可以避免因为人多而为器械去争抢。所以，在移到下一套之前在一个站做完所有的器械。

如果某个训练单元要进行练习的内容较多，那么第二天可进行同样肌肉群的训练。如果做的练习不多，可以在一天之内全部完成，然后重复和每周练习一样的次数。解剖适应性暗示包括：

（1）其他的运动也可以选择。

（2）第 1 周前期，第 4 周和第 7 周（下一阶段的第 1 周）的后期测试最大重复次数。

（3）6周结束以后，负荷的增加通过更多的组数和重复的形式发生进步。

（4）腿部弯曲负荷的增加以缓慢的速度开始，缓慢的进步，因为后群肌的肌肉很容易受伤。臀部要缓慢。

（5）20～25分钟的有氧工作作为准备活动的一部分。

（6）40/15×5意味着负荷二组数的重复（用这个例子，3组15次的重复相当于最大重复次数的40%。）

（五）解剖适应性阶段的营养

我们假设在这一阶段开始变化食物，最初的假设可能不是十分的必要，但是紧随计划的实施会使大多数人的意识想要跟随我们阶段性的计划。在新陈代谢饮食的大多数时间内，将不会发现自己会限制能量。实际上，许多运动员发现得到足够的能量是个问题，尤其是在肥大时期。即使在其他时期，许多运动员发现随着增长的训练和练习，他们可以摄入大量的食物而没有负面结果。最初，应该逐渐地做一个饮食的转化，不要立刻就跳到一个能量很低的水平上，通常感觉到疲劳和不舒服是因为缺乏食物而不是缺乏碳水化合物。如果有些不舒服是来自实际的新陈代谢的转化，我们不希望运动员会感到胃胀或者是遭受便秘和腹泻，在最大营养摄入时，有时候可能会有过渡的变化，饮食通常会影响肠道变化，在饮食上可能会产生复合性的影响。在食谱上每天开始的能量应该是身体重量的18倍，如果一个体重200千克的健美运动员，则其每天需要摄入15069千焦热量。这种摄入水平制造了减去身上的脂肪，得到大量的肌肉，保持同样体重的阶段。这将改变大部分的比率，这个时期需要努力做的是用最简单的方式来适应性饮食。这段时期若继续时，可以用上述标准做试验找到最佳的能量维持水平，从其他的食物上的得和失就会知道自己需要增加或减去多少。用这种方式我们将会得到数字和最易处理的食物，还有维持体形的度。

转化食物的结果之一就是肠胃必须重新适应大量的蛋白质。因为肠胃作为一个柔软消化的工具，可能会经历腹泻，需要维生素的补偿品来调整促使肠胃稳定，食物的根本改变也会引起便秘。人们开始饮食大多数问题来自他们把摄入的必需维生素变成了柔软的消化工具或者是通过不加考虑的小册子上面的加工食物。我们遵循的转化食物营养补偿品包括调节多种原料的低碳水化合物补偿品（没有纤维被吸收，意味着调节肠胃和保持整个肠道健康），它的原料组合包括许多可溶性和非可溶性的纤维是非常有效的。如果用一种普通的商业纤维产品，在购买之前一定要检查一下包装上的碳水化合物的含量，提炼过的碳水化合物经常被加入以使这些碳水化合物尝起来味道更好。在最初的几周到一个月的食物中，我们可能将不得不采用纤维补偿。在多数情况下，身体在那个时候或在至少几个月内会完全适应这种食物。如果不是，经常性的或以必需为基础的食用膳食纤维也是个好的想法。许多运动员发现在一天的中间吃一顿丰富膳食纤维的饭可以提供足够的纤维。

1. 不要混合饮食

混合食物可能对我们有很强的诱惑，把混合食物和部分其他的食物混合就像高的碳水化合物和低脂肪的食物混合。许多运动员成为高碳水化合物的主人。他们吃肉，但是全是鱼肉、鸡肉。这些食物确实很有营养，但是它们也不能代替红肉，因为它们没有足够的脂肪。运动员的这种饮食方法是食用高蛋白、低碳水化合物、低脂肪的食物，这些食物不会提供从新陈代谢饮食上得到的好处，也不能像我们希望的那样燃烧脂肪，因为它们没有能量，不能运动。

2. 解剖适应性阶段的营养补偿

在解剖适应性阶段应当集中注意新陈代谢的转化，保持所有食物的基本一致。除去纤维补偿和每天需要的维生素矿物质，如果经常摄取补偿，那么可能会养成习惯。但是这个阶段重要的是转化食物，从食用碳水化合物到用脂肪作为以前的燃料，因此最好集中注意力做食物转化，保持所有的变化到最小。可以食用的补偿包括复合抗氧化剂和必要脂肪酸，它们是一种自然的可溶性和非可溶性纤维配制的有效的混合物，可以处理偶尔的便秘和频繁的肠紊乱，各种各样的可溶性纤维和其他复合物在正常水平范围内维持胆固醇水平十分关键，可以维持一个健康的心脏，也可以增加胰岛素的敏感度。如果适应低的碳水化合物有一定的困难，在适应碳水化合物水平之前，尝试用转化饮食来帮助度过困难时期。

二、肌肉肥大训练安排（H训练）

标准的周期模型要求 2～6 周来提供足够的时间，去满足肌肉的肥大和精细的改进，一般建议 1～2 周的体积和训练强度明显减少的过渡期。在第一个 H 阶段这个较小的训练强度周能够帮助消除疲劳的累积，在下一个 H 阶段开始之前给身体一个完全补偿能量储备的机会。在周期基本模型的所有训练之间规定了同样短的过渡期。

（一）训练的持续时间

H训练的持续时间取决于许多因素，包括运动员的等级、训练背景、明确的身体目标（特别是增加的肌肉质量或者是肌肉限定），要了解如何是适应自己的计划。为了达到接下来的肌肉肥大，运动员最好计划至少一个2~6周的H阶段。在这段时间内，运动员必须仔细地选择各种能达到他们训练计划的训练方法。如果碳水化合物起促进作用，那么组数之间的RM指标可能是最重要的因素。RM指标必须用这样的方式计算，每套之后都会让我们筋疲力尽，尤其是在第三阶段计划消耗是有必要的，就像每个阶段类型负荷方法一样。

（二）肌肉肥大训练方法

高水平运动员的主要目标是对发展肌肉起重要作用的化学变化，但对于许多运动员来说，增加的肌肉通常来自身体循环物质或血浆而不是肌肉纤维（肌凝蛋白细丝）内扩大的能收缩的因子。换句话说，肌肉的增大可能是由于转移的身体循环物质到工作的肌肉中，因为与肌肉纤维大小的实际增加是相反的，这就是为什么许多运动员的力量和肌肉大小不成比例。肌肉肥大训练要求运动员利用次大负荷训练来避免激起肌肉的最大紧张。次大负荷训练的目标是尽力缩小肌肉的消耗来使肌肉纤维得到重新恢复。当重复过量消耗时许多纤维开始疲劳，肌肉纤维的补偿必然增加。为了达到最好的训练效果，运动员必须尽可能地做更多的重复次数，运动员需要达到肌肉力竭的程度，即便是在应用最大力量的时候，如果个人的组数没有达到疲劳，肌肉肥大将不会达到预期的水平，因为一次刺激不会对增加肌肉大小产生必要的刺激，肌肉肥大的关键因素是超过总组数的疲劳累积效果，不是每组的疲劳，疲劳的累积刺激化学反应和蛋白质的新陈代谢是最理想的肌肉肥大的原因。

（三）肌肉肥大训练的种类

消耗的重复是力量训练中的主要成功因素，以下是几种新颖的方法，每种有相同的目标2~3次重复后达到疲劳，结果是增加肌肉生长和肌肉肥大：

（1）助力重复：一旦做了1组使神经肌肉系统疲劳的运动，同伴给了自己足够的帮助完成2～3次更多的重复。

（2）阻力重复：一旦做了1组而暂时疲劳，同伴会帮助自己集中的执行2～3次更多的重复，以便获得超负荷的目的。注意在紧张中肌肉纤维越长，神经和能量消耗就越高。如果正常的收缩是2～4秒，1次抵抗的重复会有6～8秒，消耗20～40%的能量。肌肉的新陈代谢越活跃，受刺激的肌肉生长就会达到新的高度。

（3）过度重复：在专项的主动肌上做了1套运动，这块肌肉没有休息的时间。例如，当作肘部弯曲或者是肱二头肌弯曲，立刻伴随肘部紧张或肱三头肌紧张减少。过度重复的变化：接下来做1套消耗的运动，20～30秒之后，用同样的肌肉群再做1套。例如，做1套使肱三头肌紧张的运动然后下降，当然由于消耗在第二套中不可能像在第1套中一样重复相同的次数。

（4）借力的重复：当没有监测器时，运动员会求助于这项技术。当在整个运动范围内不能用合适的形式做下一个重复时，通过摇晃身体的另一部分来补偿运动到运动分支。例如，做肘部运动到耗竭，然后摇晃躯干到前臂或是借力，这样维持着消耗的肌肉里起决定性作用的刺激，这种方法仅限于有一定的训练基础的人才能尝试。

1. 肌肉肥大训练的有益暗示

即使用分开的常规方法，肌肉肥大训练可能对那些每次训练期间做75～160次重复的人来说是非常困难的。这些大负荷要求在训练后有个长时间的恢复期，这个时期明确的训练方式是使大部分肌肉或者不使全部的ATP/CP和糖原储备耗竭。切记，即使ATP/CP恢复得很快，消耗的肝糖原需要大约46～48小时才能补偿。这是合乎逻辑的，因此完成大负荷肌肉肥大计划时每个小周期不能超过3次，更倾向于第3次，特别是在第三、第四阶段负荷形式的一段。不停地消耗训练减少了能量的储备，加速了收缩蛋白（肌凝蛋白）的破坏，这种超负荷的不理想结果使肌肉形态可能不会有太大变化。如果已经用了超负荷的技术，尝试一步步地来增加负荷，观察身体的进步。除此之外，确信在每个最小循环内交替的强度，身体将会对合适的负荷顺序和恢复有良好的反应。

2. 等动训练方法

等动收缩意味着"相等的运动"或是在整个运动范围过程中有相同的速度。等动收缩训练是在提供的专项设计的器械上，其供肌肉对不同圆心和同中枢的收缩做同样的抗阻。一方面，在等动训练中速度非常重要，用较慢的速度是增加收缩力量，主要的收获在于肌肉肥大。另一方面，在所有的收缩速度中高速训练能增加收缩力量，可以发展最大力量，更先进的计算设备要求运动员选择动作速度，这些机器经常被用作测定力量的器械。等动收缩器械提供以下几个关键因素：

（1）提供了一种安全训练的方法，因此适用于那些初学者的早期训练中。

（2）主要适用于解剖适应性阶段。

（3）对受伤运动员的恢复来说也是有用的。

（4）如果负荷和重复次数在训练方法中按照建议那么做，那么它能被用于肌肉肥大的阶段。

（5）用较高的速度可以导致最大力量的获得。

3. 慢速或超慢速训练

运动员已经成功地运用慢速训练多年，慢速收缩训练可能会产生高水平肌肉紧张，导致肌肉肥大或力量增长。慢或是超慢收缩的提倡者，用下降的组数或是各种其他的变形，建议向心收缩的持续时间是离心阶段的一半。例如，以1RM的95%离心用4秒，向心用2秒，同样的比率被建议用于较低的负荷，以1RM的70%离心用6秒，向心只用3秒。许多专家的提议几乎相反：10秒的举重（向心的），5~10秒的较轻重量（离心的）。切记，离心阶段产生的张力要比向心阶段的张力低（用同样的负荷），因为肌肉收缩力低于杠铃的重量。因此为了有相同的张力，离心阶段必须或者是更长（到向心收缩的两倍长）或不得不增加负荷以此来产生相同的张力（指的是增加大约20%的重量）。但这里存在一些误导具体如下：

（1）慢的运动降低力量是受伤的第一原因。在现实中，慢的收缩增加肌肉张力，肌凝蛋白连接更长的收缩，导致力量和肌肉大小的增加。而且，因为运动形式和技术在慢的收缩期间更容易控制，它们比动态的姿势更安全，当肌肉达到耗竭阶段是这个规则的例外，此时技术控制更困难，运动员需要监视人的帮助才能避免问题。

（2）在一个限定时间阶段训练强度越大，肌肉疲劳越深。在科学训练中，强度是指在训练中应用的负荷，用1或百分数来计算，负荷越高，强度（心理上的和精神上的）越大。

（3）各组数之间没有休息间歇。这可能会被接受，在下降组数方法中，负荷减少而没有休息，例如，用最大重复值的95%做2~3个两组，然后用最大重复值的90%做3~4个两组，接着用最大重复值的80%做8~10个两组，最后用最大重复值的70%做12~15个两组。上述的安排很容易理解为什么许多运动员会处在持续不断的过度训练中，并伴随着身体上和精神上会被耗竭。

（4）高水平训练者在训练之间经常需要7天或更多天的休息。完成蛋白质的合成48小时就够了，这意味着肌肉可以为下一次运动做准备，每7天把一个肌肉群作为目标会阻碍肌肉细胞的适应，当训练重新开始时会导致肌肉损伤和疼痛。

4. 高强度训练

高强度训练（HIT）系统遵循传统的运动训练原则，比如改进超负荷（特别是逐渐地增加负荷），合理的技术、多关节运动、超慢、提前耗竭、用整个范围的运动、8~12次的重复等。但是HIT系统的倡导者造成了许多关于训练的误导。例如，他们建议训练要简洁（少于1小时），这对于那些不能坚持长时间的人来说是好的，像那些娱乐性的健美运动员和力量训练的狂热爱好者。但是对那些经常做很多组的高水平运动员来说就存在问题了，对他们来说做不到1小时的运动是完全不可能的，许多其他的误导提出的HIT系统如下：

当我们变得更强壮时，可以忍受较低的强度。这种言论与运动科学证明了高水平运动员可以很好地适应高强度的理论相反。每天训练各种其他运动的健美运动员达到是2~3次都没有问题，尤其是在周期训练中，在一周之内训练强度会始终如一地交替。然而，高强度占据训练大部分。参考许多奥运举重者和田径的投掷者的计划，他们经常一天训练多于2次，一周六天经常性的高强度。初学者每个练习需要做16~20组，然而高水平运动员只需做8~12组，现实正好相反，初学者不能和高水平运动员一样适应如此多的运动强度，因此初学者开始要少做，先是渐进的训练然后再做较高强度的多次重复。初学者一周要训练3次，高水平运动员只需一次，这是另一种谬论。

(四) H 阶段计划的设计

H 训练应该以测试 1RM 开始，测试应该在第二个阶段的第二部分执行，因为这是在渐进负荷形式中负荷最轻的一周。如果在一周的较早部分执行，运动员会从以前高强度周产生轻微的疲劳，简单的推迟保证了疲劳不会影响测量的准确性，H 训练的主要目标之一是始终如一的训练，所有的肌肉群以达到最终匀称的外形。

1. 后群肌

后群肌经常被忽视，在许多时候没有被均衡地发展成为四头肌。当我们制作自己的计划时，要记住这些。而且，尽管许多肌肉伸张后群肌发生损伤，但是力量负荷和其他肌肉运动频繁地作用于后群肌，在冲刺时后群肌被叫作神经肌肉，因为它们比小腿和其他肌肉每英寸有更多的神经末梢板。我们建议计划推荐比小腿低 10%～20% 的负荷来发展后群肌。

2. 小腿

小腿支持人站立和行走，由于不停地低水平刺激，通过发展较高的慢肌纤维（76%），而不是快肌纤维（24%），它们已经产生了生物适应性。结果和多数其他的肌肉群一样，对小腿刺激生长是困难的。小腿的专项生理结构使它们对传统的运动和力量训练计划（相同的负荷和 1RM）反应不是很好。由于小腿比其他的肌肉有更多的毛细血管，它们比其他的肌肉能够更快地再提供所需能量（ATP/CP）来补偿小腿的能量平衡，它们的训练必须稍有不同。为了抑制的 ATP/CP 的恢复，1RM 不要长于 30～45 秒。这就要求身体增加它的运输能力，因此要增加细胞的 CP 含量使蛋白质的新陈代谢活动起来，小腿的肌肉肥大也因此能够更好地被刺激，允许运动员和身体的其他部分合理地锻炼小腿。

3. 肌肉肥大的暗示

（1）在第 1 周、第 4 周的第二部分，下一个计划的第一周测试 1RM。

（2）在表的最后还留有空间，因此运动员可以增加喜欢的或是需要的运动。

（3）运动的数量可根据个人的需要稍增或稍减。

（4）要经常应用这些建议。

（5）如果负荷太高就减少负荷，但保持相同的负荷数量。

（6）组数被增加或减少是对个人专项潜力和需要的反应。

（7）在体重期之前不要忘记做五到十分钟的有氧运动。

（8）在肌肉肥大阶段到下一个运动（指是不同于肌肉肥大阶段）之前做完每个运动的所有组。

4. 肌肉肥大阶段的营养

这个阶段和大多数运动员熟悉的营养阶段相似。和平常一样会增加卡路里的摄入，在转化饮食方面，目标应是允许体重增加大于理想体重的 15%。理想体重是达到最理想的比赛体重，它必须符合实际。如果暴饮暴食，结果高于理想体重的 30%，将会结束 15% 或更多的身体脂肪。设计的转化饮食是让我们得到更多肌肉限制的脂肪，即使经历了营养阶段的增长比其他的食物得到的脂肪少，但仍然需要做一些运动。在这一阶段明确的饮食和其他阶段一样，继续在训练日吃高蛋白高脂肪的食物，在周末增加碳水化合物，唯一的改变是消耗卡路里的数量。如果想达到超过理想体重的 15% 的水平，很明显要多吃。在这个阶段，运动员每天应该消耗他们想得到的体重的每千克 0.1 千焦。例如，一个运动员想达到 250 千克，他将会每天摄入 26 千焦，当我们认为在之前他可能用 15 千焦的食物，他将经历能量的巨大增加。如此的能量消耗可能对那些增加体重有困难的人来说是个问题，他们不习惯吃，也没有好的胃口，他们可能认为他们吃了很多，但是并没有，他们会发现自己一天有 2 千焦，几天之后会降到 6.2 千焦，当问到他们发生了什么事的时候他们都会说自己不饿，因此，在饮食上必须始终如一。

5. 肌肉肥大阶段成功的关键

（1）在现在理想的比赛体重上增加 15%。

（2）如果在吃的方面有困难，做一个周能量的目标而不是每天的目标。

（3）身体脂肪高于 10% 不会增长。

（4）当达到新的理想体重或是增加 10% 的脂肪水平（这个最早到来），结束累积阶段。

（5）不管是否达到新的理想体重，在比赛之前累积阶段必须 12 周结束，每周得到两千克是最好的。

6. 控制身体脂肪

脂肪相当重要，同样的能量水平许多运动员比其他人有更多的脂肪。此外，这取决于个人目标，虽然这意味着更多的肌肉和力量但他们并不介意，对于在比赛中的健美运动员 10% 的脂肪是最好的。这意味着肌肉肥大和力量，许多运动员也愿意变得更高，他们发现即使高到 15% 也是能接受的，但要记住如果脂肪水平太高，减肥将变得困难。

因为大多数运动员想使肌肉群和力量变得最大而脂肪最少，一般用比赛的运动员来讨论在多数时期获得的力量和肌肉群。大多数运动员合理的转化饮食，他们维持 10% 的脂肪水平是相对容易的。为了准备比赛，保持脂肪的水平是必要的。营养时期的目标是继续吃和获得重量，直到超过标准体重的 15% 或超过脂肪 10%，这都是第一位的。如果发现自己仍然增加重量，但是比赛在 12 周之内并没有达到新的理想体重则是到了停止营养阶段的时间了，必须按照规定肌肉训练的阶段来为比赛做准备。因此，比赛之前的时间是身体的脂肪和重量需要在这个阶段停留多长时间的决定因素。然而大多数运动员通常相信他们不能很快达到，一周 2 千克是较好的，如果能得到 2 千克，在转化饮食方面不用得到太多的脂肪，大部分将会是肌肉，尽管可以根据个人的新陈代谢变更目标增加或减去 1 千克，一般在营养阶段每周 2 千克是最好的标准。

7. 肌肉肥大阶段的补偿

在肌肉肥大阶段，食物计算多于补偿。得到低碳水化合物的定量配额将会提供需要的肌肉。然而，我们需要在习惯上多用补偿品，包括一种或多种。例如，如果有训练方面的问题，受伤或过度训练，一般建议在饭后是有用的，用健康的和低碳水化合物的方式帮助达到目标。在这个阶段，如果到了一个稳定期便可用一种训练计划来使训练成果最大化。

三、最大力量

最大力量是通过不断增加训练负荷来提高的，在这个过程中也提高了肌肉的收缩能力。高于 80% 最大力量的训练负荷可以增加肌肉的张力，同时募集快缩力量型运动单位。结果是通过提高肌凝蛋白细丝的密度使肌肉中蛋白含量变高。运动单位的动员与负荷大小有关，负荷小时主要动员慢肌纤维，随着负荷增大快肌纤维被动员。因此当负荷超过 80% 的训练时才能动员快肌收缩单位。

（一）最大力量的生理机制

一名运动员发展最大力量的能力很大程度上取决于以下几个因素：

（1）肌肉的直径或横截面积。其中肌凝蛋白肌丝的直径以及横断面积更为重要。尽管肌肉体积的大小主要取决于肌肉肥大阶段的耐力。肌凝蛋白肌丝的直径取决于最大力量时期的数量和耐力，最大力量训练的目的是提高肌肉中的蛋白含量。

（2）快肌纤维的能力。这种能力主要取决于这项训练的内容，运用适用于力量对抗性项目的最大负荷训练法是唯一一种能够完全募集快缩运动单位的训练方法。

（3）在运动过程中增加所有肌纤维同步收缩的能力。这种能力取决于多次重复某种高负荷运动的能力，在多数训练中都被提高。肌肉体积的增大通常都不是长期持续的，这种增大主要归因于肌肉成分的变化而不是肌纤维的变粗，间歇性的最大力量训练方法可弥补种种不足。最大力量提高的结果会使肌肉产生很大的张力，而且这种张力只能运用多数快肌纤维动员的负荷（一次最大负荷量的80%～85%）来获得。

（二）最大力量的训练方法和持续时间

提高最大力量的运动绝对不能在肌肉肥大阶段疲劳的情况下进行。在最大力量训练过程中，组与组之间必须给予肌肉最大的恢复。由于最大力量运动要求中枢神经系统达到最大的兴奋性以及高度的专注和积极性，因此最大力量训练增强了中枢神经系统的连接，从而提高了肌肉的协调性和同步性。力量不仅仅取决于肌肉的体积和横桥的数量，而且还取决于中枢神经系统动员肌肉的能力。高兴奋性的中枢神经系统（换言之肌肉的同步性）也会使对抗性的肌肉被抑制。当运用最大力量时，因为对抗性的肌肉保持不产生对抗运动收缩来协调配合，这样运动员才能举起更大的重量。大多数力量的变化都认为是发生在肌肉组织中的。然而，最大力量训练时没有多少涉及神经系统。事实上，很少有这方面的研究报道。已有的研究认为中枢神经系统是力量获得的刺激者，在肌肉收缩时中枢神经系统经常发挥运动单位的约束者的作用。在极限情况下，比如生死关头这种约束被消除，然后所有的运动单位都被激活从而提供超人的能量。最大力量训练的主要目的之一是为了让身体消除中枢神经系统的抑制，从而获得力量潜力的提高。

（三）最大负荷训练法

最大力量的提高几乎是通过最大负荷训练法产生的。这种方法的效果必须经过至少2~3年的常规力量训练才能表现出来。因为训练使用最大负荷会产生疲劳，这种提高很大程度是因为运动神经的适应，借此运动员学会在训练中更加有效率地利用和协调肌肉。最大负荷的益处，具体如下：

（1）增加运动单位的活性，使产生更高的募集和提高快肌纤维的收缩频率。

（2）增加生长激素（合成激素的合成）和提高分解激素（主要是肾上腺素和去甲肾上腺素），这种激素可以增强机体对这种训练的生理反应。

（3）提高比赛或训练时肌肉间的协调性和同步性，收缩时肌肉协调性和同步性越好和募集快肌纤维越多，在比赛或训练中的表现就会更好。

（4）增大肌肉可收缩细胞的直径。

（5）提高机体睾酮的合成水平。

通过最大负荷训练获得的提高主要是最大力量的提高，然后是肌肉的肌肉肥大。通过最大负荷训练法在肌肉体积方面获得很大的提高也是可能的。但通常只能是那些刚进行最大负荷不久的运动员。对于那些已经有比较结实的肌肉体型背景的运动员，运用这种方法获得的提高在肌肉体积方面不如最大力量明显。通过更好的同步和快缩纤维募集的提高给最大力量设置了一个快速爆发性增长的阶段。有3~4年的最大训练负荷的高训练水平运动员尤其适合这种训练，他们可以募集大约85%的快缩纤维，剩下的15%代表着一个早期训练没有开发的潜在的储备。一旦运动员达到这样一个平衡的水平，他们会发现将来最大力量的增长会非常困难。为了避免这种停滞而继续提高肌肉的质量和条纹，他们必须使用一些可选择的方法提供对肌肉更大的刺激。这样的一个方法就是增加离心收缩的成分，被增加张力会帮助机体继续提高最大力量，尽管运动员已经有了很高水平适应性。在最大力量训练中，最重要的因素是训练中使用什么负荷，负荷的组成、间歇时间以及收缩的速度。以下对这些因素的简略解释会帮助大家澄清理解这些内容。

1. 负荷

最大力量仅仅当肌肉产生最大张力时提高。当负荷较小时刺激的是慢肌纤维，而超过最大负荷量的85%必需的。如果要刺激大多数肌纤维特别是快肌纤维，较低重复的最大负荷会使神经系统产生有意义的适应性，更好地提高肌肉的同步性以及增强动员快肌纤维的能力。金伯格认为肌凝肌细丝张力的提高刺激了蛋白质的合成，解释了为什么最大力量训练要运用最大负荷。因为最大力量训练的负荷是最大的，这一负荷每组重复的次数很低，仅仅是1～4次（或最多到6次）。

2. 间歇

每组间间歇时间一部分取决于运动员的适应水平且必须细致地计算以确保神经肌肉系统有足够充分的恢复，一般3～5分钟的间歇是必需的。因为中枢神经系统承受着最大负荷（中枢神经系统的恢复比骨骼肌系统要慢得多）。如果间歇时间太短，神经系统以最大的集中、积极性和收缩的肌肉的神经冲动的形式参与将会低于目标水平。此外（ATP/CP）能源物质的完全储备也会被危及。

3. 动作速度

在最大力量训练中动作的速度发挥着重要的作用。尽管当使用专项的最大负荷时，运动员对抗阻力必须尽可能快，当然负荷的强度限制了收缩的速度，运动员必须努力尽可能快地使肌肉收缩。

4. 离心收缩方法

力量训练无论是自由负重或是器械都包括向心和离心两种收缩形式。在向心收缩阶段，力量是随着肌肉的缩短而产生的。在离心收缩阶段力量是随着肌肉伸长或恢复到休息时的长度而产生的。我们都知道离心阶段比向心阶段更容易，例如进行卧推时，杠铃离胸部越低（离心部分的推举）比同位置把杠铃推起时容易，因为离心收缩的工作比较容易，它使运动员能够进行比只进行向心工作更大的负荷，而且负荷越大所获得的力量提高也越大。力量训练的专家和研究人员一致认为离心收缩比等长收缩或等张向心收缩使肌肉产生更大的张力，而且更高的肌肉张力等同于更大的力量提高，离心训练是一个更优越的方法。因离心训练的负荷比运动员1RM还要高很多，因此完成动作的速度要很慢。如此慢的收缩速率给蛋白质合成产生了更大的刺激，因此通常会使肌肉肥大并获得力量增长。

在开始几天使用离心训练的方法，运动员会感到肌肉酸痛，因为更大的张力导致一些肌肉的细微损伤。当运动员适应了7～10天，肌肉酸痛就会消失，运动员能够通过逐渐增加负荷避免这种短期的不舒适，即运用渐进负荷训练法。向心收缩和离心收缩在力学、新陈代谢、神经刺激等方面都有一些不同。最大向心收缩使肌肉产生最大的刺激作用而最大向心收缩不能引起肌肉的完全刺激。换言之，运动员必须在离心工作中用较大的负荷。为了在力量上达到一个积极的适应，离心工作的神经控制是独一无二的。这些控制包括：哪些运动单位需要刺激、有多少运动单位需要刺激、什么时候被刺激、在一组肌肉群中如何分配肌肉的活动。

（四）最大力量训练的方案设计

只有那些有一定力量训练背景（如2～4年力量训练）的运动员才能使用这种让肌肉承担超大负荷（110%～160%）的离心力量训练，而且他们必须通过最大负荷训练方法训练到肌肉力量增长进入停滞阶段才能运用这种方法。离心训练方法可以单独进行，也可以短期的与最大负荷方法结合运用，离心训练法不能滥用。如果过度运用离心训练就会达到极限从而进入一个难以打破的稳定平台。此外，因为离心训练要求非常高度的精神集中，每一次最大或超大负荷的使用都会造成很大的精神压力。运动员尽可能使用最大负荷训练方法对最大力量训练是有益的。当他们达到只有不多的或没有力量提高的平台时就可以运用离心训练法。这种训练方法将打破稳定适应极限，允许力量增长进入一个新的水平。在离心训练期间，伴随负荷训练的运动员需要有两名监护人员的帮助。因为这些负荷总是超过运动员向心收缩所能举起的最大负荷。监护人员的工作是帮助运动员先举起负荷重量，在离心阶段小心观察确保运动员能够独自控制负荷以免受伤。

离心训练法训练的数量关系如表2-2-2所示。负荷大小是用百分比向心收缩时的1RM来表示的，而且离心负荷建议在110%—160%之间。高水平运动员最有效负荷最大力量（1RM）是130%～140%，缺乏训练经历的运动员要低一些，这些负荷适合于离心收缩训练的最大负荷训练之后的运动员，离心训练在早期的几个月训练无论如何都不可以运用。表中给出的每次训练的组数和训练时间的指导是针对有训练经验的运动员。初训和业余运动员依据他们训练的潜力需要一个较少的组数。对于表现能力高的训练来说，间歇时间是非常重要的因素。如果一组间歇的时间不能使运动员充分的恢复以完成下一组的训练，那么间歇时间要稍微地延长。运用极限负荷重量进入离心训练时，运动员必须高度的兴奋，而且在每组离心训练之前完成最大向心收缩的负荷，只有在这样的精神状态下才可能有效地完成离心训练。离心训练方法很少与其他最大力量训练的方法单独分开运用。尽管在最大力量阶段，离心训练法也和最大力量训练法一起使用，我们只建议一个单独离心训练时期，在渐进负荷训练法的第三步负荷模式中训练频率得到提高。

表 2-2-2 最大力量训练阶段的训练指导方针

	运动员等级			
	初训	业余	高水平	职业
重复次数 / 组数	1～4	3～8	3～8	2～8
组数 / 时间	10～15	15～20	20～32	25～40
组数之间的间歇（分钟）	4～5	3～5	3～5	3～5
最大负荷训练方法	没有	2～3	2～3	2～3
离心	没有	没有	1	1～2
节奏 / 收缩速度	慢	慢	主动的	主动的

最大力量训练的建议：

（1）在第一周的第二时期和下一阶段的第一周测试 1RM。

（2）当最大力量训练神经肌肉系统过于疲劳时要把运动量减小到最低最合适的水平，尽可能多地运用多块肌肉活动的多关节运动，不能排除单关节练习。

（3）由于最大力量训练的生理和生化方向的限制，各部分的组间间歇必须在 3～5 分钟之间，在整个组间间歇中要放松肌肉，用干燥的衣服保暖并且做一些舒适的拉伸运动。

（4）如果建议负荷太高，要降低保持可接受的重量。

（5）调整训练计划来满足个人需要和训练潜力。

（6）在多数训练时期都要做 20～25 分钟的有氧训练。

（7）高水平运动员可以运用更复杂的练习，例如提举或力量的提举能动员六个关节。

（五）最大力量训练阶段的营养

在最大力量训练时期的营养目标是在营养过剩阶段能保持住体重并加强所获得的所有肌肉块，并且当体重和肌肉块增大使力量最大时，从理论上增强肌肉块的线条。每天的热量摄入使体重保持稳定直到进入标准时期。

（六）最大力量训练阶段的关键因素

（1）通过营养过剩时期来巩固已获得的肌肉块。

（2）人体脂肪不能超过营养过剩时期的水平。

（3）每天卡路里的摄入量要和在混合时期所达到的水平一致。

（4）饮食中蛋白质的摄入量要和营养过剩时期水平一致，而脂肪相对来说要低。

（5）对最大力量训练的结果来说，营养的补偿是必需的。

（七）最大力量训练时期的补偿

在最大力量训练时期，营养的补偿较前三个时期更为重要。摄入一定量的低碳水化合物、热量和蛋白质，使肌肉块得到巩固和增大（通过肌纤维密度增大和增多肌肉中蛋白质含量来实现）并开始为分解脂肪做好准备。然而，由于每天卡路里要比营养过剩时期减少，而且训练强度在增大，所以在膳食中给予适当的营养补偿会使我们有更大的进步。我们需要比平时生活更多的维生素和矿物质、复合抗氧化剂、必要脂肪酸，像在营养过剩时期一样。除了以上营养补偿细节外，最大力量训练期需要一个更精密的安排。此时通过补偿高含量蛋白质饮食和通过降低饮食中脂肪增加蛋白质热量，同时需要3～4个新的计划使有氧运动能量系统和合成代谢能力最大化。

（1）从食物中获取足够的蛋白质，同时分解释放能量可能有些困难，肌凝蛋白能使自身蛋白质在一定时期内保持较高的水平。它是一种先进的高质量蛋白粉状混合物，包括特别提高谷氨酰胺缩氨酸，肌凝蛋白复合物包括含快吸收和慢吸收的蛋白质，可以增加蛋白质的合成并减少肌肉中的合成，可以通过提高合成代谢、降低分解代谢的激素和增加身体免疫反应来抵消由训练系统引起的过度训练及最大化的分解代谢和脂肪燃烧的影响，因为运用了一些缓慢的过程分解各种蛋白质，其获得了自然乳清、酪蛋白和大豆蛋白，增加有益免疫效果。

（2）肌酸的作用。尽管热量摄入减少了，但最大力量训练仍保持能量系统有高的储备。通过增加内源性磷酸肌酸的水平，肌酸发挥了增加力量训练阶段提高训练强度所必需的直接能源的优越性。氨基酸和缩氨酸的混合物能增加肌酸的吸收和利用，自然增加而且处方对抗分解代谢促进合成代谢有一定影响。

（3）睾酮含量的促进。睾酮含量提高包含几种生理作用，增加了内源性睾酮的结构和减少了睾酮在调整雌激素和二氢睾酮时产生的负面效应，通过提高生理睾酮水平降低了身体脂肪的含量增加了肌肉的部分。

（4）生长激素的合成促进。生长激素的提高通过增加身体内源性生长激素和胰岛素生长因子来增加肌肉的部分减少脂肪。自然生理的生长激素和胰岛素生长因子的增加只要符合个人遗传潜力将会提高肌肉发展力量和形状而减少身体的脂肪。睾酮和生长激素分泌共同促进最大化的内源性睾酮和生长激素的生成量。同时最大化了睾酮生长激素和胰岛素生长因子对合成代谢及脂肪燃烧的促进。

第三节　神经内分泌对力量训练的反应

内分泌系统支持人体荷尔蒙的正常运作，并且可对外在刺激做出相应的反应。在体能训练领域，内分泌系统的重要性表现为：反映了周期性训练理论的发展所扮演的关键角色。在训练周期的观念应用于运动训练之前，加拿大内分泌学家 Hans Selye（汉斯·塞利），在其著作中提及肾上腺及应激荷尔蒙面对压力、非压力、疾病和死亡时所扮演的适应角色，从而产生了训练周期的基本理论。有运动科学家及医师发现运动训练的反应形式与 Hans Selye 所观察的压力形式是类似的。Hans Selye 提出一般适应的名词来描述肾上腺起初的警觉状态，随之对有害刺激的反应可导致机体功能下降。假如机体能够承受刺激就会出现一段适应期，并改善机体功能。假如无法克服有害的刺激，接着功能开始下降甚至导致机体的死亡，对压力持续适应的关键是适时地移除刺激以便恢复机体的功能。

了解抗阻运动引起荷尔蒙反应的基本知识，对体能训练人员是很重要的。相关的知识可使其深入了解运动处方如何让抗阻练习对荷尔蒙产生最佳适应。虽然抗阻练习是唯一能够增加瘦体重的自然刺激，但不同抗阻练习计划，对于增加肌肉和结缔组织的能力仍存在极大的差异，即不同抗阻练习类型支配不同的荷尔蒙反应。组织的适应受到运动后循环中荷尔蒙浓度的影响而产生变化。因此，了解运动员身体自然合成的代谢活动，对运动员的机体恢复、适应，设计运动计划、训练进展及最终运动表现等都是十分重要的。

一、荷尔蒙

（一）荷尔蒙的合成储存与分泌

荷尔蒙是机体的化学传信者，它们经内分泌腺（掌管分泌的身体结构）和其他一些细胞合成、储存与释放。同样，神经元合成、储存和分泌神经传导素也具有荷尔蒙的功能。神经内分泌学被用于描述同时具有神经和荷尔蒙功能的化学物质，是一个新的名词。通常，内分泌腺体接收化学信号或受神经的刺激而释放荷尔蒙。例如，肾上腺素是由大脑刺激肾上腺髓质（肾上腺内部）所释放出来的。脑垂体释放促肾上腺皮质荷尔蒙（ACTH），接着 ACTH 刺激肾上腺皮质，肾上腺皮质合成及分泌皮质醇。接受刺激后，腺体释放荷尔蒙进入血液中，携带信息至目标组织特定的荷尔蒙受体或直接到细胞核中的 DNA（类固醇荷尔蒙）。荷尔蒙除了借助内分泌释放于血液循环中，也可借着自分泌或旁分泌机制进行分泌。自分泌是指细胞自身释放荷尔蒙，这可能借助外来刺激而完成，但是被刺激的荷尔蒙不会离开自身的细胞，例如借物理力量刺激肌纤维或生长激素与肌肉之间相互作用而释放类胰岛素生长因子。旁分泌是指与邻近细胞互动而释放荷尔蒙，不需要进入循环中接触目标组织。这些机制显示荷尔蒙与目标组织互动之间扮演着多重角色。

血液中可以发现携带各种不同荷尔蒙的结合蛋白。不同的结合蛋白携带肽与类固醇荷尔蒙，这些结合蛋白可以当作循环中的储存场所防止荷尔蒙退化，延长它们的半衰期。除非从自己的结合蛋白中分离出，否则荷尔蒙并不活跃。然而，一些荷尔蒙结合蛋白有自己的生物作用。因此，不论是循环或与细胞结合的结合蛋白，在内分泌功能中有其主要的角色并且在某些情形下当作受体（生长激素—结合蛋白质）。许多荷尔蒙能够影响身体中的众多组织。例如，睾酮几乎与身体的每个组织都有交互作用。大部分荷尔蒙扮演多重的生理角色，这些角色包括调节生殖、维持内环境、能量制造、储存、利用；另外，荷尔蒙之间以复杂的方式进行交互作用。个别荷尔蒙视其生理机制的角色，以独立或相互影响的方式运作。这种复杂性及可塑性使神经内分泌系统在面对生理挑战时能够适度反应，且与每种生理系统进行不同的交互作用或同时与目标组织互动。

（二）以肌肉为目标的荷尔蒙交互作用

骨骼肌是多胞核细胞，所以并非寻常的细胞，这意味着肌肉的蛋白质是由多胞核所调节。这些纤维的不同胞核域是很重要的，并且整条肌纤维会出现不同的蛋白质代谢调节。这可由观察整条肌纤维（肌纤维的长度通常不会超过10～13厘米）的直径的变化得知，这是因为不同胞核域由不同蛋白质调节所致。机体调节系统可以调节抗阻练习对肌肉新陈代谢和细胞作用所引起的改变，而和骨骼肌交互作用的荷尔蒙机制是完整系统的一部分。肌肉重塑包括肌纤维损伤、炎症反应、荷尔蒙交互作用，最后合成新蛋白质，有条理地结合成新肌节，或与现存的肌节结合。炎症的过程包括免疫系统及不同的免疫细胞（T细胞），也受内分泌所控制，将神经、内分泌与免疫三个系统联合称为神经内分泌——免疫学，这一名词显示三者之间的相依性，我们无法只想到单一系统。

肌肉中最明显的抗阻练习适应，是增加肌肉收缩蛋白质，即肌动蛋白和肌凝蛋白的数量。这些蛋白质的其他变化也是重要的，例如重链肌凝蛋白可以在分子结构中产生变化，使Ⅱb转为Ⅱa重链蛋白质。此外，非收缩性蛋白质的合成，对肌节中的收缩蛋白质的结构整合与适应也是必需的，这些非收缩蛋白质在发展肌肉质量中先进行生理协调。由高抗阻练习刺激的蛋白合成首先在基因中进行，经过一段时间后，肌肉在质与量两方面都有改变，并且荷尔蒙参与整个发展过程。一般来讲，增加蛋白合成和减缓蛋白分解是肌肉生长的第一步，然而肌纤维之间存在着差异，Ⅰ型肌纤维需要分解蛋白质，Ⅱ型肌纤维却是需要增加蛋白合成以维持肌肉发达。这些差异明显影响Ⅰ型及Ⅱ型肌纤维中荷尔蒙扮演不同的蛋白质代谢调节角色。荷尔蒙密切地参与蛋白分解与合成，肌动蛋白和肌凝蛋白的制造及最后这些蛋白质合并成肌节都是由分子完成这些过程。许多荷尔蒙包括合成荷尔蒙（促进组织生成的荷尔蒙），如胰岛素、类胰岛素生长因子、睾酮和生长激素由多方面促成这一过程。分解荷尔蒙，如皮质醇和黄体酮，其作用是分解蛋白质细胞，对重塑肌肉的过程来讲，阻断分解荷尔蒙的细胞作用也是很重要的。重塑肌纤维是指运动训练之后蛋白质新陈代谢的改变、结构变化及运动刺激后恢复所产生的附加物，募集越多肌纤维参与运动训练则整块肌肉重塑的程度越高。不同荷尔蒙和肌纤维之间的关系及之后肌纤维的功能变化，提供了肌肉增大的荷尔蒙适应基础。

（三）调节荷尔蒙的受体角色

荷尔蒙的最终目标是为了影响细胞核中的 DNA，然而 DNA 中仍然无法发现荷尔蒙的直接受体，有些荷尔蒙必须通过第二次反应来影响 DNA。受体以移动的形式存在（如生长激素的受体）或成为 DNA 的调节元素（类固醇受体）。每个细胞从肌纤维至脑——有受体助其调节信息或接收从荷尔蒙传来的信号。神经内分泌学的一个基本原则是荷尔蒙会与特定受体交互作用，此现象称为锁匙理论（受体是锁，荷尔蒙是匙）。虽然荷尔蒙具有各自特征并且与特定受体交互作用，但在交叉反应的情形下受体偶尔会与一些其他的非特定荷尔蒙进行交互作用（称为异位结合）。发生该情形时，其生物作用与那些主要荷尔蒙的生物作用是截然不同的。受体具有异位结合位置，此处的物质（非荷尔蒙物质）会影响主要荷尔蒙的细胞反应。受体也可存在于不同领域，例如细胞膜外部、细胞膜内部或部分位于细胞膜外部、部分位于细胞膜内部。例如生长激素、多肽类，其受体会在这些领域与之进行交互作用。

类固醇受体位于细胞核 DNA 的调节部位上。通常荷尔蒙——受体复合体将信息传至细胞核，细胞核内的基因物质最后将荷尔蒙信息转化为合成或分解蛋白质信号。当无法再产生适应时（例如肌肉已增加到最多量的蛋白质），尽管荷尔蒙浓度刺激细胞的蛋白合成反应，受体却对其特定的荷尔蒙信息不再产生反应，荷尔蒙无法与受体产生交互作用就称为下降调节。因此受体具有提高或减缓结合敏感度的能力，并且可实际结合受体的实际数目是可以改变的。当内分泌腺释放荷尔蒙的数量增加时，受体的结合特性或受体数目跟适应一样发生剧烈变化。显然，假如受体对荷尔蒙不产生反应，则只有极少数或甚至不会发生细胞新陈代谢。例如类固醇，运动训练只会影响结合位置的最大数量，却不会影响受体的结合敏感度。目前，科学研究才刚开始着手研究运动训练时肌肉受体所扮演的角色。

（四）类固醇与多肽类荷尔蒙

从分子结构的观点来看，荷尔蒙有两种主要类型：类固醇和多肽类荷尔蒙，两者与肌肉发生交互作用的方式并不相同。

1.类固醇荷尔蒙的交互作用

类固醇荷尔蒙包括肾上腺皮质激素和性激素，具可溶性且可被动扩散经过肌纤维膜，尽管还有其他的输送机制。有些科研人员认为肌纤维膜内的传输蛋白质使输送更为容易，荷尔蒙扩散经过肌纤维膜之后，与受体结合而成荷尔蒙—受体复合体（H-RC），在受体中改变结构并使之活化。H-RC 抵达细胞核中的基因物质且"打开"它，并解读特定蛋白合成码的转录单元，然后，H-RC 认出特定的强化基因或基因上游的调节元素。RNA 聚合酶与 H-RC 上游调节元素的促进素结合，接着 RNA 聚合酶Ⅱ转录类固醇支配蛋白质的基因码。mRNA 被处理，然后移至肌浆中并转化为蛋白质。因此，类固醇与细胞基因互动而完成其作用。mRNA 是为了特定蛋白（肌动蛋白）而产生的。然而该蛋白并非一定得并入肌节中。因此荷尔蒙信息只是整个蛋白合成过程中的一部分，一些情况中以蛋白融入细胞结构或功能性蛋白中（酶）作为结束。

2. 多肽类荷尔蒙的交互作用

多肽类荷尔蒙是由氨基酸所组成，如生长激素和胰岛素。多肽类荷尔蒙与血液中受体或与目标组织细胞膜的受体结合。如同先前所讨论的，多肽类荷尔蒙具有许多发生结合及交互作用的受体领域（外部、入或内部的受体领域），多肽类荷尔蒙使用的主要记号路径为：

（1）环状 AMP（环状腺嘌呤核苷酸磷酸信号路径）。

（2）组织介素调节的 JAK/STAT 信号路径。

（3）原型的成长因子，有丝分裂原控制的信号路径。

现在探讨 JAK/STAT 信号路，这是较新发现的机制。JAK/STAT 包括一族可溶解的酪氨基酸激酶，又称为双面联胎激酶 Janus Kinases，它们激活 STAT（signal transductionactivating transcription）的转录因子。由于肽类并不具脂溶性，无法渗透肌纤维膜，它们依赖第二信使将信息传至细胞核及 DNA 中，荷尔蒙使受体进行结构上的改变，然后激活次传迅体。次传讯体移动至细胞内特定区域，此处荷尔蒙信息被详细解读。接着一连串的胞内过程，产生特定荷尔蒙所调节的生理反应。

（五）高抗阻练习及荷尔蒙的增加

高抗阻练习引起明显的适应性反应，而增加肌肉组织的质量、肌力与爆发力。高抗阻练习可以增加荷尔蒙与不同细胞机制的交互作用，以及发展肌肉蛋白收缩单元，然后提高合成代谢水平。α运动神经元刺激肌肉活动时，大脑及活化的肌肉送出各种信号至不同的内分泌腺。面对抗阻训练的生理压力，身体会分泌荷尔蒙。剧烈的荷尔蒙分泌提供大量的身体信息，如生理刺激的数量与类型（如肾上腺）、运动时所需的代谢（如胰岛素反应）、运动后休息时代谢的改变。由于抗阻练习刺激特殊的神经系统形式，为了顺应剧烈运动之后的休息与适应，有些荷尔蒙同时发生变化。针对某种训练计划，不同的压力形式与荷尔蒙反应会产生特定的组织适应。独特的抗阻练习引发特殊的生理环境，进而引发该类型荷尔蒙的增加。为了产生较大的力量，需要活化高阈值运动单位，此阈值通常无法被其他运动训练类型所激活，例如耐力运动训练。被活化的运动单位的肌纤维受到刺激，外在负荷所产生的力量由肌纤维肌膜所承受。生成力量时会刺激许多不同反应，例如改变肌膜的通透性及改变肌细胞膜中受体的合成与敏感性。此外，组织损伤引起的局部炎症过程、修复机制都会受刺激而活化，经过一段时间会自然痊愈。最后，被活化的纤维产生一定的力量，刺激合成因素（包括荷尔蒙）的受体和膜的敏感性，使未损伤肌肉引发肌肉成长及肌力的改变。

训练课之后，提供了合成代谢的荷尔蒙分泌环境重新塑造肌肉组织，增加肌凝蛋白和肌动蛋白的合成，蛋白质的分解减少。相反地，假如压力太大，则合成荷尔蒙无法和受体结合，或肌肉组织发生降解现象，这都会造成肌肉的分解作用。因此，训练时或训练后对于刺激所产生的反应，荷尔蒙作用是重要的。荷尔蒙反应程度会因下列情况而改变：组织的刺激量、组织重塑程度、组织需要的恢复程度。因此，身体对训练组合所产生的荷尔蒙反应，运动的刺激特征是最重要的，只有受到抗阻练习激活的肌纤维才会产生适应。因此，有些纤维的肌肉增大基因已达最高临界，其他肌纤维则仍有很大的成长潜力。肌肉成长中的荷尔蒙交互作用程度，与肌肉已发生的适应程度（即肌肉质量成长的潜力）有关，而肌肉质量的增加是由抗阻练习计划中使用的负荷及训练动作角度所控制。因此，假如训练时仅使用一个训练动作，则仅是与该动作有关的肌纤维会被激活并成长，其他许多肌纤维并没发生作用，并未与荷尔蒙因子发生明显的交互作用，肌肉质量仅少许或都没有发生变化。在一篇尚未发表的研究中，检查接受训练的肌肉，发现肌纤维横断面面积产生剧烈变化。同样的，对于各种负荷形式及训练组合，也是可以说得通的。仅有被活化的纤维，才能获得抗阻练习的好处，才能产生生理机制

（包括荷尔蒙机制）的适应。各种研究指出，做功量与训练组合类型对于反应形式及荷尔蒙的变化是相当关键的。

（六）荷尔蒙交互作用的机制

荷尔蒙与肌纤维交互作用的机制受制于许多因素。第一，运动训练增加血液的荷尔蒙浓度时，则增加与受体交互作用的概率。然而，如果参与作用的生理功能接近基因极限（即仅存少许的适应潜力），则受体对于这些荷尔蒙将不再敏感。假如经过长期训练而达到最大质量的肌细胞，对荷尔蒙信号可能已不再敏感，无法刺激更多蛋白质。人体肌肉中，荷尔蒙增加而受体敏感度却减少了，这种现象发生的成因及时间仍不明确。然而，肌纤维增大最后必须受限于基因倾向。第二，高抗阻练习产生的适应通常属于合成代谢，所以运动后恢复机制与肌质量的增加息息相关。第三，错误的运动处方导致分解代谢的增加或训练计划的无效。于是荷尔蒙对细胞的发展产生负面影响或产生最低程度的肌肉增大机制。

许多不同机制的联合作用，被认为与运动引起的肌肉增大有关，然而并非所有提高的力量都是因为肌肉质量的增加所致，神经因素也参与其过程。对于训练者与非训练者，各种荷尔蒙机制与神经系统的整合方式是截然不同的。此外，某些荷尔蒙机制，例如那些由睾酮所调节的机制，无法以相同方式作用于不同性别或不同年龄层训练者。由于运动训练的设计训练水平、性别、年龄、基因倾向及适应潜力的差异，产生许多不同的荷尔蒙机制，这似乎提供了无数可能的适应策略，以维持及改进肌肉质量和肌力。

（七）周边血管中的荷尔蒙变化

我们可以在不同训练阶段从运动员身上抽取血液获得样本血液的荷尔蒙浓度，当诠释血液荷尔蒙浓度时必须注意，它仅仅是整个荷尔蒙反应中的一部分，这些数据提供了腺体状态与反应的指标，或荷尔蒙机制控制下的功能状态指标。血液中的荷尔蒙浓度，无法显示各种受体的状态，或细胞内荷尔蒙的作用情形。然而，我们通常假设荷尔蒙浓度增加，其与受体交互作用概率增高有关，荷尔蒙浓度下降时，情形可能为：目标组织受体的吸收增多，荷尔蒙的分泌减少，分解增加，或上述现象的综合。许多生理机制以不同程度影响周边血液的荷尔蒙浓度，这些生理机制包括：

（1）体液量的变化：由于运动的关系，体液从血液流向细胞，这一变化不用改变内分泌腺的分泌就能增加血液中的荷尔蒙浓度。我们已经假设不管荷尔蒙浓度增加的机制为何，这种方式的浓度变化仍会改变受体交互作用的概率。

（2）组织清除速率：组织清除速率是指荷尔蒙在组织中循环所需的时间。荷尔蒙在各种组织及器官中循环，肝脏是这些器官中最主要的一个。荷尔蒙循环于肝脏及其他组织（如肺）时，时间会有所延迟，使荷尔蒙被排除血液循环之外，无法与身体其他部位的目标受体接触，或使荷尔蒙分解及使其停止运转。

（3）荷尔蒙的分解：也就是荷尔蒙自身的分解。

（4）聚集的静脉血液：聚集于静脉的血液使静脉回流速度变慢，由于激烈的肌肉活动（超过最大收缩的45%），血液延迟于外周循环。因此，肌肉减缓活动的期间，我们必须恢复血液的流量。

（5）聚集的血液增加静脉血液的荷尔蒙浓度，并且延长了与目标组织的接触时间。

（6）结合蛋白在血液中的交互作用：荷尔蒙与血中特殊的蛋白结合以方便荷尔蒙的运送。游离荷尔蒙和非游离荷尔蒙以不同方式与组织进行交互作用；最终，游离荷尔蒙与细胞膜或其他细胞受体进行交互作用。

（7）受体交互作用：所有上述机制的交互作用是为了产生某种水平的血中荷尔蒙浓度，进而影响目标组织与受体交互作用及产生次作用，最后荷尔蒙对细胞产生作用。

二、内分泌系统的适应

尽管肌肉和结缔组织是大部分抗阻练习的最终目标，内分泌系统本身也会因此发生许多适应，这些适应与目标器官的改变及运动刺激的忍受力有关。内分泌系统的适应是具有很大潜力的，因此许多部位及机制会受到影响，以下例子是各种可能的适应类型：

（1）荷尔蒙的合成与储存的数量。

（2）经结合蛋白运送荷尔蒙。

（3）借助肝及其他组织清除荷尔蒙所需的时间。

（4）一定时间内荷尔蒙的分解量。

（5）面对运动刺激时，从血液流入组织的体液量。

（6）荷尔蒙与其受体的结合程度（受体亲和力），对运动训练而言，这并非是寻常的反应。

（7）组织中受体的数量。

（8）通过荷尔蒙受体复合体或次传讯体送往细胞核的信号的强度。

（9）与细胞核交互作用的程度（决定了肌蛋白的制造量）。

荷尔蒙的分泌是身体维持恒定状态的需要，内分泌系统是整体性策略的一部分，使生理功能恢复至正常范围。这些恒定状态受内分泌系统所控制，它们会对抗阻练习的刺激给予即时反应，对长期的抗阻练习也会产生变化。一些针对抗阻练习刺激所调节的即时恒定状态，借助显著的增减荷尔蒙浓度调节生理变量，例如葡萄糖水平。抗阻练习会使休息时荷尔蒙浓度有微妙变化，例如参与抗阻练习一段时间后，睾酮略有增加，进而帮助蛋白合成，增加肌纤维质量。

（一）主要的合成荷尔蒙

参与肌肉生长和重塑的主要合成荷尔蒙是睾酮、生长激素和类胰岛素生长因子。

1. 睾酮

睾酮是与骨骼肌交互作用的主要荷尔蒙，双氢睾酮是与伴性组织（如男性前列腺）交互作用中的主要男性激素，两者具有非常不同的酶，调节不同的组织反应。虽然睾酮对男女性都有影响，其差异在于反应强度。循环睾酮已成为评估男女性身体合成状况的生理指标，睾酮释放的荷尔蒙控制在许多研究中被讨论到。睾酮对骨骼肌的直接影响，多来自我们对类固醇的印象，然而，睾酮的作用并不像生长因子那么强烈。酮对肌肉组织产生间接与直接作用，它可促进脑下垂体中生长激素的反应，进而影响肌肉蛋白质的合成。与其他荷尔蒙的潜在交互作用，显示神经内分泌——免疫系统交互影响肌力与骨骼肌质量。此外，睾酮对肌力与肌肉发展的影响，与睾酮对神经系统的影响息息相关。例如，睾酮可以在神经元中与受体进行交互作用，增加神经传导素的数量及使结构性蛋白质产生变化。其中之一的交互作用可借以提高力量及肌肉质量。另外，睾酮可以与肌肉本身进行交互作用。

男性由睾丸、女性由卵巢及肾上腺分泌睾酮，这些睾酮借着运输蛋白质—如性激素结合蛋白运送至目标组织，接触具有细胞膜的蛋白质或细胞溶质受体，然后被活化，最后至细胞核，在这里与细胞核受体的DNA发生交互作用合成蛋白质。经过抗阻练习或许多类型的高强度耐力训练，运动中或运动后曾发现周边的血液睾酮浓度上升，有些原始资料显示，女性抗阻练习后增加微量睾酮。因此，抗阻练习造成睾酮细胞的差异可能是训练时加诸细胞膜的力量，或不同反馈机制将信号送回脑部中枢（如高水平睾酮反馈至脑部，接着减少促黄体素的分泌）。况且，不同的运动情况使细胞膜承受不同力量，因此出现截然不同的受体交互作用。必须牢记的是，高强度耐力运动产生剧烈的组织分解反应，其中睾酮增加，可能是为了补充蛋白流失，而合成更多蛋白质。耐力训练通常不会引起肌肉增大。事实上，为了在最佳情形下传输氧分子进入细胞，有氧运动的刺激会减少肌肉质量。如果没有适当的运动刺激，则调节肌纤维成长的细胞机制无法活化增大肌肉。对于年轻男性（18岁），似乎许多因素影响即时反应的血清睾酮浓度，使运动时或运动后睾酮浓度明显产生变化。不管是独立或不同的组合，许多运动变量会增加血清睾酮浓度：

（1）大块肌群的训练动作（如硬举、高翻与蹲举）。

（2）高抗阻练习，一次最大负荷量的85%～95%。

（3）中—高水平的运动量，以多的训练组或多样化训练动作来完成。

（4）短暂的休息间隔（30～60秒）。

（5）两年或两年以上抗阻练习经验。

动用大肌群的运动（如硬举，而不是凳上推举），运动前和运动后马上抽取血清，血清睾酮会有所增加。运动后4小时或超过4小时才采取血液样本，或其他因素，如昼夜节律变化（一天的荷尔蒙水平变化情形）或恢复现象会影响刺激的即时反应的程度和方向。此外，超过有效取样时间，睾酮血液的升降可能反映了昼夜节律变化，使诠释"迟来"的血液样本更为困难。最近的研究显示，即时刺激的反应似乎不会影响睾酮的昼夜节律变化。对于男性来讲，早晨的睾酮水平最高，随后下降，晚上最低。由于早上的睾酮水平较高，所以其余时间则是增加总睾酮浓度的最有效时刻，然而目前缺乏支持这一说法的资料。最近研究显示，有些个案的下午睾酮浓度并不会增加。这一领域需要更进一步地验证，但原始资料无法支持一些国家提及的一天多训练课产生的内因性睾酮作用的假设。许多不同训练组合的运动剧烈刺激会产生睾酮上升的反应。任何无法引起改变的训练，通常归因于之前讨论过的因素之一（如肌群大小及训练强度等）。相关专家没有发现高中男性的血清荷尔蒙浓度有显著增加，可能是年轻男子睾丸中细胞无反应所致。最近有些专家发表的一份报告指出具有两年以上抗阻练习经验的高中男性（14～18岁），睾酮增加了。还有一篇报告指出，需要一些练习，足以使其承受够强的运动刺激才能增加睾酮。这些资料支持一个事实，即抗阻练习可以改变年轻男性或非训练者下丘脑—垂体—睾丸轴线（来自脑部的激素，刺激睾丸制造与分泌睾酮）的生理释放或聚集机制（如清除时间及胞浆变化）。相关试验显示60位年轻女性进行6组10RM举，结果睾酮仅微量增加。年龄小的儿童进行高级的抗阻练习，已获得科学界和医学界两个领域的认可，这样的训练计划更可能改变男孩睾酮的分泌形式。采用层面更广的高级训练组合，可能会影响年轻男性的睾酮反应，至于与青春期的成长及发展的相关性如何，仍有待进一步研究。

2. 游离睾酮与性激素结合球蛋白

关于游离睾酮（未与如性激素结合球蛋白等蛋白结合的睾酮），如何对剧烈运动产生反应。较多的非游离睾酮为游离睾酮提供更多的潜力，专家发现抗阻练习课之后游离睾酮维持不变或减少。然而有人研究指出，一次训练课之后，年轻男性比年长者（62岁男性）产生更高的游离睾酮浓度，显示前者具有使睾酮与目标组织进行交互作用的更高生物潜力。游离荷尔蒙假说认为只有游离荷尔蒙才能与目标组织直接交互作用，然而，非游离荷尔蒙会影响荷尔蒙运送到目标组织（如肌肉）的速率。这可能是训练之后年轻人优于年长者的理由，也就是年轻人的游离睾酮与非游离睾酮多于年长者的原因。

结合蛋白的角色、调节、交互作用，及其与细胞的交互作用，能够有效地提高力量，特别是女性，虽然她们的睾酮总量比男性少许多。刺激肌细胞的生长使睾酮维持较长的非游离状态。事实上，结合蛋白本身扮演生物活动的荷尔蒙角色，各种结合蛋白生物角色在组织的交互作用中，似乎是一个重要因素。他们观察证明性荷尔蒙——结合球蛋白的变化，及这种蛋白质/睾酮比例的改变，并且这种改变与腿部等张肌力有关，且反映腿部肌力增加的形式。

3. 女性的睾酮反应

睾酮是主要的性征荷尔蒙，女性身体具有的睾酮少于男性约15~20倍。主要的研究显示，各种形式的高阻力动作训练之后，女性并没有发现有睾酮的增加，如果有的话，也是微乎其微。但也可能产生一些非常特殊的情况，有些女性可能释放高浓度肾上腺雄性激素。在一篇报告中，与不活动的控制组做比较，发现运动女性的睾酮浓度基线改变了。然而，其他研究无法证明训练可改变血清的睾酮浓度。最近，有专家指出肌力训练期间，总睾酮和游离睾酮水平的改变与肌力大小有关，但没有发现这些睾酮的显著增加。

4. 睾酮的训练适应

我们仍在摸索睾酮对抗阻练习的反应。不同的休息和运动形式会造成不同的睾酮浓度，而训练水平和经验却是引起此浓度变化的重要因素。成人男性中，假如运动刺激（即5~10RM的负荷，多组，恰当的肌群数）是合适的，则发现即时增加了睾酮水平。在一个典型的研究中，专家已经证明，优秀举重选手中，甚至优秀爆发力运动员，在长达两年的训练之后，静息的睾酮浓度也跟着增加了。这是因为促卵泡激素和促黄体生成素（产生和释放睾酮的脑部调节）的增加所致，使已高度训练的爆发力选手再次提高肌力。

（二）生长激素

生长激素（GH）是由垂体前叶部分泌，它对人体具有许多作用，特别是接受抗阻练习后，提高细胞氨基酸的吸收及肌肉中蛋白质的合成让Ⅰ型及Ⅱ型肌纤维获得增大。对于这些组织的合成，可由生长激素直接参与合成，或是借助肝脏或其他组织（如脂肪细胞）分泌的类胰岛素生长因子调节而促成。生长激素不仅对小孩的正常发育有重要影响，对于抗阻练习刺激的适应，也扮演关键角色。GH的目标组织相当多，并且不同级的分子变量也有不同的目标组织，如骨骼、免疫细胞、骨骼肌、脂肪细胞及肝脏组织。生长激素的主要生理角色为：

第一，减少葡萄糖使用；第二，减少糖原的合成；第三，增加氨基酸转运通过细胞膜；第四，增加蛋白合成；第五，增加脂肪酸的使用；第六，增加脂肪的分解；第七，增加可用的葡萄糖和氨基酸；第八，增加胶原的合成；第九，刺激软骨生长；第十，增加氮、钠、钾和磷的保留；第十一，增加肾脏血液的流通与过滤；第十二，促进代偿性的肾脏增大；第十三，提高免疫细胞的功能。

生长激素的分泌由复杂的神经内分泌系统的反馈机制所控制，许多荷尔蒙活动由另一组后续的荷尔蒙所调节，但生长激素以本身的不同形式与组织进行交互作用。生长激素刺激及释放 IGF 及更多氨基酸进而合成蛋白质，这样为促进组织的修复和抗阻练习后的恢复提供了一些条件。IGF 可以从非肝脏组织中释放出来（例如脂肪、白细胞），但是包括肌肉本身并无法像身体其他组织一样地制造大量的内生性 IGF。然而，生长激素在引导 IGF 的交互作用方面扮演着相当重要的角色，是最有效的合成代谢因子之一。22-kDa 生长激素的分泌量会随着昼夜节律变化而有差异，晚上睡觉时具有最高水平。22-kDa 以不同的脉动释放出来，在一天当中，这些脉动是起起伏伏的并且有不同幅度，运动似乎可以增加这些幅度。我们假设为，夜间生长激素的增加是因为要参与身体中各种组织的修复。因此，生长激素的分泌和释放也许可以直接刺激肌肉收缩单位的适应，然后影响肌力。许多外在因素，如年龄、性别、营养、饮酒量及运动量都会改变荷尔蒙的释放形式。生长激素释放进入外周循环之中，并于该处连接特定结合蛋白，这是生长激素的胞外受体领域。生长激素在目标细胞中与胞浆的膜受体结合而发生作用。

1. 生长激素的药物效应

因为生长激素在新陈代谢中的多重角色，包括组织中的促生长作用，生长激素药学上的使用，有着未知和无法预测的结果，特别是具有正常脑垂体的人更是如此。肌组织的生长激素角色似乎与未成熟肌肉无关，因为生长激素对于胚胎肌肉组织很少有直接影响。借着生长激素的交互作用强化收缩单元似乎能够提高未受损肌肉的发展，产生更大力量。然而，这需要进一步的研究，以确认生长激素如何借助运动引起肌肉增大。有人认为只有生长激素无法有效增加肌力，全面的运动单位参与或许是必需的。虽然增加肌肉质量是可能的，但是肌肉由于活化及控制方面的限制而被减弱了。注射生长激素会产生一些与肌肉及肌力无关的次作用，其重要性远低于任何增加机能的作用。这似乎是合理的，与运动刺激有关的内在机制更具特殊性，且在调节肌力和发展肌肉增大的特殊机制方面，比注射生长激素有效。事实上，运动引起的肌肉增大显然与生长激素注射造成的肌肉增大迥然不同，运动引起的肌肉增大及力量的提高更为优质。此外，运动刺激肌肉和生长激素之间产生最佳交互作用，其中肌细胞生物变化发生时宜和生长激素的释放是其关键。生长激素不仅对小孩的正常发育是重要的，对于刺激抗阻练习的适应,也扮演着关键角色。然而,生长激素注射造成一些与肌肉及肌力增加无关的次作用,虽然可以增大肌肉,但所增加的力量却低于运动适应所增加的力量。

2. 应激下的生长激素反应

垂体荷尔蒙(包括生长激素)对于许多运动刺激会产生反应,包括抗阻运动的刺激。生长激素水平随着屏气、过度换氧和缺氧而升高。刺激释放 22-kDa 生长激素可增加氨离子及乳酸浓度。并非所有的抗阻练习都会增加血清生长激素浓度,经过专家观察,每组以轻负荷进行高重复次数的训练,生长激素血清浓度维持不变。抗阻运动大概存在着一个强度阈值,使在较长休息时间(大于 3 分钟)下,对阻力的刺激能够引发显著的生长激素反应,这可能是糖酵解代谢所引起的。

面对不同负荷、休息和训练量会产生不同的生长激素反应,专家发现不同的训练组合下,对于不同的训练量,组间休息时间(休息的时间较短,产生较多的生长激素)及负荷,血清中生长激素的变化是敏感的。训练负荷为 10RM 进行 3 组(较高水平的总做功量),组间休息时间为 1 分钟,结果血清中生长激素大为增加。因此,使生长激素增加最多的是 1 分钟休息并采用较长的训练时间(使用 10RM,而非 5RM),这种差异与训练课的结构有关,采用抗阻练习评估生理适应时应多留意训练计划的设计变量。

3. 女性体内生长激素的反应

处于月经周期的女性,比男性的生长激素具有较高频率和较大振幅的分泌,所以具有较高的生长激素水平。荷尔蒙浓度及荷尔蒙的反应会随着月经的阶段而产生变化,尽管这些变化的机制仍不明确。专家发现月经周期的滤泡阶段初期,休息时的生长激素浓度显著高于男性。此外,采用高阻力的训练组合时,强调高负荷(5RM)较长休息时间(3 分钟),生长激素水平不会高于休息时浓度。然而使用一个较短的休息时间(1 分钟)及中等强度负荷(10RM)的训练组合,发现血清中的生长激素水平显著升高。这些结果建议女性在整个月经周期期间,借助调整不同程度的休息时间,不同的抗阻练习安排会造成不同的荷尔蒙反应形式。有趣的是,剧烈有氧耐力运动后,女性的生长激素浓度高于男性,但剧烈抗阻练习后,男女性两者的生长激素浓度并无差异。

月经期安排抗阻练习的可能性仍有待商榷,另外,需要更多研究探讨任何与性别有关的神经内分泌的适应机制。目前,女性低水平睾酮及月经周期不同的休息时间荷尔蒙水平是与男性在神经内分泌方面的最显著的差异。这样的差异如何运用于训练适应、肌肉组织的发展、肌力和爆发力的表现，仍然有待证明。

4. 生长激素的训练适应

要了解生长激素水平是否随着抗阻练习而产生变化，需要较长的时间（2～24小时）观察荷尔蒙水平，观察生长激素的释放是否随时间发生变化。对于抗阻练习产生的生长激素反应我们尚未进行大量的研究，但对于优秀举重选手的一次测量中，观察休息时生长激素浓度发现荷尔蒙改变很少。这可能是反馈机制的差异、受体敏感性的改变、类胰岛素生长因子的潜能、昼夜节律变化、运动最大浓度等因素，调整抗阻练习而产生生长激素适应。抗阻练习改变生长激素的典型反应似乎有两种：第一，一定的阻力刺激下减少生长激素的反应；第二，改变生长激素的脉动循环特性。训练使22-kDa生长激素下降，意味着可能与其他形式分子进行交互作用。个体在9个月的时间，反应可能有相当大的差异，对于优秀举重选手进行测量，结果没有产生显著的组间变化。长期抗阻练习对于运动员的生长激素如何产生变化仍不明确。

（三）类胰岛素生长因子

许多生长激素的作用是借助一些多肽类，称为类胰岛素生长因子（IGFs），或生长调节素进行调节。类胰岛素生长因子（IGF-I）是一种70-氨基酸多肽类，而IGF-II是67-氨基酸多肽类，后者的功能尚不清楚。IGFs是由肝脏所分泌的，它是生长激素刺激肝脏细胞DNA进行合成之后的产物，这一过程费时8～29小时。这两种生长激素是许多多肽类荷尔蒙的典型代表，它们合成为较大的前身分子，然后形成荷尔蒙。IGFs附着于结合蛋白并循环于血液中（至少有6种），然后被释放成为游离荷尔蒙，并与受体进行交互作用，并且由不同的因子所调节。血中IGFs水平通常是由总和（包括非游离和游离）或游离IGF所测得。

要使IGFs进入循环就得借助于结合蛋白。经过确认的循环中结合蛋白至少有6种，即类胰岛素生长因子-I-结合蛋白1-6（IGF-I-BP1-6），它们调节血浆中的IGF数量。BP1与BP3最常用来研究运动反应。这两种结合蛋白对于运动刺激都有其自己的反应及生物作用。运送IGF及其生理机制方面，结合蛋白是举足轻重的因子。研究显示，IGF从肌细胞中刺激自身结合蛋白的分泌，因此能够调整 IGF 的细胞反应。进入循环的 IGF-BP 能够限制 IGF 肽类进入受体，但同时受生长激素浓度的影响。其他的因素，例如营养情况和胰岛素水平也是刺激释放 IGF 的重要信号机制。对于 IGF 的运送、制造和调节控制，营养是影响细胞交互作用的重要变量。氮平衡、蛋白质的摄取和营养等各方面的变化会影响许多不同机制。研究显示结合蛋白也可视为 IGF 的储藏所，但从结合蛋白释放 IGF 是由细胞受体所启动的。理论上这可减少 IGF 分解的数量，使 IGF 能够维持一段较长的时间。肌力训练中，上述机制受下列因素的影响：训练的刺激、即时的荷尔蒙反应和肌肉、神经与骨骼组织重塑时细胞的需求。许多荷尔蒙和受体进行剧烈的交互作用对抗阻练习提供有力的适应机制，并造成肌力和肌肉质量的改变。

1. IGF 对运动的反应

IGF 最初在训练方面的研究，主要考虑的是 IGF-I 蛋白合成的角色。然而剧烈运动后 IGF-I 增加的理由尚不知晓，但似乎与不同细胞的分解有关，包括脂肪和肌肉细胞，因为这些细胞制造与储存 IGF。运动如何引起即刻反应仍然未知。如前面所述，生长激素刺激后必须用 8～29 小时产生 1GF，似乎暗示着 IGF 是从贮存来源释放出来的而非肝脏，即原先容纳 IGF 的细胞因分解而释放 IGF，或某类型运动使生长激素调节释放 IGF。对于不同训练组合的刺激，循环中 IGF 浓度发生系列变化，似乎与调节 IGF 的释放及传输因子密切相关。长期评估血清变化是必需的，因为这样可评价特殊化作用及其对于血清生长激素的影响。

IGF-I 对于肌肉的影响中，IGF-I 的自分泌与旁分泌机制可能是最重要的。脂肪细胞包含高浓度的 IGF，骨骼肌拥有很少自己的 IGF，IGF 可能从非肝脏细胞中释放出来，而不需要靠生长激素的调节。此外，细胞可以制造及保留 IGF，它们在该处活动而不用进入外周循环。虽然在几个研究中发现 IGF-I 会对运动产生反应，但是却非一般的内分泌反应（如运动刺激腺体释放荷尔蒙于血液中）。研究发现男女性的 IGF-I 对于运动都会发生反应，但这些研究中发现的浓度是偏低的。另外一个研究中的 IGF-I 浓度较高，虽然免疫反应因子（22-kDa）增加了，但 IGF-I 却没有增加。从这些研究中，可以获得一个结论，即 IGF-I 起始水平是一个因素，以决定运动时是否会增加浓度（即假如起始浓度是高的，则不用增加；假如起始浓度是低的，则会提高其浓度）。有专家同时指出 IGF-I 的浓度对热量的即时补充更为敏感，包括运动前后补充碳水化合物及蛋白质。

2.IGF 的训练适应

IGF-I 对高抗阻练习的反应仍然不清楚，但最近的实验证明其变化取决于训练前的起始浓度（即假如基础浓度是低的，则 IGF-I 增加；假如基础浓度是高的则 IGF-I 不变或减少）。判断抗阻练习对于 IGF 的影响目前仍言之过早，研究资料显示女性的训练仅有较少改变或没有变化。将它与生长激素一起考虑时 IGF 的运动适应，反映于释放、运送和受体交互作用的相关机制。此外，IGF 与合成荷尔蒙的交互作用也不能忽视，因为它们有同样的目标（即蛋白合成）。不同组织的 IGF 对高抗阻练习的适应，仍需进行进一步研究。

（四）肾上腺素

肾上腺有两个主要部分，皮质和髓质，两者对运动都会产生反应。肾上腺髓质受神经系统的刺激，提供较快速的反应；皮质受由垂体前叶分泌的促肾上腺皮质激素（ACTH）所刺激。肾上腺在战斗或逃跑等生命攸关时刻扮演着重要角色。肾上腺激素中对于训练和体能最重要的是皮质醇（cortisol），这是来自肾上腺皮质的糖皮质激素。儿茶酚胺来自肾上腺髓质，及包含脑啡肽（enkepHalin）的多肽类，如肽类 F 在提高免疫细胞功能中扮演重要角色。因此，肾上腺髓质在承受刺激后的恢复期也会分泌荷尔蒙。

（五）皮质醇

一般的观念认为人体糖皮质激素及更特殊的皮质醇为骨骼肌中的分解荷尔蒙。然而实际上，皮质醇是碳水化合物代谢的主要信号荷尔蒙并且与肌肉中糖原储存有关。当肌肉中的糖原浓度水平较低时，为了获得能量，其他能量基质必须加以分解。肌肉中最主要皮质醇分解代谢作用如下：

（1）使氨基酸转换为碳水化合物。

（2）增加蛋白水解酶的水平。

（3）抑制蛋白合成。

皮质醇在 II 型肌纤维中（具有较多蛋白质）比 I 型肌纤维具有较大的分解作用，但对于控制 I 型肌纤维的分解与皮质醇却有更紧密的联系。正如本章之前所提到的，相对于 II 型肌纤维借助合成来增大肌肉，I 型肌纤维更需由减少分解来发展肌肉。谈及疾病，如关节受伤或无法运动时，为了调节氮的代谢终产物所造成的负面影响，会增加皮质醇及消耗一些收缩蛋白质使肌肉萎缩，且生成力量的能力也会随之下降。肌肉中皮质醇的分解与睾酮和胰岛素的合成作用相抵消。假如较多受体与胰岛素结合，或假如睾酮阻断皮质醇的 DNA 基因元素，则蛋白质就被保留下来甚至增加。相反地，假如较多受体与皮质醇结合则蛋白质会分解和消失。肌肉中合成与分解的平衡影响着蛋白质收缩单元进而影响肌力。另外，剧烈运动后循环中皮质醇尝试性的增加，意味着组织重塑过程中产生的炎症反应机制。与生长激素一样，皮质醇似乎也会随着肌力训练而增加，特别是较短休息时间及高训练量时。如同讨论睾酮时所提及的，男性训练一段时间后产生适应，增加皮质醇也不会有负面作用，适应后不会抑制睾丸中的皮质醇水平，因此而维持睾酮浓度。使无氧代谢产生相当大刺激的抗阻练习，皮质醇对它也会产生反应。有趣的是，身体中造成最强分解反应的高强度训练组合也会刺激最多的生长激素反应。因此，长期高水平皮质醇可能有不利的影响，但短暂增加皮质醇可能是肌组织重塑过程中的一部分。肌肉必须分解至某一程度（在受伤程度之下），以便重塑而增大肌纤维，短暂提高皮质醇有利于此过程。皮质醇的分解代谢角色引起了运动员及训练专家的兴趣，从而将其视为全身组织分解的指标。从某种程度来讲，皮质醇的确是一个指标，但是增加的程度必须达到 800 纳摩尔/升才能视为过度训练。此外，睾酮与皮质醇的比例已被用以表示身体无氧分解的状况。然而，虽然这一指标在观念上是吸引人的，但血清睾酮与皮质醇比例的使用在预测、监督肌力及爆发力能力的改变中仅有部分成功的例子。测验中出现的这些问题，可能要与皮质醇的多重角色及其他荷尔蒙一并处理。

抗阻练习产生的即刻反应与长期适应的皮质醇生理角色存在相当大的差异这是可能的。皮质醇的即刻反应可反映运动刺激所产生的代谢作用，而长期适应则是处于包含蛋白质代谢的组织恒定状态下应运而生的。因此，肌组织萎缩及力量下降时皮质醇在过度训练、停止训练或受伤等事件上扮演关键角色。这一角色仍有待实验的证明，然而皮质醇抑制免疫细胞（如 T 细胞）直接冲击骨骼肌组织的重塑及恢复情形。内分泌与免疫两个系统一起对抗阻练习所产生的适应需要着手研究。那些使用高训练量大肌群及短暂休息时间的抗阻练习组合会造成血清皮质醇浓度的升高。虽然长期高水平皮质醇可能是不利的，但短暂增加皮质醇却可能是肌组织重塑过程的一部分。

(六) 儿茶酚胺

儿茶酚胺主要包含肾上腺素、去甲肾上腺素和多巴胺——由肾上腺髓质的分泌，对肌力与爆发力表现的影响很重要，因为这些荷尔蒙是中枢运动神经的刺激源，周边血管的松弛剂，并可增强肌肉中的酶系统。在促进肌肉组织生长作用方面，其角色仍是不明确的，除了可以刺激其他合成荷尔蒙。肌肉中肾上腺素和去甲肾上腺素的生理功能如下：第一，借助中枢机制及增加代谢酶活性而提高力量；第二，增加肌肉收缩频率；第三，增加血压；第四，增加能量的利用；第五，增加血流；第六，增加其他荷尔蒙的分泌，如睾酮。

儿茶酚胺似乎能够反映抗阻练习加诸身体的压力，一个高强度（10RM），短休息时间（组间或训练动作之间休息10～60秒）的高抗阻练习组合（10个训练动作，3组），通常健身者用以发展肌力及肌肉，运动后5分钟至恢复期，从他们身上发现持续增加的血清肾上腺素去甲肾上腺素和多巴胺水平。另外，运动刺激下肾上腺素与乳酸浓度是有相关的。在面对战斗或逃跑情况时，肾上腺素启动一连串反应，恢复反应中并不包括肾上腺反应直到压力移除。一些特殊的内源性阿片肽类（如F肽类）由肾上腺髓质所分泌，其会影响免疫系统，对于运动的恢复是关键。假如运动不断，则持续刺激促使肾上腺持续参与，次反应的皮质醇则会延迟恢复并且对于免疫系统及蛋白质结构造成负面影响。有关儿茶酚胺的训练适应，在最大强度高抗阻练习时，可以提高运动员分泌较多肾上腺素的能力。有人认为一次凳上推举动作可减少肾上腺素的分泌。因为肾上腺素参与新陈代谢的控制、力量的产生及其他荷尔蒙（睾酮和IGF）的反应机制，儿茶酚胺可能是面对抗阻运动刺激时最先反应的神经内分泌机制之一。

抗阻练习运用于内分泌系统的控制：第一，一般概念：训练时募集越多的肌纤维，则肌肉中的重塑机会就会越大。只有被抗阻练习所激活肌纤维才会产生适应，包括荷尔蒙的适应。第二，增加血清中睾酮的浓度。采用大肌群的训练动作。中—高训练量，多组及多训练动作的组合。短休息时间（30～60秒）。第三，增加生长激素的水平。采用可以引起较高乳酸浓度的训练课程，即采用高负荷（10RM或高阻力）进行组及较短休息时间（1分钟）。运动后补充碳水化合物及蛋白质。产生最适肾上腺素。第四，采用高训练量、大肌群及短休息时间，但随时改变训练组合、休息时间及训练量，使肾上腺参与恢复过程（分泌较少的皮质醇）并预防皮质醇的长期分解反应，这样才不至于造成过度使用或过度训练。

（七）其他荷尔蒙

许多不同的荷尔蒙参与维持身体正常功能及使身体接受抗阻练习后产生适应。虽然我们针对特别的生理功能，将注意力集中于一两个荷尔蒙上，但事实上其他荷尔蒙也创造了最适内环境，使主要荷尔蒙能够发生作用。胰岛素、甲状腺素和β脑啡肽参与生长、修复和运动刺激机制，但很少有资料显示它们对抗阻运动和训练的反应和适应。由于胰岛素和甲状腺素的分泌恒定状态有相当严格的控制，所以无法预期长期训练的适应会改变这些荷尔蒙的休息浓度。而一天中分泌速率的变化，受体的敏感性及结合的交互作用可能受到影响。有人证明肌力训练20周后血清中的游离及总甲状腺素浓度仅有轻微或不显著下降。抗阻练习时，这些荷尔蒙参与新陈代谢的控制，影响氨基酸的合成和增加其他荷尔蒙释放，才是研究的重点。

当我们持续研究内分泌系统及其与神经系统、免疫系统、肌肉骨骼系统之间的交互作用时，发现这些系统的功能实际上是整合的，这些系统的联系是由荷尔蒙及肽类所完成。多年来，教练与运动员逐渐了解合成荷尔蒙的重要性，它可以调节身体变化及对高抗阻练习产生适应。为了设计最佳训练课程，避免过度训练，力量训练人员必须了解内分泌的重要角色。

第四节　力量训练在年龄、性别上的差异

抗阻练习是指一种专门的力量训练方法，借助渐进阻力的应用来增加训练者发挥或对抗力量的能力。这个专有名词有别于举重与力量举重（20世纪70年代初从举重运动中分化出来的一项新兴运动，以深蹲、卧推和硬拉为比赛内容），后两种运动项目是指企图在竞赛中举起最大的重量。抗阻练习对具有各种需求、目的与能力的训练者来说已被证实是一种安全且有效的体能训练方法。借助各种成年人训练处方所产生急性反应与慢性反应的实验结果，我们已经了解了抗阻运动的刺激效果，而最近几年，儿童、女性的抗阻运动也渐渐地受到大众与医学界

的注意。在设计与评估抗阻练习处方时，体能教练必须了解在身体组成、肌肉表现以及可训练性方面的年龄与性别差异的问题，以及这些差异对身强体壮训练者的影响。

一、儿童

随着青少年对抗阻练习兴趣的逐渐增加，体能教练必须了解人体正常生长与发育的基本规律。了解这些规律并对这些规律在训练中所产生的影响情况进行研究，以及如何区分看待研究数据，对于安全且有效抗阻练习处方的发展与评估是很重要的。由于青少年运动员的训练已渐渐变得更激烈且复杂，解剖与生理的因素可能与急性和慢性损伤有关，因此必须加以考虑这些因素。

（一）发育中的儿童

本节中的生长、发育与成熟均是指身体随着生命持续产生的变化。生长是指身材大小或身体某一部位的增长，发育是指胎儿到成年人的自然发展过程，而成熟是指变得成熟且功能完整的过程。青春期是指第二性征的发展以及儿童转变成青年人的时期。在青春期的变化中，同时也会发生身体组成与身体技术表现的改变。

（二）实际年龄与生物年龄

因为生长与发育情形的多变性，所以并不容易应用年或月计算的方式（也即实际年龄）来界定成熟或发育的阶段。儿童并不是以不变的速率成长，而每一实际年龄层中的身体发育，也具有明显的个别差异。一群14岁的儿童在身高上可能会有高达23厘米的差异，而体重的差异则可高达18千克。除此之外，11岁的女孩可能会比11岁男孩的身高更高且身体技能也较好，这些差异与青春期发育程度及时间点的多变性有关。女孩的青春期出现在8～13岁，而男孩则出现在9～15岁，一般而言，女孩青春期的开始会比男孩早两年。成熟的阶段或青春期的发育利用生物年龄来评估会较好，生物年龄的测量包括骨龄、身体成熟度或性成熟度。评估儿童成熟度的重要性有两点：成熟度的评估可评价儿童的生长与发育情形；评估成熟度有助于判断孩童的体能测验与运动表现是否匹配。虽然一般认为激烈训练对于生长与发育具有负面的影响，但是对于营养均衡的儿童并没有任何的证据显示身体训练会延迟或加速其生长或成熟。

评估生物年龄常见的方法是由 Tanner（覃纳）所发明的，其中包含了第二性征发育程度的评估：女孩乳房的发育、男孩生殖器官的发育以及阴毛的发育。Tanner 的分级共分成五级：第一级是指未成熟的青春期状态，而第五级是指性征的完全成熟。虽然在某一特殊阶段时儿童性成熟程度可能有些许的变化，但是这个评估性成熟的方法经常被医师当作身体检查之用。同时，青少年也可以私下利用 Tanner 分级的图片进行性成熟程度的自我评估。对于运动能力与过去训练经验的个别差异方面，判断的敏感度对在举重训练室的孩童是特别重要的。一位早熟的 14 岁女孩可能已经可以进行抗阻训练，例如举重，但是一位晚熟的 14 岁男孩则可能还无法完成激烈抗阻运动的要求。除此之外，孩童的训练年龄（以及孩童已接受抗阻练习的时间长短）会影响抗阻练习的适应，肌力获得的程度会受到之前适应程度的影响。举例来说，一位具有 2 年抗阻练习经验的 12 岁儿童（即训练年龄为 2 年），在接受一段时间的抗阻练习之后，所获得的肌力并不会等同于一位 10 岁且未受过抗阻练习的儿童（即训练年龄为 0 年）。体能教练必须了解这些差异，并且必须依据每位孩童的成熟度、训练年龄与特殊需求，设计个别化的训练处方。在最高长高速率的时期（青春期生长暴涨阶段），青少年运动员可能会增加受伤的概率。女性最高长高速率通常发生在 12 岁，而男性在 14 岁。在这个发育阶段时，骨骼相对地较为脆弱，关节周边的伸肌群与屈肌群之间会有肌肉不平衡的情形，而连接快速生长骨头的肌肉肌腱也相对较紧绷，这些都是孩童过度使用造成损伤的危险因子。在快速生长时期，体能教练必须调整训练处方（即强调柔韧性、改善肌肉的不平衡或是减少训练强度与训练量）。如果青少年运动员在生长暴涨阶段抱怨疼痛或不舒服时，体能教练必须要怀疑是过度使用的损伤，而不是将这些抱怨视为"生长痛"。

（三）肌肉与骨骼的生长

在儿童身体生长时，肌肉量会随着年龄的增加而稳定地增加。刚出生的时候肌肉量约占儿童体重的 25%，而成年人则大约占 40%。男孩处于青春期时，体内睾酮的生成会增加 10 倍，因而造成肌肉量显著地增加，然而女孩体内雌激素生成的增加则会导致体脂堆积的增加、乳房的发育以及髋部变宽。虽然女孩在青春期时肌肉量会持续地增加，但是由于荷尔蒙的差异，女孩的增加速率会较慢于男孩。在这个阶段两性肌肉量的增加是因为每一肌纤维的肥大而不是数量增多。如果没有受到抗阻运动或饮食影响的话，女性最高肌肉量的发生是在16~20岁，而男性是在18~25岁。儿童的生长软骨位于三个部位：骺板（生长板）、关节表面与骨凸处。生长软骨的损伤会妨碍该骨头的生长与发育。

骨骼的生长发生在骨干（长骨的中段位置）与生长软骨，儿童的生长软骨位于三个位置：骺板（生长板）、关节表面以及肌肉—肌腱单位所附着的骨凸处。当骺板完全骨化时长骨便停止生长。尽管骨头通常在青春期初期会开始溶解，但是女孩骨头达到完全成熟的时间会比男孩早约2~3年。其确切的年龄仍不确定，但是大部分的骨头会在20~30岁初期发生溶解。

必须特别注意的是，儿童的生长软骨较容易受到创伤与过度使用的伤害。伤害会干扰骨头血液与营养的供给，进而导致永久性的生长障碍。跌倒或过度的重复性压力可能会导致成年人韧带的撕裂以及儿童骺板的骨折。由于儿童骺板骨折最高的发生率是在最高长高速率的阶段，这表示青春前期儿童的骺板骨折发生率可能会较低于青春期儿童。因此，年纪较小的儿童，其骺板可以承受较强的剪切力（造成生长板损伤的原因）。

（四）肌力的发育变化

当肌肉量随着青春前期与青春期而增加时肌力也会随之增加。事实上，肌力的生长曲线与肌肉量相似。男孩最高肌力的获得通常出现在最高长高速率后的1.2年以及最高增重速率后的0.8年，而体重是最佳指标。在快速生长阶段时，肌肉先增加质量而后才增加肌力。女孩最高肌力的获得通常也是在最高长高速率之后，不过，女孩的肌力与身高体重的关系较男孩有更大的个体差异。虽然男孩与女孩肌力在青春前期基本上是相同的，但是在青春期的荷尔蒙差异会加速男孩的肌力发展，而女孩的肌力发展速率则维持与青春期前期相同。一般而言，未受训练女性的最高肌力通常出现在20岁时，而未受训练的男性则出现在20~30岁之间。

影响儿童肌力表现的主要原因是神经系统的发育情形。如果神经纤维的髓鞘形成作用缺乏或不完全时，快速的反应与技术性动作便无法成功地表现，当然高强度的肌力与爆发力也是不可能的。当神经系统发育时，儿童便可以改善平衡感、灵敏性、肌力与爆发力的技术。在性成熟阶段之前，许多运动神经的髓鞘形成还不完全，因此不可以期待儿童对训练的反应或所学习的技术会与成年人的效果相同，除非他们的神经已经成熟。由于生理功能与生物年龄的关系较为密切，在一段时间的训练之后，早熟儿童所获得的绝对肌力可能会比同性别而晚熟的儿童来得高。通常，早熟儿童的体型较趋近于中胚型（较有肉且宽的肩膀）或内胚型（圆而宽的髋部），而晚熟者则走向于外胚型（消瘦且身高高）。很明显，身材的差异会影响抗阻运动的效果。举例来说，较短的手臂与较大的胸腔对于仰卧推举较为有利，而较长的脚与较长的躯干对于蹲举并不利。当体能教练想要建立标准化的体能测验或针对一群身材有极大差异的男孩与女孩设计抗阻练习处方时必须要考虑上述的这些因素。因此，必须针对所有训练者设计个别化的训练处方并且对身材较瘦小的晚熟儿童应提供特别的鼓励。虽然晚熟儿童到了青春期时会追上早熟者的程度，但是青少年运动员必须了解还有许多的因素会影响运动竞赛的成功，例如动机、训练与能力。

（五）青少年抗阻练习

尽管以前认为儿童无法从抗阻运动中获得益处或使儿童的损伤风险非常高，但是医师与运动科学家目前已认同抗阻运动对于儿童的体能训练是一种安全且有效的方法。有越来越多的男孩与女孩参与抗阻练习的活动，而主要的运动医疗机构目前也支持儿童参与抗阻运动，当然这些训练处方必须是经过适当的设计与完善的监督。除此之外，目前大众健康的目标便是增加能规律地参与促进或维持肌力与肌耐力的 6 岁以上儿童与老年人运动人口。体能教练必须谨记儿童并不是小大人，不管儿童有多壮硕或多高大，其身体仍未完全成熟，而且往往是第一次参与训练。儿童开始进行抗阻练习时的训练处方必须与他们的成熟度、身体能力以及训练者的目的相结合，成年人的训练处方与其训练哲学并不适用于青少年，往往会有训练强度与训练量太大以及恢复时间未能与儿童体能相结合的情形。当安排儿童参与抗阻练习时最好先低估他们的身体能力，并逐步地增加训练量与训练强度，以免超过他们的能力而造成损伤的风险。

（六）儿童的可训练性

在儿童的可训练性方面，目前有许多的争议主要围绕青少年抗阻练习的问题，即儿童对于抗阻练习的反应，先前的文献无法证实青春前期儿童参与抗阻练习处方的肌力增进效果。但是这些研究文献并未获得明显的发现，可以考虑为实验方法的缺失，例如实验时间过短或不适当的训练量，使这些文献因这些实验结果而认为抗阻练习对儿童是没有效果的。如同前面所述，从儿童到十几岁的时候肌力会自然地增进，因此，这些文献较适当的结论应该是在短期而低训练量的训练处方下，训练所获得的效果无法与自然的生长和成熟作区分。

目前有更多的研究显示，如果训练强度与训练量适当，男孩与女孩所增加的肌力可以超过生长与成熟的影响。6岁的儿童也能从抗阻练习中获得益处，各种的训练器材包括成人专用的重训练器材、儿童专用的训练器材、移动式重量训练器材（哑铃与杠铃）以及徒手操均已被证实是有效果的。通常未受过训练的青春前期儿童在短期（8~20周）抗阻练习处方之后肌力大约可以增加30%~40%，也有文献指出可以增加至74%。造成肌力增进差异性的原因包括训练处方的设计、指导是否得当以及训练前的身体活动程度。就整体而言，青春前期肌力增进的百分比会与老年人的效果相同。相反地，当肌力以绝对值来进行比较时，青春前期的可训练性可能较低。训练所增进的肌力要以绝对值或相对值来比较目前仍是有争议的，不过我们并不能期待儿童所获得的绝对肌力会如同身材较高大的成年人所获得的一样，因为成年人的绝对肌力可能会是儿童的两倍以上。

执行肌力训练处方的儿童可能会因为训练处方设计的因素、履行计划的延期、赛程表的变更或动机下降等原因，而转入减量训练阶段或休息阶段。这种暂时性或持续性减少训练刺激的情形称为停止训练。在停止训练的阶段，儿童肌力变化的评估并不像成年人，它会受到发育所引起肌力增加的干扰。尽管如此，有些研究显示儿童因训练所获得的肌力具有非持续性，而且在停止训练的阶段会恢复至未训练者水平。有研究显示，在停止训练阶段参加体育课与有组织的运动竞赛并不能维持青春前期因训练所促进的肌力，这项实验结果显示了儿童持续训练的重要性，抑或至少要有某些形式的维持性训练处方，以维持肌力或至少能减缓运动适应效果的流失。虽然目前仍不清楚停止训练的确实机制，但是至少有一部分的原因，可能是受神经肌肉功能的改变所影响。青少年与成年人因训练所获得的肌力来自肌肉的肥大，但是对于青春前期的儿童则不可能因训练（至少20周以上）而有肌肉肥大的情形。虽然有些研究并不认同这种看法，但青春前期儿童无法由抗阻练习来增加肌肉量，其原因在于体内睾酮浓度不足。青春前期的男孩与女孩体内睾酮的浓度介于 20~60 纳克/100 毫升，然而到了青春期，男性体内睾酮浓度则增加至 600 纳克/100 毫升，但此时女性的睾酮浓度则维持不变。

由上述可知，青春前期儿童肌力的增加可能是神经因素所导致，例如运动单位活化的增加以及运动单位协调性、募集与诱发的改变。这也显示青春前期儿童的肌力增进，部分是因为肌肉内在的适应性、运动技术的改善以及作用肌群之间的协调性。但是这并不表示抗阻练习完全不会造成青春前期儿童的肌肉肥大，因为可能还需要更长的研究时间、更高的训练量以及更精确的测量技术（例如电脑显像）来确认青少年力量训练者因训练所引起肌肉肥大的可能性。不过，在青春期以及青春期之后训练所造成的肌力增进通常会与肌肉肥大有关，而肌肉肥大则是受到荷尔蒙的影响。虽然青春期女性体内的睾酮浓度较低而限制了肌肉肥大的程度，但是其他荷尔蒙（例如生长激素与类胰岛素生长因子）对生长的影响也促使她们肌肉的发育。总之，青春前期的男孩与女孩均可借助抗阻练习明显地增进肌力。神经因素是青春前期儿童肌力获得的主要原因，而不是肌肉肥大。

（七）潜在效果

儿童从事规律的青少年抗阻练习，除了获得肌力与肌耐力的增进之外，可能也会影响健康与体能。抗阻练习可能会改变某些解剖与心理特质、减少运动与休闲活动时的损伤并促进动作技能与运动表现，不过对这一部分的研究仍有所争议。训练会阻碍儿童的生长发育是一般常见的错误认知。抗阻练习并不会影响遗传因子的最大值，而且抗阻练习有助于任一发育阶段的生长。事实上，只要钙质摄取足够的话，从事规律的运动处方可以让儿童的骨密度获得最佳化，因为运动或身体活动可以对骨产生压力与张力（扭转性）。抗阻练习可以增加成年人的骨密度，最近的研究显示这种类型的训练对于儿童的骨密度具有正面的效果。这个研究结果对于年轻女性特别有意义，特别是具有骨质疏松症危险因子的女性，骨质疏松症在临床上是指骨质量较低的情况而且容易有骨折的倾向。抗阻练习同时也可以增进儿童对于损伤的抵抗能力。在美国，每年大约有 300 万的儿童在运动时受伤，有研究估计如果儿童在竞赛之前做好准备活动可以预防 50% 的过度使用损伤。体能教练是青少年运动员参与运动之前做好准备工作的关键角色，他们有助于降低或防止青少年运动员运动损伤的发生，降低损伤的严重程度。在许多案例中，从事有组织运动计划的儿童往往还未针对该运动项目做好准备工作。坐姿生活（例如搭公交车上学以及在放学后与周末看电视或打电动玩具）的儿童，无法承受每周4或5天，每次1~2小时的训练。

虽然有些教练认为早期专项化是成功的关键，但是研究显示基础体能技术与多样化的活动与最后的运动成功较有关系。尽管完全想避免青少年运动损伤的情形是不可能的事，但是将抗阻练习编入儿童前期的体能训练处方中较能够让青少年运动员承受练习与竞赛时的运动持续时间与运动强度。由于训练者对训练压力、训练强度、训练量与其进步幅度等具有个别差异，再加上抗阻练习会增加肌肉骨骼系统的长期重复性压力，因此在编排训练处方时必须特别谨慎。在有些案例中，抗阻练习可以缩短前期的训练阶段，而节省出更多的时间来准备体能。既然儿童无法达到运动员的外形，青少年抗阻练习的最大益处是可以让儿童针对运动与休闲活动做好充分的准备。由于许多的运动都具有肌力或爆发力的成分，因此抗阻练习被认为有助于提高运动表现，但是来自父母与儿童对于这个论点的认可目前研究稍显不足。对于某些运动表现的改善，例如跳远、垂直跳，30米冲刺与折返跑，目前已经证实儿童参与抗阻练习计划后的正面效果。只有少数的研究是直接评估青少年抗阻练习对于运动表现的效果，但是其研究结果却是正反两面都有的。虽然仍需要更多的研究来确定这一论点，但是在有限的直接与非直接的证据中显示专项的青少年抗阻练习处方对于运动表现并不会有负面的影响，甚至会有某些程度的增进效果。

（八）潜在的危险与考虑

相较于儿童所从事的其他运动与身体活动，青少年肌力训练处方的拟定会比较安全些。实际上，运动时施加于儿童关节上的力量会比抗阻练习来得大。认为抗阻练习对于儿童是危险的概念与儿童的需求以及抗阻练习已证实的相关损伤并不一致。尽管如此，儿童在举重训练室也会发生损伤，因此体能教练在指导青少年时必须遵循安全守则。关于青少年肌力训练，大部分传统上的考虑可能是骨骺板损伤的问题。如同前面所述，这一区的骨尚未完全骨化，因此具有容易受伤的倾向。虽然已经有报道指出青少年重力训练者的骺板骨折性损伤，但是这些报道通常都是个案研究，而且这些个案往往是在未受监督的情形下，执行较重重量的过肩动作。在已建立训练原则的青少年抗阻练习研究中，并未曾有骺板骨折的报道。如果能遵循适当的测验指引（即适当的热身、个体化的渐进负荷以及严密的监督）的话，即使是1RM的测验对于儿童仍是安全的。也就是说，如果能告诉儿童如何进行适当的抗阻练习，骺板骨折的风险便能降至最低。

预防青少年因过度使用导致的损伤：

（1）参与运动之前，队医必须对青少年运动员进行评估以判断其是否有医学问题与肌肉骨骼缺陷。

（2）必须告知父母有关竞技运动的益处与危险，并让他们了解一般体能对于青少年运动员的重要性。

（3）儿童必须接受年度的体能训练计划，以促进心肺功能、肌力与柔韧性的增强。理想上，训练计划必须随着时间而改变训练量与训练强度，并且必须符合每一位运动员的特殊要求。

（4）必须追踪青少年运动员的营养状况，以确保他们的饮食适当。

（5）青少年组运动教练必须参加教育课程，以学习更多有关儿童的体能训练、运动技术、安全规则、器材、心理学，以及生长与发育的生理学。

（6）教练必须支持并鼓励所有儿童参与运动，但不可过度给予压力，不让他们执行超过他们能力的动作。

（7）必须鼓励儿童参与各种的运动与活动。

对青少年实施重量训练时，最需注意的问题是重复性作用软组织损伤的危险，特别是腰部与肩的损伤。除此之外，如果没有遵守青少年抗阻练习的安全守则，例如合格的成年人监督者、安全的器材以及特殊年龄的训练原则便可能会发生严重的损伤。

（九）儿童训练处方的设计考虑

抗阻训练必须成为儿童完整运动训练计划的一部分。虽然青少年抗阻练习处方并没有最低的年龄限制，但是儿童必须具备成熟情绪并能遵守指示，同时他们必须是渴望尝试这一类型的活动的。对于健康的儿童，训练前的医学检查并不是强制性的；但是，所有训练者必须接受损伤或疾病的检查，因为这些问题可能会限制或妨碍抗阻练习处方的安全性。青少年抗阻练习处方的目的并不局限于增加肌力，同时必须帮助儿童了解有关身体的知识、增进儿童对于身体活动的兴趣以及从中获得乐趣。如果儿童能够享受身体活动与运动，那么可能在未来日子里，他们会属于喜爱活动的一群。

  青少年抗阻练习处方的进展必须考虑两个重点，指导员的品质与训练者的进步幅度。体能教练必须了解青少年的训练原则，并且必须延用儿童的词语来告诉青少年运动员。教练必须降低自己的运动水平来参与儿童的竞赛，并且应避免"每件事情都要赢"的心态。使用个体化的训练日志可以协助每一位儿童将焦点放在自己的进步程度上。研究建议在青少年抗阻练习处方中，指导员与训练者的比例至少应为1∶10。尽管只有少数的文献显示了儿童抗阻练习的重复次数与设定1RM的百分比强度的关系，研究指出可针对某一特定动作，在某一1RM百分比的运动强度下进行的重复次数。因此，各肌群的最低肌力阈值（以1RM的百分比来表示时）都是不相同的，这可能是因为每一动作所涉及的肌肉数量均不相同。设计儿童抗阻训练处方最好的方法是先建立重复次数的范围（例如10~12次），然后通过"尝试与错误"的方式来决定可以安全操作的最大负荷范围。虽然增加阻力或组数是持续进步所必需的因素，但这并不表示每一次训练课的强度或训练量都必须高于前次的训练课。虽然让训练计划保持新鲜感与挑战性是很重要的，但是必须给儿童有机会去发展适当的动作与技巧。

  青少年抗阻练习原则：

  （1）每一位儿童都必须了解抗阻练习相关的益处与危险。

  （2）必须由合格的体能教练监督整个训练课程。

  （3）运动的环境必须是安全的。

  （4）运动器材则必须做好维修工作，而且规格必须适合每一位儿童。

  （5）在抗阻练习之前，必须先做热身与牵拉。

  （6）小心监控每一位儿童对于运动压力的忍受度，开始时先使用轻负荷，以便于做适当的调整。

  （7）当肌力增进时，应渐进式地增加负荷（如5%~10%）。

  （8）根据训练者的需求与目的，应采用1至3组，6~15次的各种单关节与多关节动作。

  （9）如果已完成了适当的负荷，而且动作仍属标准时，可以将高级的多关节动作，例如修正式高翻、提拉与推举等动作，加入训练处方中。

（10）每周安排 2～3 次非连续的训练课。如果需要的话，成年辅助者必须主动协助儿童操作失败的动作。

（11）整年的抗阻练习处方必须有系统性的变化。

（12）必须鼓励儿童在运动前、中、后期，饮用大量的水。

可以将多关节的动作，例如蹲举、修正式高翻、提拉与推举编入儿童的训练处方中，不过重点必须放在发展适当的动作与技巧，而不是强调所举的重量。不良的动作技巧对于肌肉骨骼组织，会产生不正常的压力而导致受伤的发生，当不能维持适当的动作技巧时必须降低负荷。在学习新的动作时，必须让儿童在开始时使用轻的重量，甚至可利用长的木棍来学习正确的动作技巧。体能教练必须知道何时可以安全且有效地教导儿童较高级的多关节动作。由于抗阻练习具有肩关节与腰部损伤的危险性，因此肩关节与躯干的预防性练习，必须加入训练处方中。也就是说，要将肩关节损伤与背部损伤的康复动作编入训练处方中作为事先预防性的准备。

二、女性运动员

规律地从事抗阻练习的女性可以促进健康、发展良好的自我感觉、降低退行性疾病（例如骨质疏松症）的风险，以及提高运动表现。过去有些女性会怀疑抗阻练习的价值，甚至是因为社会文化的原因而避免该类型的运动，不过目前的研究显示女性也能够忍受与适应抗阻运动的压力并从中获得益处。目前已有许多的女性从事抗阻练习，再加上女子举重比赛的发展，可见女性对于抗阻练习也在逐渐产生兴趣。体能教练在设计与评估抗阻练习处方时，必须了解体型、身体组成以及抗阻练习的生理反应等层面的性别差异问题。了解这些差异以及考虑女性运动员的独特性有助于优化她们的运动表现，并减少损伤的发生。

（一）身材与身体组成

在青春期之前，男女之间的身高、体重与身材基本上都不会有差异。当青春期开始以后，这几个部分便开始会出现差异，这主要是因为荷尔蒙的改变。女孩在青春期时，雌激素的产生会增加脂肪的堆积以及乳房的发育，而在此时，男孩体内则会产生睾酮，睾酮会促进骨头的生成与蛋白质的合成。虽然雌激素也会刺激骨头的生长，但是由于男孩具有较长的发育期，因此成年男性的身材通常都会比成年女性长得高大。一般来说，成年女性会比成年男性有较多的体脂以及较少的肌肉量与骨质量。除此之外，女性的总体重会有比男性轻的倾向。虽然有些女性运动员的体脂百分含量比未受训练的男性还低，但是极低的体脂百分比对于女性会有健康方面的负面影响。成年人体格测量的结果显示，男性会有肩膀较髋部宽的倾向，而女性则会有髋部比腰部与肩膀宽的趋势，较宽的肩膀可以支撑更多的肌肉组织，同时也会提供肩关节肌肉活动的力学优势。

（二）肌力与爆发力

比较两性之间训练所引起的肌力变化时必须区分为绝对值与相对值。在绝对肌力方面，女性通常是男性的三分之二，女性下肢的绝对肌力通常会更接近于男性下肢的绝对肌力，上半身则差距较大。男女之间身体组成、身材特征以及去脂体重分布情形（女性更趋向于腰部以上有较少肌肉量）等情形可部分解释这些性别的差异。若以相对值进行比较时，肌力的性别差异会明显地缩小。由于一般的男性与女性在身材上的差异都会非常大，因此，利用肌力除以体重、去脂体重或是肌肉横断面积来比较性别之间的差异是非常有用的。当肌力除以体重时，女性下肢的肌力与男性相似，不过女性上肢的肌力仍稍低于男性。如果是采用肌力除以去脂体重的方式进行比较，男女之间的肌力差异便会消失。另外，有趣的是，若是采用除以去脂体重来进行比较，男女之间的离心肌力会比向心肌力更为类似。

当肌力除以肌肉横断面积时两性之间并没有显著差异，这种方式表明了绝对肌力的影响因素是肌肉的品质（每一横断面积的最高力量）而不是性别的特殊性。虽然在肌纤维类型的分布与组织化学的特征上男女的肌纤维都是类似的，不过男性趋向于比女性有更大的肌纤维横断面积。虽然这些发现都是很重要的，不过体能教练必须谨记肌力具有广泛的能力范围，也就是说，在某些时候两位女性之间的差异可能会比男女之间的差异还要大。爆发力的性别差异情形与肌力相同。采用举重选手的爆发力进行比较时发现，在完整的抓举或挺举动作中，女性除以体重的爆发力约是男性的63%。在未受过训练的女性身上也发现相同的结果。女性垂直纵跳与跳远的最高成绩也趋向于比男性低，不过若是除以去脂体重时，两性间的差异会缩小。虽然男性通常在运动表现上仍优于女性，不过在去脂体重上的差异性并不能完整地反映出爆发力的差异。虽然在这一观点上仍有争议，不过性别差异所造成力量发展率的不同，可作为上述结果的部分解释。

（三）女性运动员的抗阻训练及可训性

通常女性的绝对肌力会比男性弱，这是因为女性的肌肉量较少。当肌力除以肌肉横断面积时，两性之间并不存在显著差异，这种方式表明了是肌肉的品质而不是性别的特殊性影响绝对肌力。尽管有性别造成的差异存在，男性与女性对于抗阻练习的反应在相同的训练体能水平下仍会有相同的反应。即使在某些变量上的变化程度会有轻微的差别，不过整体而言，抗阻运动对于女性的价值并不仅仅是肌力的增加，还包含了健康与体能的改变。

通过参与抗阻练习计划，女性可以明显地增加肌力，而肌力增加的速率会与男性相同甚至会更快。虽然通常男性所获得的绝对肌力会较高，但是以相对肌力的增加而言，女性会与男性相同，甚至会高于男性。虽然神经系统的适应是引起女性肌力进步的原因，但是仍不可忽略肌肉肥大对女性肌力增加的影响。当使用精密的仪器（例如电脑断层扫描与超声波）监测肌肉横断面积的改变时，短期训练对于肌肉肥大的影响在两性之间是相同的。通过对未使用类固醇的女性举重选手、健美选手以及田径选手肌肉发展的观察，可以发现从事高训练量或高强度训练计划的女性运动员仍然有可能获得明显的肌肉肥大效果。女性体内的睾酮浓度可能会随着训练而改变，而高浓度的睾酮可能会让女性增加肌肉大小与肌力，不过仍需要有更多的研究来证实这个议题。除此之外，在训练时使用复杂的训练动作可能会影响肌肉肥大的程度。越复杂的动作，例如下肢蹬腿练习与仰卧推举（相较于肱二头肌屈曲），可能需要较长的神经适应时间，因而延迟了躯干与腿部的肌肉肥大。同时，是否可以生成大肌肉量的遗传倾向也可能是原因之一。

（四）女性训练处方的设计考虑

既然两性的肌肉生理特质均是相同的，因此就没有理由认为女性的抗阻练习处方必须与男性不同。事实上，在运动项目中所涉及的肌群，男女都是相同的，因此抗阻练习处方必须依靠发展肌群所需的成功运动表现来设计，而不需要考虑性别因素。人们对于女性的抗阻练习往往会有一些错觉：女性抗阻练习处方必须与男性有别，或是女性有重量训练之后会降低肌肉柔韧性或使肌肉变粗。男女训练处方的唯一差异在于所使用负荷的不同。为了增进对于损伤的抵抗能力以及在成年阶段发挥肌肉骨骼的肌力与爆发力的潜能，必须让青少年女性运动员有规律地进行某些类型的抗阻运动。我们可以发现，优秀的女性体操选手可以做40次的引体向上，而女性举重选手的挺举重量可能是其体重的两倍以上。设计女性抗阻练习处方时必须考虑两个方面，上半身肌力的发展以及运动损伤的预防，特别是膝关节的部分，既然女性会有上肢肌力较低于男性的倾向，所以对于所参与的运动项目需要上肢肌力与爆发力的女性运动员必须强调上肢的发展。这些女性运动员的总训练量，必须有大部分是针对上肢的发展来进行的。对于上肢肌力较差而难以执行多关节移动式重量运动（例如各种完整或部分的抓举与高翻动作）的女性，可增加1~2种的上肢训练动作或是增加1~2组的组数。女性运动员可以受益于各种的抓举与高翻训练动作，因为这些大肌肉群、多关节的动作可以转换成休闲与运动竞赛的运动表现。除此之外，这些动作的能量消耗也非常高。

体能教练必须了解女性运动员会有较高的膝关节受伤风险，特别是足球与篮球项目。一篇美国大学联盟（NCAA）的报道中指出，女性篮球选手罹患前十字韧带断裂的情形是男性选手的6倍。虽然有些人认为这些损伤数量的增加只是单纯的反映了女性参与运动竞赛的人数增加，但有些人则认为性别是主要原因。造成男女运动员膝关节受伤率不同的原因，包括关节的松弛、肢体的力线、切力的程度、韧带的大小、身体的动作、鞋面的交互作用、技术水平、荷尔蒙的变化、护踝的使用以及肌力。虽然上述的原因可能不会单独地出现，我们可以试着在参与运动之前进行强化韧带强度的身体活动来避免损伤的发生。由于体能较差的运动员其韧带结构相对地会比较脆弱，便无法承受运动中的急停与旋转的动作，所以建议应经常参与含有强化肌肉组织与支持结构韧性的完整性的体能训练计划，以降低运动损伤的发生。

随着适当的指导与进步，年度体能训练计划的设计必须包含下半身抗阻运动、灵敏性与平衡感训练，以促进对肌肉活动的控制。除此之外，女性运动员必须避免长时间的不活动（例如在训练无赛季期），这会导致肌力、爆发力与心肺功能的下降。尽管在临床上还需找出降低女性运动员发生运动损伤的最佳方法，不过罗列于下文中的损伤预防策略，可能会有所帮助。

女性运动员的损伤预防策略：

（1）在训练开始前，先由队医进行训练前的检查。检查项目必须包含肌肉骨骼的测验以找出损伤的危险因子。

（2）参与含有抗阻练习、灵敏性训练与柔韧性训练的年度体能训练计划。这个体能训练计划必须达到每一位运动员的特殊需求，并且必须有周期性渐进的模式以让肌肉骨骼获得适当的适应。

（3）每一训练课必须先进行一般性的轻度热身活动以及与该运动专项类似的专项热身动作。运动员在练习与比赛时必须穿着适当的衣服与鞋子。必须鼓励运动员采用适当的饮食摄取，以发挥最大的运动潜能。

研究显示抗阻练习对于所有年龄层以及各种能力的男性与女性，均是安全且有效的体能训练方法。可能的益处包括促进肌肉骨骼的健康、增进运动表现、提升自我意象以及自信心。虽然抗阻练习的基本原则在所有年龄层以及两性之间，都是相同的，不过对于每一群体还是有特殊性存在的。了解年龄与性别造成的差异对于安全且有效抗阻练习处方的评估与发展是很重要的，体能教练必须了解每位训练者对于抗阻运动的反应都是不相同的，还必须了解每位训练者的个别需求。

在过去的二十年里，医师与运动科学家已让我们了解到年龄与性别造成的差异以及这些差异性在抗阻训练中的应用。他们的研究已将抗阻练习对所有年龄层的男性与女性的冲击，完全量化了，并且提供了设计体能训练计划的建议基础。本章与其他章节的内容将有助于体能教练了解与判断年龄和性别所造成的差异性，并让体能教练能够针对儿童、女性设计安全且有效的抗阻练习处方。

第三章 精英运动员力量训练安排

力量训练，特别是在健美训练中充满着缺乏逻辑和未被实证有效的方法和计划。科学研究不能支撑在杂志和互联网上突然出现并传播极快的新的训练体系。如果忽略遵循经过科学研究和竞赛验证的有效方法将不会收到效果。尽管健美训练的周期性在1988年5月获得版权（作为健美运动的力量周期性的雏形），但是许多人包括运动员、学者等仍然没有完全理解这是一个非常成功的训练体系。一些学者将周期性描述"科学背后的重复次数和组数"或是"每周训练负荷的进展"的原则。而其他的人则将其称为一种"哲学"。而没有研究、理解或者试验的一些人则直接断定周期性体系不可行。对于周期性体系比较公平的是"先尝试然后再做出自己的结论"。

第一节 力量训练的周期性训练体系

本部分的主要目标之一就是帮助运动员学习如何设计自己的训练计划而不依赖于他人，最终要帮助其他人合理地使用周期性训练体系。周期性训练体系是组织训练计划涉及两个主要因素：一是如何构建长期的训练阶段，例如，一年训练的阶段性操作。二是如何将训练计划构建成专项的训练阶段，例如，解剖的适应性阶段：为了在开始或进展性训练的准备阶段；肌肉肥大阶段：为了增加肌肉围度的训练阶段；最大力量阶段：为了增加肌肉特性和密度的阶段；肌肉轮廓阶段：为了燃烧脂肪以及进一步改进肌肉线条和血管分布而使用专门训练方法的训练阶段；过渡期：目的是在另外一个训练阶段之前的恢复和重建。以上训练阶段的顺序是很重要的，因为列出了整个训练周期的提纲。它通过肌肉肥大阶段来促进肌肉的围度增加，然后的最大力量阶段是提高肌肉的特性和肌肉的延长性。一旦肌肉的围度和特性达到想要的水平就应该把重点放到发展肌肉的轮廓上，同时加强肌肉线条。

一、关于周期性训练体系

周期性训练体系并不是固定不变的体系，其中只有基本的模式是可以继承的。尽管基本模式的变化形式有很多种，但是可以选择一个最适合自己的训练目标的形式。在本部分的最后提出了训练的专项阶段和提高自身的能力，使真正的周期分化体系适合运动员的专项需要的营养计划。除了呈现高度组织和专项阶段训练的计划外，周期性训练体系还提供了一系列的一年左右的训练方法，加上使用可以在专项阶段激发不同变化类型的肌肉刺激和收缩以促进肌肉最佳生长和力量提高的训练负荷。很少有力量训练者和健美运动者是按照精心设计以及调节良好的计划进行训练的。尽管周期性训练体系的目的在于促使那些可以使身体处于控制之中而且可以促使身体完全获得新的体型。新手运动员将会比那些使用陈旧的训练体系的传统的训练者们拥有更加给人深刻印象的肌肉发展而且将使肌肉密度、特性、肌肉轮廓以及力量得到更大的提高。

周期性训练体系是一种训练理念，它使运动员通过有战略性的执行专项的训练阶段来实现其训练目标：解剖的适应性（AA）、肌肉肥大（H）、复合训练（M）、最大力量训练（M×S）、肌肉轮廓（MD）以及过渡期（T）。这一计划的不同变化形式可能会满足每个力量训练者的不同需求。图3-1-1所呈现的周期性训练体系的基本模式表明训练阶段的合理顺序以及可能的适应性。在制订训练的计划时可以一年中的任何一个月作为起始时间，每个月下方的小板块代表了星期或是小循环（如图3-1-1所示）。最下一行将一年分为几个训练阶段，以确保在适当的时间实现目标的方式来组织这些阶段。例如，一个竞技运动员可能会在他的年计划中将主要比赛设计为最高点。对于更关注审美效果的娱乐性的健美者和力量训练者可能希望计划有假期或其他的活动。

月	9	10	11	12	1	2	3	4	5	6	7	8
周												
阶段	AA	H1	T	H2	T	M	T	MXS	T	MD1	T	MD2	T

图3-1-1 力量训练的年训练周期的基本模式

注：AA=解剖适应性；H=肌肉肥大；M=复合训练；M×S=最大力量训练；MD=肌肉轮廓；T=过渡期

二、周期安排

小周期是指周训练计划，是训练计划中最重要的元素。在整个年计划中，小循环的类型和强度的变化是根据不同的训练阶段、训练目标以及训练的生理和心理的需求而变化的。

（一）小周期负荷的变化

要制订一个计划，必须知道小周期如何适应较长的训练阶段，即大周期或者是为期四周的训练，以及负荷计划每个大周期的训练负荷。此外，低强度训练的计划代表了训练中的一个至关紧要的概念，不仅有助于恢复和超量恢复，而且有助于防止许多健美者因遵循传统的"不入虎穴，焉得虎子"的哲学观念而过度训练。

（二）大周期负荷的变化

大周期中的负荷增加必须按照梯形模式递增。（如图3-1-2所示）举例说明了标准的方法。在考虑了强度的情况下大周期遵循了梯形负荷原则。

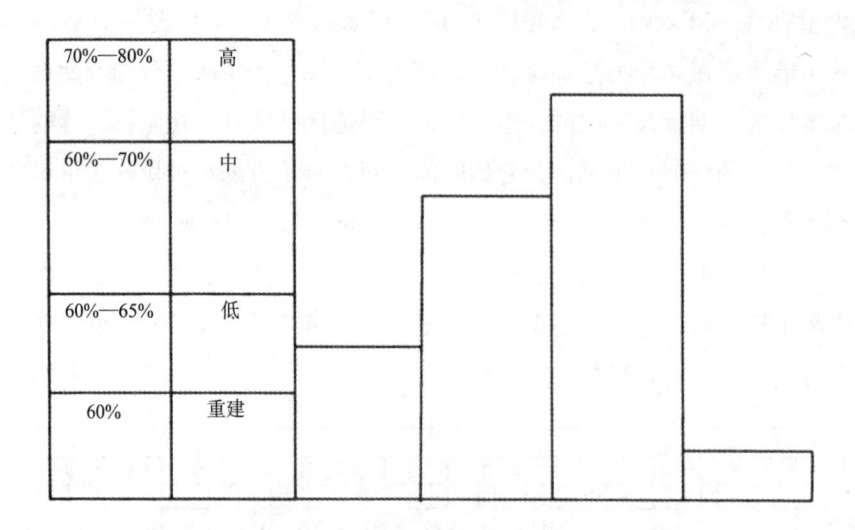

70%—80%	高
60%—70%	中
60%—65%	低
60%	重建

图3-1-2 动态的增加负荷超过四个小周期（一个大周期）

负荷逐渐增加，超过了三个小周期，然后降低以进行重新构建循环，从而在另一个大周期开始之前增加能量的恢复和补充。（如图3-1-3所示）表明了逐渐增加的训练量在第三级台阶达到最高点。为了逐步增加训练量，有两个可供选择的形式：增加负荷（在第 3 阶达到最高）或者增加练习的组数（从第 1 阶完成 5 组到第 3 阶完成 7 组）。

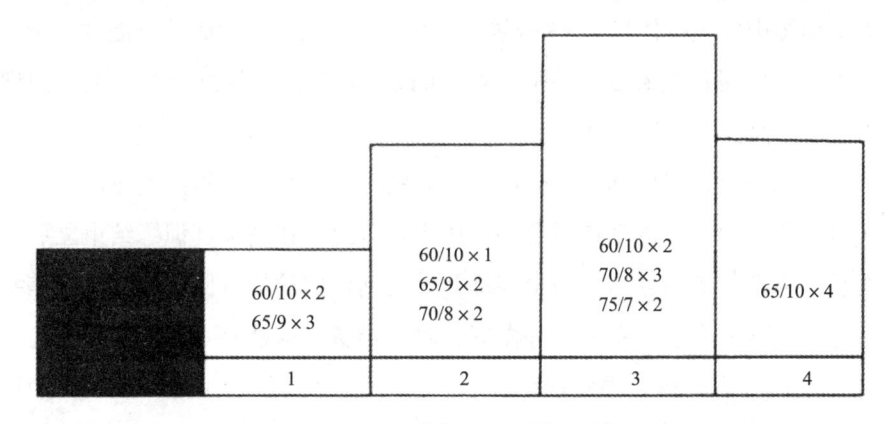

	60/10 × 2 65/9 × 3	60/10 × 1 65/9 × 2 70/8 × 2	60/10 × 2 70/8 × 3 75/7 × 2	65/10 × 4
	1	2	3	4

图 3-1-3　训练中负荷增加实例

在这个例子中，同时运用两种选择对于有良好训练背景的运动员来说是一个很适合的方法。其他的选择将适合于不同级别运动员的需要。例如，刚入门的运动员，承受较高的负荷和重复较多的训练组数都比较困难，所以增加练习数量对于他们来说就更重要了。这种方法将会发展他们肌肉系统而且有助于肌丝和力量训练的适应性。第 4 个台阶是一个重新构建的小周期，在这个小周期里，训练的负荷和组数都减低了。这就减少了在前三个阶段中积累的疲劳，而且使身体补充能量储备。这一台阶也使运动员在生化方面得到缓解。

（三）小周期负荷的增加

每个小周期中训练量或者对身体总的压力主要是通过增加每周的训练天数来实现的。在讨论每个小周期的训练之前我们必须提到按照梯形负荷原则计划每周的训练总量。

（四）低强度训练日的作用

由于不科学的理论——如"不入虎穴，焉得虎子"以及"过度训练"已经影响了力量训练理念，大多数的运动员坚信每天不分阶段的艰苦训练效果是最好的。因此，他们中的大多数人经常会有疲劳感，一旦不能得到预期进展便会产生挫折感，以至于很多人放弃了训练。在任何小周期的变化形式中都会有低强度的训练日，而且运动员可能会对他们的作用提出合理的疑问。对此可以这样解释：人体利用能源物质ATP/CP以及葡萄糖来提供能量，由于高强度训练包括低重复次数，最大力量训练中应至少休息2～3分钟，以确保有ATP/CP功能系统提供能量。在这种情况下，能量储备在24个小时内就可以补充上，这就意味着第二天的训练也可以是一个高强度的训练日。

然而，每一个高强度训练都会造成生理紧张，以及由于对抗挑战性的负荷必须进行剧烈收缩而产生的精神或者心理压力。因此，在高强度训练结束之后，运动员必须注意两件事情：在下一个训练开始之前他们的能量储备是否已经储备充足以使他们完成一个训练单元，并做好了思想准备。这就需要我们必须提前一到两天高强度训练后安排低强度训练计划。（如图3-1-4所示）为计划大周期提供了另外一种选择，图中两个具有挑战性的训练日安排得比较接近。这种类型的小周期只适合参加过高水平训练的力量训练，因为他们有较强的适应性反应，而且能够承受强烈的生理和心理压力。

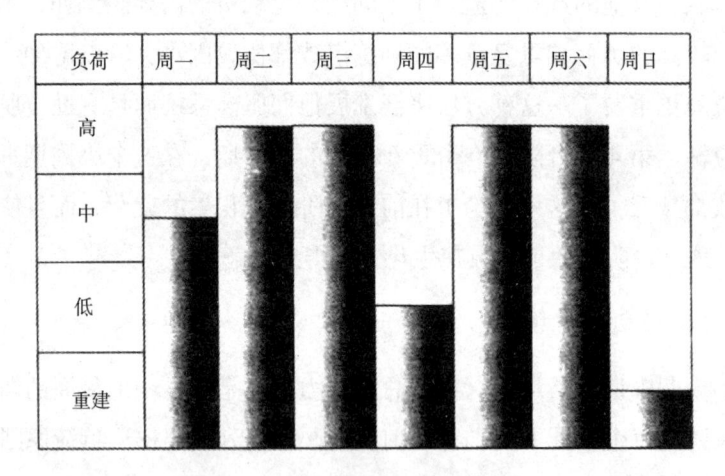

负荷	周一	周二	周三	周四	周五	周六	周日
高							
中							
低							
重建							

图3-1-4　三个高强度台阶小周期

但是，如果该训练单元包括高重复次数、周期，像增加肌肉轮廓（"塑型"）阶段建议的那样，或者是该训练时间持续特别长（2～3个小时），就会对肌糖原供能系统提出更高要求。在完成持续时间较长、使人极度疲劳的训练之后，糖原的完全恢复通常需要48个小时。蛋白质的合成也必须要持续同样长的时间，这就意味着只有在48小时后才能够进行另外一次训练。（如图3-1-5所示）提出了一个适合这种训练形式的合理的小周期结构。

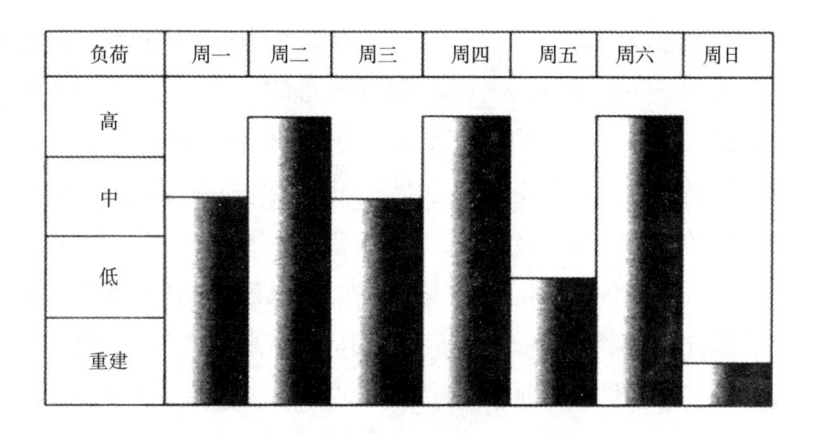

图 3-1-5　高强度的小周期

（五）超量恢复

超量恢复是理论上在高强度训练之前产生的生理的和心理的激励状态。然而，运动员只能在训练和重新构建完全并行时才能够获得超量恢复。（如图 3-1-6 所示）反映了训练超量恢复周期。

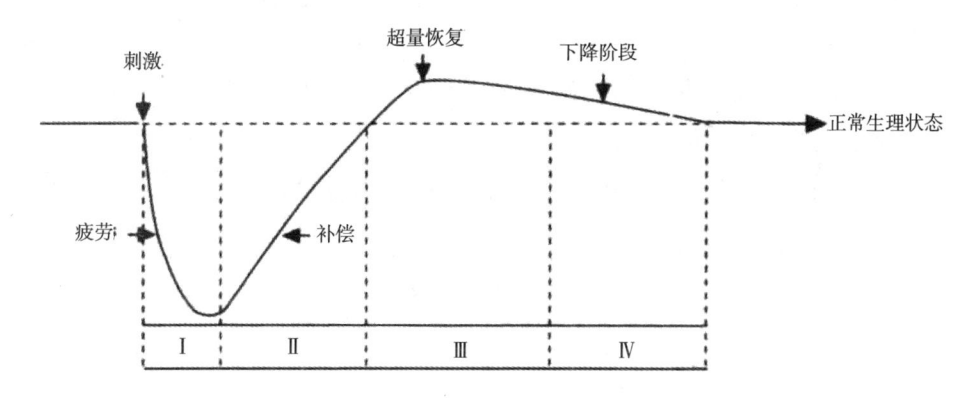

图 3-1-6　训练超量恢复周期示意图

在正常休息和合理饮食的条件下，人体处于平衡状态（体内动态平衡）。（如图 3-1-6 所示）在训练过程中和训练结束时都达到了一定程度的疲劳，这种疲劳是能量储备的消耗、训练肌群中乳酸的堆积以及心理压力造成的。突然下降的动态平衡曲线表明完成高质量训练后活动能力的下降、糖原储备的消耗，而且肌肉处于一个新陈代谢或者是蛋白质分解的状态过程中。血液中，糖原向肌群运输的胰岛素的水平降低，从而减少了细胞对糖原的吸收。每次训练之后以及两次训练之间都有一个恢复阶段，在这个阶段中能量的生化来源得到了补充。曲线返回正常的生物状态或动态平衡要经历一个缓慢而又渐进的过程，这表明重新补充消耗的能量储备需要几个小时。如果两次高强度训练之间的休息间隔计划得比较合理，能量来源（特别是糖原）得到补充，同时身体也需要一些能量储备，使运动员处于一种超量恢复的状态，从而为更高强度训练提供所需要的能量。另外，恢复状态表明肌肉合成代谢的状态，此时蛋白质被重新合成且血液中的胰岛素含量恢复到正常水平。因此，这个恢复阶段对于心理适应性提高肌肉围度、特性以及肌肉轮廓都是很重要的。如果两次训练之间的间隔时间太长，超量恢复将会慢慢回到原来水平，其训练的痕迹就会不明显。超量恢复需要的最佳恢复时间依赖于训练的类型和强度的变化（如表 3-1-1 所示）。

表 3-1-1　不同训练类型所需的超量恢复时间

训练类型	供能系统	超量恢复需要的时间（小时）
有氧 / 心血管系统	糖原 / 脂肪	6～8
最大力量	ATP/CP	24
肌肉围度 / 肌肉轮廓	糖原	36
蛋白质合成		48

负荷的设计方式直接影响到身体对训练的反应。例如，如果运动员每天练习举起尽可能重的负荷，每个小周期的训练强度就不用变化，超量恢复曲线的变化就会非常大。在这种条件下身体绝对没有时间补充能量储备，而且在每次训练结束时，能量都会接近耗尽。

（如图 3-1-7 所示）揭示了当采用连续耗尽能量的训练超过延长的训练时间时对身体和训练潜能的影响。

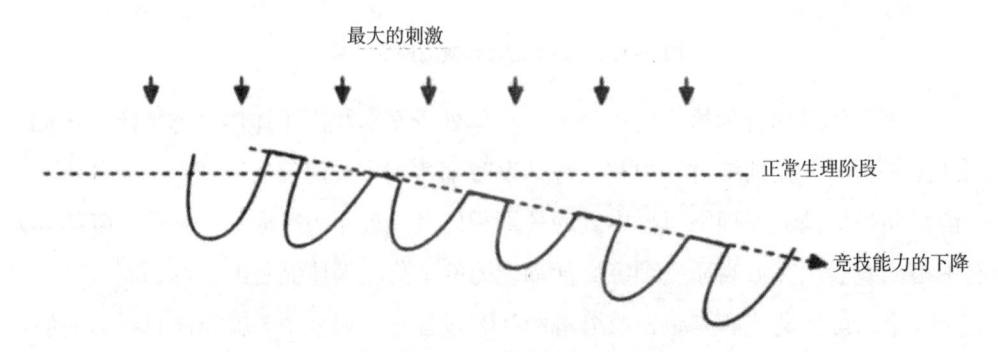

图 3-1-7　连续超负荷训练对人体和训练能力的影响

由图我们可以看出，在持续进行超负荷训练的前 2～3 天还是有可能达到超量恢复的，因为疲劳还没有影响到身体的所有潜能。然而，超负荷训练继续进行疲劳就会加深，身体就会更加远离平衡状态（动态平衡）。大约 3～4 天之后，每次训练都是以疲劳未完全恢复开始的，在此阶段是不会产生超量恢复的，而且运动员的训练能力和肌肉的增长潜能都受到了抑制，最终使运动员产生较深的疲劳和较低的动机水平。这距过度训练和崩溃只有一步之遥。相比较而言，将高强度与低负荷训练交替进行，而且是遵循梯形负荷原则，超量恢复曲线就形成了围绕身体的动态平衡水平上下波动。能量储备达到了持续的补充，而且身体也不用在能量耗尽或者疲劳的状态下进行训练。当身体得到休息和能量的充分储备时就能够推起以前从未想到的重量。通过这种训练方式，可以期待每 2～4 天产生一次超量恢复。训练潜能的提高大多都发生在超量恢复期的这几天，这也是身体生长和肌肉围度增加的时候。尽管每个运动员都希望达到这种积极的效果，但是应该谨慎地制订训练计划使高强度的、剧烈的训练安排在能够促进超量恢复的小负荷训练日之后。

（六）每个小周期的训练节奏

训练日频率取决于运动员的背景、训练阶段和训练目的。初训者必须逐步地熟悉训练，他们可以计划每个小周期中两个相对较短的力量训练单元。一旦训练的方法可以很简单地操作时，频率就可以在每个小周期中逐渐增加到 3～4 个训练单元。参与表演的高水平运动员能够在每个小周期中计划 6～10 个训练单元。

正如在第二部分中阐述的，训练单元的数量也取决于训练阶段：3～5 次以促进肌肉的适应性，4～6 次至更高以促进健美者和力量训练者职业化，在最大力量和肌肉增大阶段需要 6～10 次。运动员的训练背景以及训练负荷的承受力也是决定每个小周期训练单元的频率的重要因素。有 2～3 年经验的训练良好的运动员能够在每个小周期中可以比新手承受更多的训练。

（七）程序化训练

程序化训练对于运动员的训练是非常重要的，但是它并不适合初训者，因为他们采用较低的训练频率可能会降低训练效果，且会减少必要的适应性反应。大多数运动员每周训练 4～6 次，但是在连续的训练单元内要挑战相同的肌群是很困难的。对运动员来说程序化训练就显得非常重要了，因为他们能够在每隔一天就训练到不同的肌肉群并能得到更好的恢复。(如表 3-1-2 所示)是一个 6 天训练的程序化训练典型案例。

表 3-1-2　六天程序化训练案例

天数	身体部位
1	大腿、小腿和肩部
2	胸肌和肱二头肌
3	背肌和肱三头肌
4	大腿、小腿和肩部
5	胸肌和肱二头肌
6	背肌和肱三头肌
7	休息

许多运动员认为像表中表示的典型的程序化训练，计划每周对每组肌群进行两次训练就可以使肌肉得到充分的刺激并产生理想的适应性。有的运动员认为只要每周一次使每组肌肉训练到疲劳就可以产生足够的刺激以获得理想的肌肉围度、特性和肌肉轮廓，但每周两次是不够的。为了获得持续的进展，训练量必须不断地挑战当前的适应性状态。为了获得一个新的适应性，应该使用梯形负荷原则来循序渐进地增加训练负荷。根据已经采用的负荷，这种方法将刺激肌肉围度的增加或者肌肉特性和力量的提高。高水平运动员在某些训练阶段应该对一些肌肉群进行每周三次训练。需注意只有在减少训练组数而且使每组肌肉训练到以达到能量最有效地消耗时才是可行的，下表提出了每次训练中每个肌肉或肌肉群训练的组数（如表 3-1-3 所示）。

表 3-1-3　训练组数设计

肌肉	每次训练的组数
胸肌	8
背肌	10
股四头肌	6
后群肌	4～6
小腿肌	6～8
肱二头肌	6
肱三头肌	6
肩带肌群	10～12
腹肌	6

（如表 3-1-4 所示）列出的适应性较高的反应，每周 6 天每个部位得到三次训练，并确保下次训练开始之前每组肌肉有 48 小时的恢复时间。

表 3-1-4 适应性较高的六天程序化训练

天数	身体部位
1	胸部、背部和手臂
2	腿部、小腿、肩部和腹肌
3	胸部、背部和手臂
4	腿部、小腿、肩部和腹肌
5	胸部、背部和手臂
6	腿部、小腿、肩部和腹肌
7	休息

尽管大多数的运动员认为程序化训练能够促进训练单元之间充分的恢复，但是这种想法并不符合供能系统的实际需求。程序化训练可以帮助部分肌群消除肌肉疲劳（疲劳是一组肌群训练到能耗竭时所产生的），但是它对于促进整个身体的能量储备的补充起到的作用却很小。如果运动员每天完成能量耗竭的训练，不管是否适用程序化训练，糖原储备也会耗损。应记住能量耗竭的训练是利用工作的肌肉和肝脏中的糖原为主要能量来源的，身体需要 48 小时来完全恢复糖原储备以及蛋白质的合成，如果运动员每 24 小时都进行能量耗竭，身体则不能正常运转。

三、不同类型的周期安排

（一）增加肌肉围度的训练周期

周期性不是一个固定不变的概念，是每位力量训练者都可以使用的基本模式。所提示的不同类型并不是列出了所有可能的选择，应该根据自己独特的需求和必要制订出一个个性化的周期性训练计划。

（二）双周期的设计和持续时间

双周期可供那些不能保证完成像图中推荐的年度训练计划的训练者来选择，也可供那些拥有较好的训练背景或是要求更多训练形式的人来选择的。在双周期训练模式中（如图 3-1-8 所示）一年中的月份是被命名的而不是数字标记，这是为了在一年中的任何时间都可以开始训练。除年度训练计划被分为两半和顺序的重复外，这种模式的阶段划分是遵循基本模式的顺序的。对于图中的每个训练阶段，都有一个数字表示每个训练阶段的周数。

月	1	2	3	4	5	6	7	8	9	10	11	12
周	4	6		6	6	2	4	6		6	6	4
阶段	AA	H	T	MXS	MD	T	AA	H	T	MXS	MD	T

图 3-1-8　年训练双周期模型基本模式

注：AA=解剖适应性；H=肌肉肥大；M=复合训练；M×S=最大力量训练；MD=肌肉轮廓；T=过渡期。

（三）初级训练者周期训练计划

强烈推荐力量训练的新手制订适于自身或是（如图 3-1-9 所示）的模式的训练计划。该图月数 1 代表一个新的训练计划开始的第一个月。由于初学者的身体没有强壮到可以挑战有经验的运动员那样，所以初学者须谨慎渡过较短的训练期和周训练小时数、计划较长的 AA 阶段以及在训练中使身体总体承受较少的压力来逐步地增加训练负荷。

月	1	2	3	4	5	6	7	8	9	10	11	12
周	8	3	3	6	3	5	3	3	3	3	3	4
阶段	AA	H	T	H	T	AA	H	T	M	H	T	M	T

图 3-1-9　适合入门的力量训练周期训练计划

这个 AA 为期八周。初学者的训练计划包括肌肉组织、肌丝以及肌腱，使初学者有充足的时间准备一下。为了使肌肉肥大有一个谨慎和逐步的适应过程，允许 H 阶段持续较长时间。以为期三周的 T 阶段来结束这个计划的前半部分，在有一定难度的计划开始前给身体一个较长时间进行重构。

第三章　精英运动员力量训练安排

（四）有一定训练经历者的周期性计划

已经经历一到两年的健美和力量训练者可以参考（如图 3-1-10 所示）的年计划。除了第一个 AA 阶段和 H 阶段外，应该安排一个贯穿整个训练计划一到两周的 T 阶段以避免高度疲劳和过度训练。

1	2	3	4	5	6	7	8	9	10	11	12
8 AA		3 H	3 T	6 H	3 T	5 AA	3 H	3 T	3 H	3 T	3 M	3 H	3 T	3 M	4 T

图 3-1-10　有一定训练经历者的周期性计划

（五）适用于女性运动员肌肉力量训练计划

（如图 3-1-11 所示），描述了对于那些想要在训练中有更多变化形式的运动员。这个高强度的变化的计划又有很多训练阶段的变化。它是为了那些不想对粗壮的肌肉进行包装，而想要塑造一个特性强、肌肉化以及匀称的体型健美和力量训练者（特别是女性运动员）制订的。

9	10	11	12	1	2	3	4	5	6	7	8
3 AA	3 H	3 MXS	3 T	3 M	3 MD	4 T	3 AA	3 H	3 M	3 T	3 MD	3 MXS	3 T	3 MD	3 M	4 T	4 MD	4 T

图 3-1-11　适用于女性运动员肌肉力量训练计划

（六）肌肉肥大训练计划

一个主要目标为构建肌肉围度的运动员可以使用图 3-1-12 中所描述的计划。它遵循双周期计划，由此大多数训练计划是专门为了促进肌肉肥大而设计的。直到每个阶段都与 M 训练相交替进行，结束较长的 H 阶段将会最大可能地刺激肌肉围度发展。力量训练周期化训练的重要作用在于发展短期和显著而缓慢的肌肉肥大，这有别于传统的把肌肉肥大与最大力量混合的训练计划。

89

1	2	3	4	5	6	7	8	9	10	11	12
3	6	6	3	3	2	3	6	3	3	4	4
AA	H	T H	T	H	M	T	AA	H	T M	H	M T

图 3-1-12 肌肉肥大训练计划

（七）最大力量的周期训练计划

一些项目运动员需要具有粗大特性和高密度以及健壮的肌肉。按（如图 3-1-13 所示）的训练计划可以使肌肉慢慢增大。如图 3-1-13 所示，最大力量的训练计划是根据双周期计划来制订的。事实上最大力量阶段支配着这个计划意味着训练可以募集快肌纤维，结果造成肌肉慢性肥大轮廓和明显的线条。

1	2	3	4	5	6	7	8	9	10	11	12
3	6	6	3	3	3	2	3	3	3	3	5
AA	H	MXS	T	MXS	M	MXS	T AA	H	MXS	T MXS	M T MXS	T

图 3-1-13 发展最大力量的训练计划

周期性的训练计划对于成功是必不可少的。以上讨论的所有理念，考虑到在小周期中交替强度的重要性。强调"不入虎穴，焉得虎子"通常会导致过度训练。本部分提供全新的有助于预防过度训练的理念和思想，如低强度训练单元和超量恢复，利用它们来促进力量训练效果提升。

第二节 力量训练计划设计

为了获得因负荷后产生新的适应而达到的平衡，运动员必须在自己的训练中不断施以负荷的刺激并对负荷的强度、练习次数、组数、休息间隔以及负荷的组合等实施必要的监控。同时，运动员需要理解和把握所有与负荷相关的心理因素使其能与自己的身体有效地结合。

一、量和强度

训练量是训练负荷的数量，它包含以下几个部分：
（1）训练的持续时间（以小时为单位）。
（2）每个训练期或阶段累积总共举起的重量。
（3）每个训练期的练习次数。
（4）每个练习的组数和重复次数。

为了适当地调控总的训练量以及监控几周或几个月后的负荷的总训练量，训练者应该做好训练记录。训练量应根据个体的训练背景、训练承受力以及身体组成的不同而有所变化。对于力量训练有系统训练背景的成人运动员往往能够承受较大的训练量。然而，不管一个人的经验如何，任何引人注意或是突然增加的运动量都将会是有害的。这种增加可以导致高度的疲劳、无效的肌肉工作以及较大的损伤危险。这就需要有一个适宜的调控方法、设计良好、循序渐进的计划。训练量依训练目的的不同而有所变化。例如，在肌肉轮廓阶段设计了较大的训练量是为了燃烧过多的脂肪从而发展更好的肌肉线条。反过来，中等训练量是最大力量或是功率训练的典型方法。只有通过精心而又持续的生理适应性才能够增加肌肉围度和线条，这种生理适应性取决于对训练量适当的调控。循序渐进地增加训练量所带来的适应性就是在每组训练和训练阶段之间能够有效地恢复。较快的恢复可以使每个训练阶段和训练周进行更多的训练，从而使训练量进一步增加。

在力量训练中，强度用 1RM 百分比表示。强度是训练中神经刺激并激发肌肉产生力量的活动。刺激的力量取决于训练负荷、动作完成的速度、超负荷之间间隔时间的变化以及训练所伴随的生理牵张。因此，强度由参与的肌肉作用力和中枢神经系统在力量训练中消耗的能量决定。（如表 3-2-1 所示）提供了力量训练中采用的强度和负荷。

表 3-2-1　力量训练中采用的强度值

强度评价	负荷	一次重复最大力量的百分比（%）	收缩类型
1	超大负荷	>105	离心/等长收
2	最大负荷	90~100	向心收缩
3	大负荷	80~90	向心收缩
4	中等/次大负荷	50~80	向心收缩
5	低负荷	30~50	向心收缩

超大负荷是一个超过某人最大力量的负荷。在大多数情况下，最大负荷的 100%~125% 的负荷量被用于训练离心力量或者用于克服重力作用。当使用超大负荷时，应该有两个监护人各站在杠铃一端来保护和帮助以防止事故或是伤害发生。如果用采用离心收缩方法练习仰卧举重时没有人监护的话，由于重量比自身所能举起的重量要大，所以杠铃可能会落向自己的胸部。在最大力量训练阶段，只有那些有系统训练背景和经过了基础训练的运动员才可以采用超大负荷训练。其他大多数的运动员应该是严格地控制自身最大负荷到 100% 或 1RM。然而，正如周期性计划所安排的，负荷也应该与发展的力量类型相联系。

二、练习次数

（一）最大数量刺激肌电活动的练习

肌电活动越大肌纤维募集的就越多，进而更大程度地增加肌肉力量和肌肉围度，为了使训练效果最大化，知道使用哪个负荷模式、在不同的阶段如何变化模式、如何变化负荷以产生必要的超量补偿就显得格外重要了。

（二）发展的标准

初训者的主要目标之一就是发展健壮的解剖和生理基础。否则就不可能有长足的进展。初学者的力量训练需要全面增加身体主要肌群的练习（12~15 次）。这种形式训练的持续时间可能要一到三年，这取决于个体的训练背景（耐力水平）。级别较高的运动员则按照完全不同的方式进行。这些运动员的主要训练目的是最大限度地增加肌肉围度、密度、特性和肌肉轮廓。

（三）个体需求

当训练过程进行了几年之后，一些训练者的身体不同部位的发展可能就会产生不均衡，当出现这种情况时，训练者应该通过调整训练计划，着重训练身体肌肉不发达的部位。

（四）训练阶段

正如周期训练理念中提出的，练习次数根据训练阶段的不同而有所变化。考虑到每个专项训练阶段的范围，训练中的练习顺序也必须根据专项阶段来安排。训练间歇、训练量、练习方式等一样也是随着发展不同类型的力量而采用不同形式，因此必须按一定的顺序完成练习。例如，在最大力量训练阶段，训练是按照训练计划日程安排的顺序进行的。运动员从头至尾完成每一组练习后又经常按照日训练计划重复训练。这种方法的优点是使每一组肌肉都得到较好的恢复。在第一组练习重复进行之前，已经有足够的时间间隙以促进肌肉几乎完全的恢复。当你举起一次最大负荷量的90%～150%，如果整个训练期的训练维持在较高强度时就需要安排必要的恢复时间。但是，如果是肌肉肥大阶段，第一个练习的全部组数应该在进行下一练习之前完成，这是基本的顺序。这个顺序使肌肉群更快疲劳，促使肌肉围度较快的增加。肌肉肥大阶段的训练主要在于局部肌肉的疲劳。

三、举重的技巧与动作的幅度

正确的方式和良好的技巧可以增加以专项肌群为目标的训练效果。良好的技巧也确保肌肉沿着拉力线进行收缩。任何沿着拉力线进行的收缩都可增加该专项练习的机械效力。例如，半蹲是在双脚开立脚尖外展（经常用于举重运动中）的姿势下进行，完成动作时不会产生机械效力，因为股四头肌并不是沿着拉力线收缩的。将脚放在与肩宽的位置，脚趾朝前并且微微外展就会更有效果。同样，为了练习肱二头肌的手臂弯曲动作只有当手掌向上（反掌）时才能沿着拉力线完成，就像在杠铃斜板弯举动作中那样。

要使一个动作能够有效而且流畅的完成就必须始终处于整个动作范围内（ROM）。利用全部动作幅度保证激发更多的运动单位参与。另外，训练者在准备活动结束前、各组训练的休息间隔甚至是在放松活动中都必须经常性伸拉，以保持良好的动作幅度和柔韧性。充分的伸拉练习以保持肌肉处于拉长状态，加速训练间隙的恢复速率。拉伸也有助于肌球蛋白和肌动蛋白返回到生化代谢最佳的初始解剖状态。

四、负荷模型

规范训练计划应该遵循类似金字塔型负荷构成的不同负荷模式的多种变化形式。具体内容如下：

（一）金字塔模型

金字塔模型（如图 3-2-1 所示），是力量训练领域最流行的负荷模式之一。注意当负荷逐步增加到最大的同时训练的组数也在相应地减少。使用金字塔模型的生理学优势是保证了激活或是募集更多的运动单位参与工作。

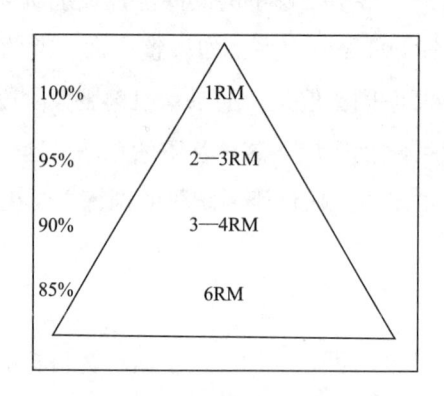

图 3-2-1　金字塔负荷模型

（二）双金字塔模型

双金字塔模型（如图 3-2-2 所示），含有两个倒置相同的金字塔。在这个负荷模型中，训练负荷从底部开始逐渐增加到最大负荷的 95% 后又降低到最后一组。注意随着负荷的增加金字塔中显示的重复的次数在减少，反之亦然。

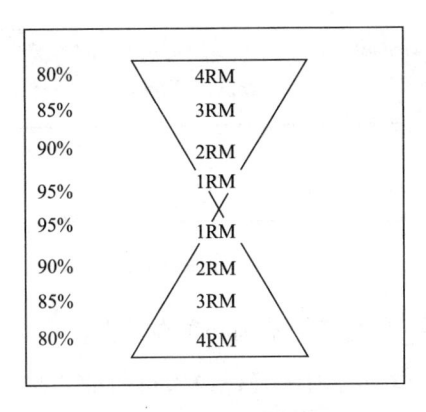

```
80%    4RM
85%    3RM
90%    2RM
95%    1RM
95%    1RM
90%    2RM
85%    3RM
80%    4RM
```

图 3-2-2　双金字塔模型

（三）斜金字塔模型

斜金字塔模型（如图 3-2-3 所示），是双金字塔变化的一种形式。在这个模式中，除了负荷已经降低的最后一组练习外，整个训练期中负荷在持续地增加。最后一组练习的目的是提供多样性和激发动机，因为运动员必须尽可能快速地完成最后一组训练。

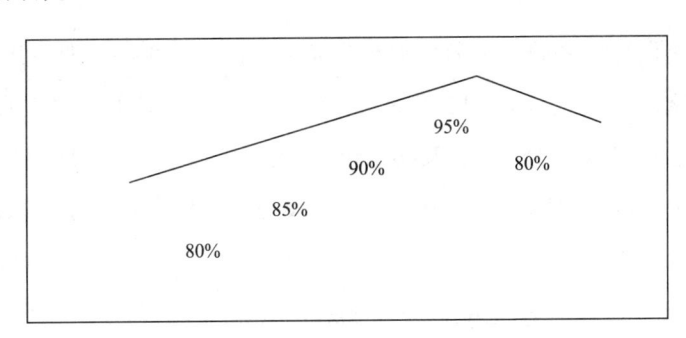

图 3-2-3　斜金字塔模型

（四）平金字塔模型

平金字塔模型可以使训练效益最大化。（如图 3-2-4 所示）中同传统金字塔模型和平金字塔模型之间的比较将会解释为什么它是最有效的负荷模型。在传统的金字塔模型中负荷变化太大，经常在最大负荷的 60%～100% 的范围内变化。这种较大数量的变化跨过三个强度界限：中等负荷、大负荷和最大负荷。

```
     60%                                                                    60%
           70%      70%      70%      70%      70%
```

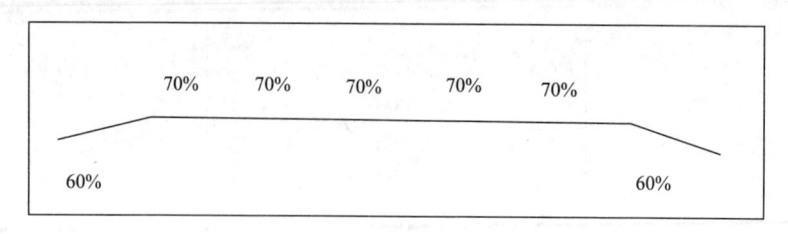

图 3-2-4 平金字塔模型

为了增大肌肉围度，负荷变化范围必须在最大负荷的 60%～80% 之间，而为了增加最大力量的话，负荷必须保持在最大负荷的 80%～100%。平金字塔使负荷保持在一个强度水平上，所以它带来了促进神经肌肉系统能够最快地适应性专项的力量训练形式的生理优势。平金字塔模式以一组准备活动开始（最大负荷的60%），然后整个训练的负荷稳定地保持在最大负荷的 70%。另外，1 组最大负荷的 60% 的练习可能在每次训练的最后以多样化的形式完成。平金字塔的变化形式可能取决于训练的阶段和范围，只要保持在专项阶段要求的负荷范围内即可。

五、每组的重复次数

遵循传统训练方法的力量训练者和健美者，就是那些每天训练并且认为每组训练的重复次数需要完成 8～12 组的人，将会对表中推荐的重复次数感到震惊。很少有人会想到要重复 150 组，其实是可能做到的，因为每个训练阶段是有区别的，而且每个阶段需要以不同的方式来确定休息间歇的负荷、重复次数以及练习的顺序（如表 3-2-2 所示）。

表 3-2-2 不通训练目标的负荷设计

训练阶段	训练目的	重复次数
最大力量	增加肌肉力量/特性	1～7
肌肉肥大	增加肌肉围度	6～12
肌肉耐力	提高肌肉轮廓	30～150

（一）动作速度

动作速度是力量训练的重要构成部分，为了得到最好的训练效果，一些练习必须以快速的动作完成而有的则必须以中等速度完成。例如，当举起一个 90% 的大负荷时，动作的完成看起来很慢，但是必须尽可能快地完成动作，这样才能够同步募集所有的运动单位来对抗阻力，并且快肌纤维得到募集。通常在一组训练的前半阶段中保持最佳的速度。一旦有疲劳产生，速度就会下降，为了完成计划的重复次数就需要大量的神经冲动。

（二）训练的组数

一组包括一次休息间歇后重复训练次数。每次练习和训练的组数取决于多个因素，包括在训练时间、训练单元完成多少次练习，训练多少组肌肉以及运动员的经验。

六、训练阶段的练习

当增加练习的数量，减少练习的组数作为能量和工作能力就会潜在地减少。同时，如有能力去完成大量的练习和重复次数那么就一定要减少大量的组数。然而工作能力就会有潜在的改善，每个练习的组数自己能接受并同时得到改善。每次训练的组数随着练习次数的增加而减少，因为随着能量和工作潜能的下降，完成大量练习和重复大量组数的能力就会降低。然而，随着训练潜能的提高，每次训练中所能够承受的练习次数就会提高。

（一）训练阶段

在一年的训练中，运动员要经历不同的训练阶段，每个阶段都有与创造最佳体型相关的专项训练。如果只是为了身体适应性的提高，每次训练的组数都不多（2～3次）。但是如果是为了增加肌肉围度的肌肉增大阶段，则必须完成所能承受的最大组数的训练。

（二）肢体部位肌肉群的训练

如果每个专项训练时间内只有一或两组进行肌群训练，那么其组数肌群就要比三到四组的肌群训练完成更多的组。在选择肌肉群时必须考虑每周计划的时数以及每次训练可以投入多长训练时间。每周可利用的时间越多，重点训练的肌肉群数就越少。如果时间不充足，则采用多重组合（复合式）的训练方式。

（三）健美者的经验

对于健美的初学者来说，会对训练组数起到作用。一旦成为有经验而且对力量训练达到了很高的适应性状态就可以在每次训练时让身体的每个部位完成更多的组数。例如，当一个高水平的健身者可能完成两到三个的肌群练习，组数可达到20~30组，而一个娱乐性的健美者可能对同样组数的肌群只能完成15或20组。

（四）间歇时间

力量运动中能量是必不可少的物质，专项训练形式中供能系统类型取决于不同的训练阶段（例如肌肉肥大阶段与发展肌肉轮廓阶段）采用的负荷以及训练持续的时间。高强度的训练可以使储备的能量完全消耗掉。为了完成训练量，必须在每组之间安排间歇，目的是在完成下一组练习之前补充所消耗的能量储备。

训练者应该意识到训练组数和训练时期之间的间歇和能量再储备与训练本身都是同等重要的因素。对于高水平运动员来说，训练组间允许休息的时间长短决定了下一组开始之前能量补充程度。如果在训练中想要避免不必要的生理或心理紧张，那么计划中必要休息间隔就显得尤为重要。

七、制订训练计划的步骤

要制订一个有效的训练计划，训练者应该遵循以下的步骤：

（1）选择适宜的力量类型。

（2）选择练习手段。

（3）测试最大力量。

（4）制订针对性的训练计划。

（5）测试并重新计算 1RM。

首先，力量训练应该以满足个体的需求来设计。根据适宜的力量类型决定采用适当的 1RM 百分比以及训练的重复次数和组数。其次，选择练习形式，确定主要肌群然后选择能够最大化地刺激这些肌肉的练习形式以满足个体的需求。这些需求取决于运动员的训练背景或基础、自身的力量和弱点或肌群和身体部位的不协调的发展。如果有能力快速地发展粗壮的腿部但是上肢则需要更长时间才能变得健壮，那么选择可以补偿腿部弱势的肌肉增长和恢复匀称的训练形式。选择力量训练形式也是需要根据专项训练阶段的。例如，在人体解剖的适应性阶段，为了发展较坚实的基础，大多数的肌群都受到了训练，而在提高肌肉轮廓阶段，训练变得更加明确，选择的训练形式也是以训练主要肌群为目标的。最后，测试最大力量。最大力量值被认为是一次最多重复次数（1RM）以及一次尝试所能举起的最大负荷。对于周期性的训练理论，知道每次训练的最大力量是很重要的，因为每次训练都是使用1RM百分比的形式计划的。如果由于某些原因不能测试每次训练的1RM，那么至少试着在一个训练计划主要的训练中测试1RM。通常情况下，负荷和重复次数都是随意选择或者是根据其运动员的训练计划，而不是使用属于运动员自己的每次训练1RM的训练参数。这种参数只对于短期训练有用，因为最大力量、恢复能力、举重技巧以及训练阶段之间的其他因素在持续的变化和提高。有一种观点认为测试1RM是很危险和无根据的。一些训练者主张如果一个人发出最大力量就会导致损伤，但是经过全面训练的运动员可以在一个四周的训练期中100%地举起一次而没有发生任何危险。然而，切记在任何测试之前必须要进行循序渐进的准备活动。如果一个运动员仍然不愿意测试100%，另外一种选择就是测试3RM或5RM（在疲劳到来之前可以举起3或5次的最大重量），然后推断出1RM的值。第四步是制订针对性的训练计划。根据这一点，知道应该完成哪个练习、每个练习的1RM以及将要发展的力量类型。于是可以选择练习的数量、1RM百分比、重复次数以及练习组数。但是每个训练阶段的计划不能一成不变。训练必须逐渐增加使适应性不断得到提升的训练负荷，为了增加肌肉围度、特性以及力量，这种适应性是必要的。可以通过以下任何一种形式提高训练要求：增加负荷、缩短休息间隔、增加重复次数或是增加练习组数。

为了说明如何制订适合于针对性的训练计划（如表3-2-3所示），举例说明了一个肌肉增大的计划。在看图表之前，要理解用于表示负荷、重复次数以及练习组数的符号。80/10×4=负荷/重复次数×组数，分子8表示1RM百分比的负荷，分母10表示每组重复的次数，乘数4表示组数。

表 3-2-3　肌肉增大阶段的计划设计形式举例

练习顺序	练习动作	负荷/重复次数×组数	休息间隔（分钟）
1	腿部推举	80/6×4	3
2	平板卧推	75/8×4	3
3	腿弯曲	60/10×4	2
4	半蹲	80/8×4	3
5	收腹	15×4	3
6	硬拉	60/8×3	2

负荷必须以 1RM 百分比的形式建议给运动员。这就是力量训练者在专项的训练阶段范围内根据个人潜力客观地计算每次训练的负荷。表的第一列列出了练习数或者是运动员在训练时完成练习的顺序，第二列为练习动作名称，第三列表示负荷、重复次数和组数，最后一列给出了每组练习后的休息间隔时间。最后，测试并重新计算 1RM。在每个训练阶段开始之前都需要再测试一次 1RM，保证训练准确和精确，以便在实施新的负荷时确保是在已构建的基础上进行的。

八、循环训练

一个好的训练计划能够提高肌肉围度、特性、密度以及肌肉轮廓。一个成功的训练计划必须具备以下几个特征：

（1）是一个长期计划的一部分。

（2）是以该领域中有效的科学知识为根据的。

（3）以周期性为指导来计划全年的训练的。

训练计划必须包括专项阶段的短期目标和长期目标。因为每个训练阶段都有自己的训练目标，所以就有必要设计能够实现目标并且与总的计划相一致的日训练计划和周训练计划。

在制订同时含有短期和长期目标的训练计划时必须考虑个体的训练背景、身体潜能以及对训练带来适应性的速率。本部分只涉及所有可能使用的训练计划中训练课时计划和小循环。

九、训练课计划

训练课或者说是日训练计划包括准备活动、主要训练以及放松活动。这三个构成的每一部分在训练时都有其自身的目的。第一部分为该天计划的训练做好了准备，主要训练或是部分训练在第二部分中完成，第三部分主要是放松并在下一个训练单元前加速身体的恢复。

（一）准备活动

准备活动的目的是为接下来的训练内容做准备。在准备活动过程中体温升高、加强了氧气的运输、防止肌肉拉伤以及肌腱的损伤，同时也刺激了协调身体各个系统的中枢神经系统的活动，通过加快传递神经冲动和提高协调性加速了动作的反应。以力量训练为目的的准备活动包括两个部分。第一部分，一般性准备活动（10～12分钟）包括慢跑、骑自行车或蹬台阶练习，然后进行伸拉练习。这个过程通过提高血液流动和体温为肌肉和肌腱承受训练负荷做好准备。在进行准备活动时，通过想象训练以及激励自己完成即将承受的训练负荷，从而在思想上为主要训练部分做好准备。第二部分，专项准备活动（3～5分钟）是一个短时间的过渡期，它包括使用较轻的负荷重复完成几次计划的练习为身体在主要训练部分进行专项训练做好了准备。

（二）主要训练部分

力量训练主要训练部分是为了得到最佳效果，提前制订好日训练计划并且写在纸上或者最好是写在日记本上。提前知道训练计划是有生理益处的，因为它能够更好地激励运动员使其能够更清楚地集中精力进行即将开始的训练。每次训练的持续时间取决于所要发展的力量类型以及拟制订的周期性模式的专项训练。例如，肌肉肥大阶段需要进行长时间的训练，因为有多组数训练需要完成。因此，为了增大肌肉训练可能要持续到两个小时。在进行增大肌肉的训练中采用组合练习是比较好的，因为这种练习方式可以节省时间。

在专项运动中我们推荐的训练持续时间在这几年中已经发生了很大的变化。从1960年到1970年初，相关研究成果建议的训练持续时间往往是2.5～3小时。大量的科学研究结果对推荐训练持续时间带来了很大的影响，而且也证明了一个人进行三次不同一小时的训练比进行一次3小时的训练获得提高要更大。在力量训练中，较长的训练时间促使体内的荷尔蒙水平发生了变化，特别是睾丸激素水平的降低促进了蛋白质的分解，这对于肌肉的构建产生了消极的作用。无论出于何种训练水平，力量训练的形式决定了训练持续的时间。采用的休息间隔时间也可以影响训练的持续时间。对于不同的训练时间建议如下：

（1）解剖适应性和一般条件下为 1~1.25 小时。

（2）肌肉肥大训练为 1~2 小时。

（3）最大力量训练为 1~1.5 小时。

（4）肌肉轮廓训练为 1.5 小时。

（三）放松活动

准备活动是使身体从正常的化学状态调整到负荷刺激状态，而放松活动是产生相反作用的，放松活动的任务就是逐渐将身体调整到正常的活动状态。一个 20~25 分钟的放松活动包括促进较快恢复和重新构建两个部分。在剧烈训练后，身体会变得疲劳、紧张而且僵硬。为了消除疲劳，让肌肉恢复正常，在训练后马上淋浴是常见做法，但并不是最好的放松办法。如果要尽快消除疲劳，清除血液和肌肉内的乳酸是很有必要的。做到这些的最佳方法就是通过 20~25 分钟低强度的连续的有氧运动，像慢跑、骑自行车或者划船，这些活动将促使身体持续地分泌，这将从系统中排除大约一半的乳酸并且有助于在训练期间尽快地恢复。如果恢复得越快，在随后的训练时间内将能完成的训练量就越大。

第三节 最佳力量训练方案的设计

设计最优化力量训练方案有 5 个步骤。一个好的设计方案必须充分考虑到各种功能障碍的存在并且通过训练或治疗逐步消除这些阻碍因素。运动员按照训练方案练习后可以维持良好的身体形态，或者力量成绩更高，或者两方面都有所改善、提高。

设计最优化力量训练方案的 5 个步骤如下：

（1）步骤 1 和 2：明确运动员目前的状况。

（2）步骤 3：明确运动员的训练目标（体型更好 / 力量成绩更好）。

（3）步骤 4：功能训练方案。

（4）步骤 5：最优化训练方案。

一、力量训练前问卷调查（步骤1）

为了准确地了解一个运动员是否能够直接参加力量训练，或者运动员在训练中有哪些机能障碍，在训练前首先要完成相关的调查问卷。填写运动机能状况筛查问卷和关节肌肉功能障碍调查问卷，可以了解运动员目前的身体状况，通过这两个问卷的答案，能够判断运动员特定的肌肉和关节功能水平是否正常，是否存在严重的机能障碍。如果运动员已经停训了一段时间，而且经常感到疲乏，就要进一步填写训练应激水平主观感觉调查问卷，以确定是否存在血液生化指标的紊乱。

二、力量训练前机能测试（步骤2）

力量训练前还应进行一系列的机能测试，主要包括自我功能评价、运动功能评价和肌肉功能评价。其中，肌肉功能评价必须在专业人员（如受过专门训练的医生、治疗师、运动伤害防护师）的指导和监督下完成。通过这些测试可以确定运动员目前的身体状况，同时也可了解是否存在影响训练的机能障碍。

三、明确训练目标和训练的预期成果（步骤3）

完成训练成果和训练目标表格，可以明确最终的训练目标，以及达到每个目标需要完成的成果。总体来讲，训练目标一般分为三种：第一，身体塑形；第二，肌力增加；第三，同时实现身体塑形和肌力增加。

如图3-3-1所示，列出了人们通常希望取得的两方面训练成果：更好的外形和更好的运动能力。不同的人希望取得的训练成果不尽相同，因此可以让每个人先用百分比的形式确定自己希望取得的成果。如果只是希望自己更好看，那就在左边"更好的外形"一栏里填上100%，然后只填写训练目标表里左半边与外形相关的各项目标即可。如果只是希望自己能提高运动能力，那就在右边"更好的运动能力"一栏里填上100%，然后只填写训练目标表里右半边与运动能力相关的各项目标即可。如果既希望拥有"更好的外形"，又希望拥有"更好的运动能力"，二者各占50%，那就在训练目标表的左右两栏里的若干目标里各选择个目标填写（即选择一个与外形相关的训练目标、一个与运动能力相关的目标）。

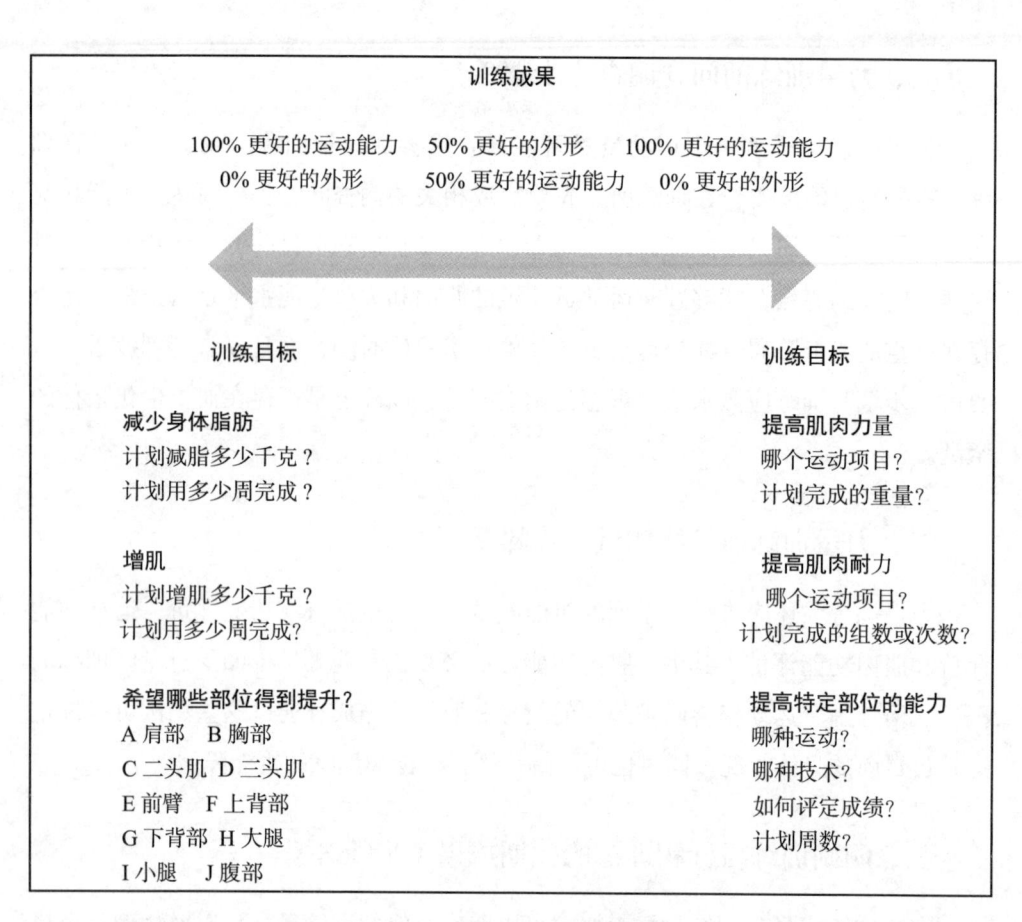

```
                              训练成果
        100% 更好的运动能力    50% 更好的外形      100% 更好的运动能力
        0% 更好的外形          50% 更好的运动能力   0% 更好的外形

        ←─────────────────────────────────────────────────→

        训练目标                                   训练目标

        减少身体脂肪                               提高肌肉力量
        计划减脂多少千克?                          哪个运动项目?
        计划用多少周完成?                          计划完成的重量?

        增肌                                       提高肌肉耐力
        计划增肌多少千克?                          哪个运动项目?
        计划用多少周完成?                          计划完成的组数或次数?

        希望哪些部位得到提升?                      提高特定部位的能力
        A 肩部   B 胸部                            哪种运动?
        C 二头肌 D 三头肌                          哪种技术?
        E 前臂   F 上背部                          如何评定成绩?
        G 下背部 H 大腿                            计划周数?
        I 小腿   J 腹部
```

图 3-3-1　训练成果与训练目标图

　　根据训练目标的不同，在下一步制订运动方案时训练方法应不同。例如深蹲是较常见的训练方法，如果训练目标是身体塑形，训练结果就要求肌肉体积增大，因此训练中只要关注何种负荷能够最大程度刺激肌纤维增粗，而不用关注肌肉力量是否在增加。如果训练目标是肌力增加，每一次训练中则要尽可能完成更大的负重，而很少考虑肌肉体积增加与否。根据这两种不同的训练目标运动员训练时所采用的技术动作、运动负荷（量、强度）都有所不同。

　　通常情况下，竞技型运动者的训练目标非常单一，或者是身体塑形，或者是肌力增加，而大部分非竞技型运动者的训练目标同时包括身体塑形和肌力增加，对于这种综合的目标，训练方案可以按阶段制订，可以在一年中不同的时期重点实现不同的目标，例如，秋冬季重点增加肌肉力量，春夏季重点增大肌肉体积和改善肌肉塑形。

确定训练目标后,每个目标需要完成的成果也要非常明确。例如,对于目标是身体塑形的运动员,应该详细制订训练的预期成果:目标体重、体脂、塑形部位等。如果目标是肌力增加的运动员,则应该在预期成果中明确:什么动作、何种技术、负重增加多少、组数增加多少、如何测试力量成绩等。所有的目标设计都应该有相应的实现时间或期限,并且将设计内容明确填写在表格中以免一段时间后忘记。

四、设计机能训练方案(步骤4)

完成步骤1和步骤2的测试,可以了解人体的功能水平和功能障碍的详细情况,如果存在问题,可以通过实施机能训练方案,先提高功能水平,消除功能障碍,然后再进行最优化训练。步骤2的测试完成后都有相应的得分。每项测试都有相应的柔韧练习、主动肌或对抗肌、抗阻带练习或神经肌肉本体感受动态练习,测试结果决定应该选择哪种练习。

(一)机能训练的目的和内容

评价身体机能状态的四个重要指标包括:运动幅度、肌肉力量、疼痛感、协调性。如果这些指标测试结果显示运动员机能状况欠佳,可以通过特殊的动作或运动进行机能训练,使身体重新恢复到最佳状态,这就是机能训练的目的,而那些特殊的动作或运动就是机能训练的内容。机能训练和一般的力量训练最大的区别在于:机能训练的目标是消除机障碍,使肌肉、关节、神经的机能处于最佳状态。

(1)柔韧练习可以增加关节运动幅度,正常的关节活动幅度是完成每个力量练习动作的基础,事实上,针对每个力量练习动作也都能找到相应的柔韧练习动作。

(2)主动肌/对抗肌等长练习、抗阻带练习、神经肌肉本体感受动态练习对于那些有组织或神经损伤的机能障碍人群比较适用,通过以上练习他们可以适当增加肌肉力量。

(3)为了减轻肌肉疼痛,首先要避免练习那些导致疼痛的动作,然后再通过柔韧练习、主动肌或对抗肌、抗阻带练习或神经肌肉本体感受动态练习增加肌肉力量和关节运动幅度，逐步使过去那些导致疼痛的动作不再有问题，如果这些练习都无法解决疼痛的问题，则需要考虑治疗方案。

（4）主动肌或对抗肌等长练习和神经肌肉本体感受动态练习的配合使用，有助于提高肌肉的协调性。

所有的机能训练多应安排在正常力量训练之后，或单独安排在另外一天。因为机能训练后，即使主动肌尚未感到疲劳，周围的协同肌也会无力配合动作完成，使训练危险性大大增加。因此，大负荷力量训练之前不应该进行任何机能训练。

（二）机能训练的方法

1. 柔韧练习

柔韧练习的主要目的是牵拉肌肉和韧带。最常见的伸展方式是静态牵拉，运动员自己可独立完成。还有一些更为有效的柔韧练习动作，但大多需要他人协助完成。做静态牵拉动作时肌肉和关节有一定紧张感，当感觉到阻力（肌肉反射性收缩）时，即为最大牵伸幅度，不应继续牵拉，否则要引起疼痛。静态练习一般要保持最大牵伸幅度10～15秒，重复练习2～3次。

2. 主动肌或对抗肌等长练习

主动肌或对抗肌等长练习是静态练习，对于重新建立正常的神经活动模式是一种非常好的方式。肌肉不用承受大负荷，不需要发生动态变化，即可和力量训练一样改变神经活动方式。肌肉、关节、韧带、肌腱、皮肤、滑膜囊发生损伤后，通常会改变这些结构中的感受器（神经系统的一部分），从而导致非正常信息传入脊髓和脑。两种主要的感受器分别为：痛觉感受器和机械性刺激感受器（包括肌梭和腱梭）。痛觉感受器活动性随着关节运动能力的降低而增加；机械性刺激感受器活动性在肌肉收缩和关节运动时增强，同时阻碍痛觉感受器的活动。

肌肉和关节损伤后，运动幅度会有所下降，此时痛觉感受器的活动性加强使关节周围产生更严重的疼痛感，与此同时，机械性刺激感受器由于关节运动幅度下降，其活动性也相应下降。如果进行主动肌或对抗肌等长练习，可以增加机械性刺激感受器的活动性，使其向高级神经中枢传递积极的信息，从而在脊髓水平影响神经系统的活动，阻碍痛觉感受器的活动。这就是主动肌或对抗肌等长练习可以减轻疼痛的原理：增加机械性刺激感受器的活动，降低痛觉感受器的活动。

主动肌或对抗肌等长练习中要注意肌肉和关节的正确位置,肌肉用最大力量的60%~80%收缩,动作保持8秒。最初的2秒肌肉紧张程度逐渐增加,中间的4秒肌肉保持最大程度收缩,最后2秒肌肉逐渐放松。紧接下来同样原则,完成对抗肌8秒的等长收缩。刚开始训练时,每组动作重复4~6次,随着力量的增加逐渐增加组数,直到能够连续完成3组。主动肌/对抗肌等长练习可以重新建立正常的神经活动模式。

3. 抗阻带练习

抗阻带练习为训练者提供了一种阻力随时改变的训练方法,整个运动过程中,不同的运动角度肢体承受不同的阻力。抗阻带练习开始阶段阻力较小,随着运动的进行,阻力逐渐增大。如果要动作结束时的阻力明显大于开始阶段就应该选择较小的起始阻力;如果要运动结束时的阻力稍微大于开始阶段,就应该选择较大的起始阻力。

在利用抗阻带完成卧推动作时,如果开始的阻力较小,随着伸肘的过程阻力逐渐增加。当运动员肌力增加后,可以选择较大的阻力(增加抗阻带的长度),整个运动过程阻力都比较大,但伸时后阻力与伸时前的差别不明显,因此运动过程就相当于无负重。每一种负重肌肉力量练习,都可以改变为相应的抗阻带练习。抗阻带的优点是可以随时调整阻力,比较适合那些功能低下的人练习。如果为肌肉康复设计运动量,可以每组重复6~10次,随着力量的增加逐渐增加组数,直到能够连续完成3组。

4. 动态神经肌肉本体感受促进练习

动态PNF是主动肌或对抗肌等长练习和抗阻带练习的结合训练法。通过该训练方法可以通过运动幅度的改变,重新建立神经激活模式。刚开始练习可以每组重复10次,随着力量的增加逐渐增加组数,直到能够连续完成3组。

五、设计最佳训练方案(步骤5)

(一)训练目标成果

训练目标中最重要的一点是明确实现目标的时间期限。一旦目标清晰的确立,运动者就可以知道自己最终将拥有什么样的成果。也许有人要求自己的体型更加健美，有人要求自己的力量更加充足。事实上，目标可以制订得更具体些，例如运动者是要在运动中增加肌力，还是要在日常生活中增加力量？是为提高其他运动技能而增加肌力，还是单纯为提高成绩（如举重）而增加肌力？是要提高生活中走、跑的能力，还是要提高日常家务劳动的能力？

（二）运动持续时间

力量训练方案中，最佳的运动时间应该保证肌肉受到最佳应力时间足够长但同时保证能量水平和激素水平不能下降过多。俄罗斯研究发现：45分钟左右的高强度抗阻训练，可以引起睾酮与皮质醇的比值达到峰值（短期改变）。因此高强度训练，20~40分钟的训练时间即可，但为了增加肌肉体积必须适当延长运动时间，一般为30~60分钟。

（三）每周训练次数

每周运动几天要根据运动员自身的经验、身体状态、恢复能力和运动负荷来确定。如果是高水平运动员，身体状态好、恢复能力强，可以适当增加每周的训练次数。但一般情况下，要根据运动强度来安排训练频率。如果训练类型为高强度低量，训练目的是增加肌肉力量，训练频率相对较低，例如，强度为一次最大负荷量的80%~90%（2~5次/组），训练频率一般安排为3~4次/周，如果训练类型为低强度高量，训练目的是促进肌肉体积增加或提高肌肉耐力，训练频率相对较高，例如，如果训练强度为一次最大负荷量的65%~75%（8~12次/组），训练频率一般安排4~6次周。

（四）每天训练时间

一般情况下，大部分运动者习惯选择早晨6~7点或晚上6~8点这样的时间段进行锻炼。这两个时间段各有优缺点：如果早晨训练，不适合进行高强度低量的力量型练习，对神经系统功能的提高作用不明显，这一时间段进行低强度高量的运动相对较为轻松；而晚上对于高强度的增力型训练和低强度的增体积型训练都较为合适。

每个人可以根据自身的生物钟特点，选择一天中最为合适的时间进行训练。下面介绍一个简单的方法，通过回答问题了解自身特点：

问题1：早晨起床是否需要闹钟叫醒？起床后是否感到疲劳？

问题2：晚上11点后是否没有入睡？是否感觉精力充沛？对以上问题的回答可能有以下四种可能：

（1）如果两个问题的回答均为"是"，提示该运动者最佳的运动时间在晚上。

（2）如果两个问题的回答均为"不是"，提示该运动者最佳的运动时间在早晨。

（3）如果问题1的回答为"不是"，问题2的回答为"是"，提示该运动者早晚训练均可。

（4）如果问题1的回答为"是"，问题2的回答为"不是"，提示该运动者可能处于过度疲劳状态，需要监控营养状况和维生素水平，在这种情况下晚上训练可能更好些。

（五）肌群组合训练

在训练中经常会遇到一个非常实际的问题：如何对不同的肌群组合训练？下面几种方法可供选择：

（1）在同一天里，对全身各个部位的肌群都训练一遍。

（2）根据运动形式的不同，对肌群分别进行训练。最常见的一种分类方法是将全身主要肌肉分为推或拉两组肌群，胸肌、肩带肌、肱三头肌可以在同一天内训练，而背肌、腿肌、肱二头肌在第二天训练。

（3）根据肌肉体积匹配的原则，每天训练不同的肌群。例如，第一天训练胸肌和背肌，第二天训练肩带肌和上肢肌，第三天训练臀肌和下肢肌。较高水平的增加肌肉体积的训练方法是每天只训练一个部位。例如，星期一训练胸肌，星期二训练背肌，星期三训练肩带肌，星期四训练上肢肌，星期五训练腿肌，星期六和星期日休息。

（4）组合练习内容时要根据自身的实力。例如，星期一进行大负荷的卧推和小负荷的肩带肌、肱三头肌练习；星期二进行大负荷的深蹲和小负荷的背肌练习；星期三休息；星期四进行小负荷的卧推和大负荷的肩带肌、肱三头肌练习；星期五进行小负荷的腿部练习和大负荷的硬拉，腹肌和小腿肌肉可以在每天主要练习结束后再完成，每周3～5次。

（六）肌群优先训练

总体来讲，多个肌群训练时要把握大肌群优先训练的原则，肌群体积越小，训练安排越靠后。例如，通常训练中胸肌和肩带肌要优先于肱三头肌，而肱三头肌又优先于肱二头肌。这样安排的原因是大肌群训练时负荷相应较大，如果先练习小肌群会造成能量损失，此后再进行大负荷训练将难以完成。但是，如果训练目标非常明确，那么就不必遵循以上原则。例如训练目标是要提高肱二头肌的力量和体积，训练安排就要将肱二头肌排在首位，在人体精力和能量最旺盛的时段，使肱二头肌得到最大的发展。这种情况下，肱三头肌和其他大肌群最好安排在另外一天训练。

（七）训练主要设备

常见的训练设备包括：活动器械（如杠铃、哑铃）、固定器械（可调整负重）、缆索器械（如划船器）、承受体重的器械（如引体向上用的单杠双臂屈伸用的双杠）等。总体来讲，要根据训练目的选择训练设备。如果要提高力量水平，主要应使用活动器械，其他器械也可配合使用；如果要增加肌肉体积，每种器械都应该有相对等量的练习。固定器械能够单独训练某块特定的肌肉，因此对于单纯一块肌肉的训练效果要比其他活动器械组合明显。

训练保护装备常见的训练保护装备有：护具如护腕、护膝、弹力绷带、举重腰带等。这些保护装备什么情况下应该用，什么情况下不应该用，对于运动员来说是保证安全和训练效果非常重要的一点。一般情况下低强度高量的训练不必使用保护装备，而高强度的训练则要注意选择合适的装备。例如护腕常用于以下动作：卧推、哑铃推、负重深蹲、负重弯举以及一些举重动作中，如高翻、抓举、急拉、急推动作。护膝常用于负重深蹲、硬拉和大负荷的蹬腿动作。举重腰带能够增加胸腔内的压力，有助于保持脊柱稳定，一般在人体中心轴承受大负荷时可以起到保护作用，如负重深蹲、硬拉和实力推。运动员最好不要养成总是把举重腰带系得很紧的习惯，因为太过依赖腰带起稳定作用的同时，腹部的肌肉将无法得到锻炼。

（八）选择训练动作

选择训练动作时一个总体的原则是初学者最好选择多关节参与的动作，随着运动水平提高，可以逐步增加单关节参与的动作。参加力量训练的最初六周，一个重要的目标是提高神经系统的机能水平，使本体感受器的功能和肌肉的协调性在运动中得到良好的发展。如果这一时间使用固定器械训练，由于许多因素都由器械来控制，因此参与运动的肌肉和关节相对减少，协同肌的活动性也许根本无法得到锻炼。另外，主动肌和协同肌之间的神经协调性也无法建立，这将为今后非固定器械的训练埋下许多安全隐患。

初学者可以先练习卧推，这个动作主要由肩关节和肘关节周围的肌群完成，当卧推动作熟练后，可以逐步开始仰卧飞鸟练习，这一动作主要由肩关节周围的肌群完成。这就是由多关节参与运动向单关节参与运动过渡的一个实例。对于训练水平较高的运动员，如果要增大肌肉体积，可以尝试一种"力竭前训练"的方法。下面将通过一个训练实例来解释这种方法。如果要增加胸大肌的肌肉体积，可以先进行单关节练习，如仰卧飞鸟，然后再进行多关节练习，如卧推，这样的练习过程中，肱三头肌只参加了后一组动作，而胸大肌参加了前后两组动作，这样就可以利用肱三头肌的这一动作使胸大肌力竭的程度进一步加深，同时胸大肌肌纤维受到的刺激也相应增多，有助于肌肉体积的增加。

（九）动作完成速度

运动速度一般分为四种：慢速、中速、快速、爆发式。许多力量教练都认为改变运动速度是提高训练效果的重要方法，因此为了达到一定的运动效果，训练中各种动作（上升阶段、下降阶段、上升与下降的转换阶段）都应该在特定的时间内完成，运动速度可以根据时间长短来确定，一般在上升或下降动作中用时3秒为慢速，用时2秒为中速，用时1秒为快速，如果利用活动器械运动，如卧推、实力推、深蹲、硬拉应该用爆发力，用时要小于1秒。

总体来讲，中速动作比较适合初学者和中级水平运动员，因为这一速度可以保证肌肉有充足的应激时间，可以安全有效地使肌纤维增粗和肌力增加。某些特殊的动作，如深蹲和卧推，运动员可以通过慢速下降和爆发式上升来提高力量。

（十）每组间歇时间

每组动作之间的休息时间长短，可根据训练要达到的生理效应来决定。如果希望能承受更大的负重，每组间的休息时间应该延长，如果希望能够增加肌肉体积，每组间的休息时间应该缩短。

在完成一组剧烈的运动后，运动员都会立即出现又深又快的呼吸，此时机体的氧摄入要高于休息状态的氧消耗，多余的氧可用于 ATP 和 CP 的合成。ATP 和 CP 是肌肉最大力量工作时的主要能源物质，每一组动作完成后，适当的休息可以保证 ATP-CP 的恢复，保证有足够的能源物质完成下一组动作。

有研究表明，ATP-CP 补充规律：肌纤维内已经耗竭的 ATP-CP 可以在 20 秒内恢复 50%，40 秒内恢复 75%，60 秒内恢复 87%，3～4 分钟左右恢复 100%。这样的研究结果提示组间休息时间大约为 1 分钟。还有一些关于组间休息期间神经系统功能恢复状况的研究，结果表明一组大强度、重复次数很少的训练后，需要 3～4 分钟左右甚至更长的时间，神经系统功能才能完全恢复。综合以上研究结果，组间休息时间较短有助于能量恢复，利于肌肉的生长；休息时间较长有助于神经系统恢复，利于承受更大的负重。

组间休息时要有意识地调整呼吸，注意呼吸深度，以保证氧气摄入，合成更多 ATP。另外，应采用积极性的休息过程，通过走动促进心血管系统和淋巴系统的循环，有利于消除训练中积累的酸和代谢产物，提高恢复速度。从神经系统的角度考虑，适当走动还可以刺激身体内的机械性感受器，降低痛觉感受器的敏感性，减少运动引起的疼痛。

本节介绍了设计最优化力量训练方案的四个步骤：第一，通过问卷和测试对运动员的功能状况进行评估；第二，确定训练目标；第三，设计能够提高力量并改善功能障碍的功能训练方案；第四，形成最优化力量训练方案，帮助训练对象实现训练潜力的最佳发展。理想的训练方案能够帮助训练对象克服功能障碍和伤病的困扰取得最佳的训练效果。发挥机体力量的最大潜能，不仅意味着如何在健身房里举起更大的重量，还意味着要克服肌肉、关节或神经功能方面的薄弱环节。如果存在这些薄弱环节，训练对象的潜能便无法得到充分的开发。

第四节 肌肉恢复

恢复是成功训练的最为重要的因素之一，懂得恢复重要性的运动员在训练的过程中不易造成深度的疲劳和过度训练。高水平运动员不断地接受各种各样的训练负荷，很多已超出其忍受限度从而使训练负荷的适应性力下降，同时影响了其整体的运动成绩。当负荷超出了机体的极限时运动员身体就进入疲劳状态，诸如恢复缓慢、协调力下降、肌肉力量下降等训练后效应就会越严重。

一、肌肉疲劳

肌肉疲劳是指肌肉在高强度和高力量输出（高功率）情况下的一种工作能力下降的状态。这种疲劳有多种影响因素，包括个体的健康状况、肌肉的肌纤维构成类型及运动员的运动形式。例如耐力运动员的疲劳和举重运动员的疲劳是截然不同的。肌肉疲劳可分为中枢疲劳和外周疲劳。中枢疲劳是与大脑皮层以及 α 神经元、α 神经运动单位、神经元的回收池以及 α 运动单位本身的神经冲动有关。外周疲劳则涉及神经肌肉接点、肌肉兴奋收缩的过程（包括膜表面的兴奋）、兴奋的传导、钙离子的释放以及力量生成所涉及激素的释放。

目前，中枢疲劳和外周疲劳对疲劳的作用还不是很清晰，虽然外周疲劳的机制对疲劳的作用还未完全揭示，但是肌纤维的细胞因素可能是力量训练中肌肉疲劳的首要导致因素。

肌肉的疲劳一般都伴随着训练损伤，这是个非常复杂的生理生化现象。关于肌肉疲劳的研究有很多但是对于疲劳的具体位置和诱因仍无法解释。许多的谜点仍然存在，即影响疲劳的真正原因是多方面的。一项最新的研究表明人体的肌肉对于 ATP 的提供有很大的潜力，并且肌纤维的类型不同功能也不同。很明显这种 ATP 的功能能力对于在 ATP 不足的情况下满足横桥作用有重要的意义。这种能量的不平衡被认为是疲劳的导致因素。在高强度的工作状态下，随着能量需求比重的增加，ATP 提供能力下降导致疲劳度增加。

有很多关于疲劳成因及损伤的理论，但现在还不知道哪个理论更加重要。在多数的疲劳情况下各种不同的因素都被涉及。比如，肌肉的疲劳或者损伤很难知道力量有没有增长。但是，区分肌肉疲劳和肌肉损伤很重要。肌肉疲劳在一到两个小时后可以恢复，然而肌肉损伤至少需要七到十天的时间来恢复。在高强度的力量训练中，肌肉的损伤会影响在接下来几天的训练，但是肌肉疲劳则在下一个训练课前就可以恢复。

二、避免疲劳、过度训练和损伤

为了改善肌肉的围度和力量，训练负荷必须提供足够大的刺激来产生适应性。但是为了产生适应性，训练项目必须与各种积极的休息相结合，同时注意改变训练的强度，这些都有利于训练和休息的平衡。避免大幅度的增加训练量很重要，因为过于大的负荷以及没有必要的休息会导致适应性负荷能力的下降。适应性的下降会阻碍生物化学反应及神经反应，因为这会导致轻度的疲劳变成中度疲劳最终会使机体达到过度的疲劳状态。无论疲劳的真正生理机制是什么，有一点是肯定的，身体的工作会降低运动单位以及新陈代谢系统的功能，最终降低身体活动能力。以下部分是关于运动单位和新陈代谢方面的疲劳：

三、中枢和神经肌肉的疲劳

起初的假设是疲劳起源于肌肉，很明显神经系统在疲劳中起到了重要的作用，从温度因素到生理因素都可以导致疲劳。越来越多的证据表明中枢神经系统在产生疲劳的作用比以前的假设大得多。最近有项研究表明，在高温状态下延长的最大自由收缩中自由收缩的发展受到了限制，这种减少伴随着中枢兴奋刺激的减少。虽然在高温和常温下力量没有表现出差异，但是高温引发的中枢疲劳似乎导致了力量的发展。

中枢神经系统和周边的神经系统有两种调整肌肉功能的过程——兴奋和抑制，在训练过程中两种机制在转换，肌肉从而进行收缩和工作。速度、力量和神经冲动的频率都取决于中枢神经系统状态。神经冲动在控制周边兴奋最有效时表现的是良好的状态，但是当相反的情况出现时就是疲劳，此时神经元处于抑制的状态，肌肉的收缩速度和力量都在下降。肌肉的力量直接取决于中枢神经系统发出的神经冲动的强度和募集的肌纤维的数量，当疲劳度增加的时候运动单位的募集就会减少。

神经元不能长时间地保持运动。如果在疲劳状态下神经元继续保持高强度的工作，那么神经元会处于一种抑制的状态，以保护自己。疲劳可以看作是机体对肌肉疲劳状态的一种保护措施。骨骼肌必须通过刺激运动单位和调整刺激频率来产生力量。为了保持输出的功率，这些因素必须不断地增加。机体在一定程度上可以通过改变个别神经元的发放频率来缓解疲劳，从而保证肌肉在一定疲劳状态下更加有效。如果持续的最大收缩耐受力增加，那么运动单位的发放频率就会增加，抑制状态就变得更加明显。

有专家证明在 30 秒的最大自由收缩中发放频率自始至终减少了 80%。其他专家也做了相似的观察，当收缩的耐受度增加，大的运动单位的刺激减少，发放频率也在阈值之下。

四、周边肌肉和中枢神经系统疲劳

大多数的研究指出疲劳的原因和发生地点。运动神经元是第一个，神经系统传递神经冲动到肌肉，神经冲动有某种力量、速度和频率。冲动越大肌肉收缩越强，因此也就能承担更大的负担。疲劳在很大程度影响到了神经冲动，所以会影响收缩力量。这就是为什么长达 7 分钟以上的休息是在长时间最大力量训练中恢复中枢神经系统所必需的。

第二个点就是神经肌肉接点。神经在肌肉上的连接点通过它可以将神经冲动传到肌肉。这种疲劳很大程度决定于神经末梢化学物质的释放。在做完器械后，2～3 分钟的间歇会使神经元恢复到正常水平。在大力量的收缩后（比如最大力量的收缩）5 分钟以上的间歇是充分恢复的保证。最后，收缩机制和酶也是疲劳的诱因，这种疲劳和以下因素有关：乳酸的堆积降低了强度和肌肉最大收缩时的力量，乳酸堆积造成肌肉的酸性环境，从而影响了肌肉对神经冲动的反应；肌糖原储备的枯竭，这种情况发生在长时间的（超过 3 分钟）运动中，导致了收缩肌肉的疲劳，而其他糖原的来源（包括肝脏的糖原）不能完全满足工作肌肉的需要。

五、新陈代谢的疲劳

骨骼肌在疲劳时的力量下降主要是因为对新环境的部分适应性。新陈代谢和游离钙离子的减少均会影响刺激和收缩过程，骨骼肌的疲劳可能伴随着骨骼肌钙离子流动机制的影响。复杂的肌肉收缩过程启动于神经冲动使肌细胞的膜去极化，然后传导肌纤维，接着是一系列的变化，钙离子同大量的蛋白质结合（肌动蛋白和肌球蛋白）最终导致收缩。

疲劳基础的位置被认为是兴奋和收缩的接点，减少这两个过程的强度或者减少敏感的兴奋性，钙离子影响兴奋和收缩的启动。在单一的骨骼肌纤维中，SR

肌小节钙离子减少出现在疲劳的后期，这种疲劳由于重复的刺激所致。虽然有很多针对性的研究，但是这种 SR 钙离子释放机制仍不明晰。曾经有人认为疲劳导致的酸环境的改变可能直接影响 SR 钙离子通道的强度。特别是酸性的水平、钙离子、脱氧核糖核酸、镁离子在疲劳过程中都会发生变化，同时这些因素都会影响 SR 钙离子通道的关闭状况。然而，最近的研究并没有能证明释放失败和任何这些神经因素有关。下面我们要讨论其中的一些因素，先阐明传统的理论，然后介绍最近的一项研究对这些理论的质疑：

六、乳酸堆积造成的疲劳

乳酸在肌肉中的堆积会降低肌肉对刺激的反应。当运动员主要用无氧系统功能时他们机体会产生和堆积高浓度的乳酸，乳酸是无氧功能的主要产物。器械上的疲劳因肌纤维的类型不同而不同，高负荷导致快肌产生高浓度的乳酸，这些肌纤维首先受到影响。在肌肉收缩中的生化变化导致氢离子的释放，然后产生酸性环境并决定疲劳的时间。

酸中毒的增加同样也减弱了钙离子刺激肌钙蛋白的能力。因为肌钙蛋白是对肌肉收缩非常重要的因素，所以它的刺激受阻可能导致工作时的疲劳。酸中毒所产生的不舒服的感觉同样会产生心理上不舒服的感觉。最近，有研究已经对此疲劳假说提出质疑。一项研究表明酸中毒对普通骨骼肌收缩的影响，发现酸并不能抑制表皮肌纤维的兴奋收缩机制。

有专家的发现则相反，他们的研究观察了 pH 的下降和钾离子的增加促进了肌肉的疲劳。这项研究发现酸性的增加对蛋白膜以及肌肉内钙离子的活性并无关系。作者得出的结论是：酸对抗了钾离子增加对肌肉兴奋性和力量的影响。因为大强度的运动增加了钾离子的释放水平，这也表明酸可能并不是平时所说的促进疲劳的作用反而可能是延缓疲劳的发生。虽然这里提到的很多研究数据是矛盾的，但疲劳是运动中必须接受的一个事实。正确的设计训练项目会增加身体对疲劳的耐受度。训练良好的运动员练习的持续时间会更长，效率更高并且很少受伤。

七、ATP/CP 及糖原储备的枯竭造成的疲劳

当做功肌肉的 CP、肌糖原、碳水化合物等枯竭时会造成能量系统的疲劳。

肌肉工作能力下降，可能是因为其消耗 ATP 的速度快于合成速度在延长的中等强度到大强度的健身活动中，疲劳的耐受度因机体在运动之初肌肉中糖原的储备多少有关，这也暗示着疲劳和糖原的枯竭有关。专家研究在高强度的器械训练时，首先反应的是 ATP-CP 系统，该功能系统的枯竭肯定限制肌肉的收缩能力。训练所致的 ATP 丢失不仅导致疲劳而且会产生肌肉损伤。

当运动员在长时间极限情况下进行强度多数量的力量训练时，供能的是葡萄糖和脂肪酸。氧气的提供量是至关重要的，因为在供氧不足的情况下氧化的是碳水化合物而不是脂肪酸。大量脂肪酸的氧化取决于流向工作肌肉脂肪酸的量和有氧工作能力。运动员所适应性的膳食也是一个重要的决定因素。血液中缺氧，输送氧的能力较差以及不充足的血液都会导致肌肉疲劳。

八、肌肉酸痛

两个基本机制能够解释怎样通过训练来初步了解肌肉损伤。一种是与新陈代谢功能的紊乱相关联，而另一种则来自肌肉细胞的机械性的破坏。无论何时感受到肌肉酸痛都应该立即改变训练计划，如果再按照以前的计划继续训练，那么将处于过度训练。

在长时间的、低于最大强度并达到精疲力竭的练习过程中，肌肉可能会发生新陈代谢紊乱。特别是在异常的肌肉收缩阶段，对肌肉施加的直接负荷能够引起肌肉损伤，新陈代谢的变化可能会加剧肌肉损伤。对肌肉细胞膜的破坏是最明显的肌肉损伤的现象之一。在相同的负荷下，异常的肌肉收缩比正常的肌肉收缩能够产生更多的热量，而温度的升高能够破坏肌肉细胞的结构性和功能性成分。发生肌肉损伤的两种生理机制能够加大肌肉纤维的刺激。如果它们的刺激稍微缓和一点，肌肉就会迅速地回到正常的长度而不会受到损害。如果刺激变大，肌肉就会受到损害。练习后的 24~48 小时是最不舒适的阶段。这种迟钝的、不明显的疼痛的感觉再加上肌肉的脆性和硬度，在最初的训练后的 5~7 天内就会消失。

多年来，乳酸积累被认为是引起肌肉酸痛的最主要原因。然而，现在的观点认为，肌肉酸痛是由于钙离子汇集到肌肉细胞而引起的。在肌肉收缩过程中，钙的作用是非常重要的。它刺激纤维收缩并且在完成收缩后能够很快地把钙汇集到蓄能系统。肌肉纤维中钙的积累能够促进蛋白酶的释放，这种使蛋白质含量降低的酶能够分解肌肉纤维。肌肉酸痛主要是由于降低蛋白质成分或死的细胞组织而形成的。最初的"净化"阶段是排除细胞组织中已经死亡的肌肉细胞，肌肉开始生产蛋白质，这是一种保护性机制，能够阻止身体进一步地受到损伤。这就是为什么肌肉酸痛并不是每天都能感觉到的原因。受到损伤肌肉的积累物质，例如胺、血清素、钾和其他的元素，这些元素提示受到损伤的肌肉纤维的炎症。一旦这些物质的量达到了一定的水平，它们就能够激活神经末梢。或许在训练后24小时才能感觉到肌肉酸痛，这是因为受损伤的细胞积累这些物质是需要时间的。

在肌腱连接的部位能够强烈地感觉到不适和酸痛，这是因为腱组织比肌肉组织更缺乏柔韧度，所以在肌肉强烈收缩时，肌腱就会有更高受到损伤的概率。在大强度训练过程中，快肌纤维比慢肌纤维容易发生更大的损害，这是因为快肌纤维在大强度的收缩中扮演着更重要的角色。运动员最重要的预防性技术是利用渐进的增加运动负荷的原则。利用这些周期性的概念能够避免身体不适、肌肉酸痛和由于运动训练引起的一些负面影响。一个全面的、充分的准备活动能够为机体工作做好充分的准备。相反，草率的准备活动能够轻易地导致扭伤和疼痛。在准备活动之后、练习的组与组之间、整个训练阶段结束之后都要进行很好的伸展练习，其目的是防止肌肉酸痛。大强度的肌肉收缩之后是典型的力量训练，这样肌肉就可以在两个小时之内达到放松时的长度，而不需要有意识的拉伸。5~10分钟的拉伸能够更快地使肌肉达到它们放松时的长度，这是肌肉纤维水平最佳的生物化学变化。同时，拉伸也很容易使肌肉发生痉挛。有人建议，每天摄取100毫克的维生素C能够预防或减少肌肉酸痛，摄取维生素E同样能够达到这样的效果。摄取消炎药例如阿司匹林、异丁苯乙酸能够帮助减轻肌肉组织的炎症。饮食也是一个帮助肌肉酸痛得到恢复的一个重要的因素。力量训练师和健身专家建议，经常大负荷训练的运动员，在他们的饮食中需要更多的蛋白质和碳水化合物的补充。

九、力量训练的恢复

是否从疲劳、过度训练或精疲力竭的训练阶段中恢复过来，运动员应该意识到能够加快他们恢复的各种各样的技术。充分利用好这些技术与有效的训练是同等重要的。运动员经常会试图在他们的训练计划中增加一些新的负荷，但是他们意识不到如何调整恢复手段与新增的运动负荷相匹配。这种不平衡将会导致各种各样的失败发生。大约50%的运动员最后成绩取决于他们有效、快速的恢复能力。极其重要的是，运动员能够意识到促进他们的恢复过程的所有因素，因为这是促进恢复最成功的所有因素的结合体。主要形象恢复的因素如下：

（1）年龄能够影响恢复的速率。年龄大的运动员比年龄小的运动员通常需要更长的恢复期。

（2）良好的训练、有经验的运动员通常需要较少的时间来恢复，她们对给予的训练刺激有很快的生理适应性。

（3）女性运动员通常比男性运动员的恢复速率要慢。表面上是因为他们的内分泌系统不同。

（4）环境因素例如跨时区飞行后生理节奏失调、训练的海拔高度的短期变化和冷气候都会使恢复过程变得缓慢。

（5）在一定的细胞水平时适当的补充营养会加速恢复。肌肉细胞经常需要充足的蛋白质、脂肪、碳水化合物和ATP/CP作为有效的新陈代谢所需的能量。

（6）负面的情绪例如恐惧、犹豫和缺乏意志力通常会削弱恢复过程。

（7）恢复过程是很慢的，并直接取决于训练中施加的身体负荷的大小。

恢复时间取决于运动过程中所动用的能量系统。如表3-4-1所示，提供了一些大强度力量训练后恢复时间的建议。恢复的时间选择将大大地影响训练的有效性，无论何时，在每一个训练阶段的过程中或结束后，他们都应该选择合理的恢复时间来促进恢复。

表3-4-1　大强度训练后恢复时间的建议

恢复过程	恢复时间
ATP/CP的恢复	3～5分钟
长时间的训练后肌肉糖原的恢复	10～48小时
间歇性训练后（例如力量训练）	24小时
排除肌肉和血液中的乳酸	1～2小时
维生素和	24小时
大强度的力量训练的恢复（新陈代谢和中枢神经系统都达到超量补偿）	2～3天
氧债的偿还	5分钟

续表

恢复过程	恢复时间
乳酸债的偿还	30～60 分钟

（一）短期过度训练的恢复

为了克服短期的过度训练所带来的影响，训练阶段必须断断续续持续 3～5 天。经过这个休息阶段以后，通过选择一个没有休息的训练周期而使训练计划得以继续。如果过度训练非常严重，并且最初的恢复周期是延长的，经过几周的休息之后大约还需要 2 周的训练来达到运动员先前的身体状况。受到损伤的肌肉组织的修复属于短期的过度训练的范畴，至少需要 5～7 天才能完成这一过程，而肌肉组织的再生需要 20 天。在严重的肌肉损伤的恢复阶段最好的治疗方法是冰敷、抬高下肢、压缩和激活或完全休息（根据损伤程度的不同来选择）。三天以后，教练应该开始介绍其他的一些方法例如推拿按摩，冷热温度的相互交替能够使与训练导致的肌肉损伤相关联的肌肉的硬度降低。根据相关理论，饮食在肌肉组织的恢复过程中起到了非常重要的作用。除了对蛋白质（特别是动物蛋白）的需要以外，碳水化合物也是必不可少的。当肌肉的碳水化合物的储存不充足时肌肉损伤的恢复是受到阻碍的。

对于处理肌肉损伤问题时，一些维生素的补充通常是很受欢迎的。专家建议维生素 E 和维生素 C 在运动员的恢复过程中起着很大的作用。在这一节的最后我们将讨论营养的补充对预防与处理疲劳、过度训练和损伤中的作用，我们还要讨论专项的关节支撑点，一个重点阐述的帮助预防和治愈损伤的方法。重要的提示：无论什么时候受伤，最重要的是，要寻求有资力的人（例如内科医生和生理学家）的建议和帮助。误诊和误治运动损伤能够导致长期严重的后果。

（二）组间间歇时间

组与组之间不充分的间隔时间是依靠乳酸系统供能的。ATP 和 CP 的程度、高能量化合物储存在肌肉里，根据间隔的持续时间来补充。休息间隔越短，ATP/CP 储存得越少，下一组练习所获得的能量就越少。如果休息间隔太短，下一组练习所需要的能量将由糖酵解供能来提供——厌氧菌产生的新陈代谢通道能够产生乳酸作为最后的产物。问题是工作的肌肉乳酸积累增多从而导致疼痛和疲劳，继而减弱一个人的训练能力。在休息期间而不是工作期间，心脏会泵出最高容量的血液输送到工作的肌肉。如果休息时间过短会减少进入工作肌肉血液的数量，若没有这些能量运动员就不能完既定的训练计划，所以较长的休息时间是消除乳酸积累所必需的（如表3-4-2所示）。

表3-4-2 大强度训练后的恢复时间的建议

负荷百分比	运动速度	休息时间间隔	适用
>105	慢	4~5\7	提高最大力量和肌肉弹性
80~100	慢~中	3~5\7	提高最大力量和肌肉弹性
60~80	慢~中	2	最大肌肉体积
50~80	快	4~5	提高力量
30~50	慢~中	1~2	提高肌肉轮廓

影响组间间隙合理的持续时间的几个因素：第一，运动员的力量类型正在发展中；第二，所施加的负荷数量；第三，肌肉收缩的速度；第四，参与工作肌肉群的数量；第五，受外界环境影响的程度；第六，在训练单元中所采用休息时间的多少；第七，运动员的总体重（相对于体重轻的运动员来说，体重重的运动员通常恢复速率较慢），休息时间间隔信号；第八，30秒的休息时间用来恢复接近50%的消耗ATP/CP的能量；第九，3~5分钟或更长的休息时间，ATP/CP几乎完全恢复；第十，筋疲力尽的工作以后，4分钟的休息时间是不充分的，排除工作的肌肉中的乳酸或补充糖原的能量储备。

（三）力量训练周期之间的休息间隔

运动员的健康水平和恢复能力影响力量训练周期之间的休息时间间隔。身体条件好的运动员要比健康水平低的运动员恢复快得多。一般建议力量训练者和身体训练者不仅要通过心血管系统，还要通过肌肉系统来训练他们的有氧能力。有氧训练的另一个益处是在整个年度训练计划中帮助力量训练者和身体训练者消除多余的脂肪始终保持相对的体形，而不仅仅是在比赛的准备阶段。

当我们制订训练周期之间的时间间隔时，训练过程中所消耗的能量是必须考虑的最重要的因素。例如，在最大力量训练阶段，当动用最基本的ATP/CP供能系统时，日常的训练是有可能的，因为ATP/CP在24小时内能够完全恢复。但是，如果运动员要训练肌肉耐力（肌肉轮廓），就应该制订整个训练过程的时间表——糖原需要48小时才能完全恢复，也就是说糖原至少需要两天才能够恢复到正常水平。

（四）休息期间的活动

大多数运动员在组间促进恢复的休息时间里没有任何的身体活动。然而，一些活动不仅能够提高恢复的速率而且能够使恢复过程更加彻底。

1. 放松性的身体练习

简单的技术例如抖动腿、胳膊、肩膀和轻轻地按摩都是促进组间恢复的有效手段。大负荷的练习能够提高肌肉蛋白的数量，从而导致肌肉僵硬。这些基本的恢复技术通过促进肌肉内的血液循环来达到使之移动的目的。

2. 有趣的活动

在组间休息的过程中，娱乐包括一些使没有疲劳的肌肉进行轻度收缩的活动。例如身体活动能够促进原动肌较快的恢复。对疲劳的慢肌的按摩可以通过感觉神经传到中枢神经系统，然后大脑把抑制信号传到疲劳的肌肉从而减少休息期间的工作输出。当肌肉变得很放松时，其能量储备就更容易恢复。

（五）恢复期间的营养补充

能量补充能够防止或减轻身体各个部位的疲劳。大量的营养补充能够对免疫系统产生积极影响，并且能够帮助预防和治疗由于过度训练而引起的疾病。大多数的肌肉酸痛是由于肌肉组织创伤而引起的，组织损伤是运动员身体不适的最主要来源。考虑到连接性的组织广泛的遍布于身体各处，它形成我们的骨骼，环绕我们的器官，坚固我们的牙齿，减震和润滑我们的关节，并连接我们骨架的肌肉。

大多数的连接性组织损伤包括组织结构成分的破坏。在体育活动中，运动损伤通常被分为两种类型：急性损伤和过度训练损伤。急性损伤的发生是由于伤口的撕裂和组织的部分或完全的破裂。通常情况下，过度训练损伤是由于长期的超负荷训练或者重复性运动而引起的。这两种类型的运动损伤的最主要的症状是有炎症出现。而炎症是康复过程中的一部分，慢性的炎症可能会导致组织退化并能够削弱修复过程。事实上，慢性的炎症是很多连接性组织疾病的最主要因素，特别是在关节的结合处。药物经常被用来减轻连接性组织炎症的症状，但是有许多药物影响康复过程，它们的作用只是暂时性的减轻疼痛。还有许多药物能够带来负面影响（例如胃肠的不适），从长远来看，许多药物能够加剧关节结合处的退化。许多中药不仅能够减轻组织压力的症状而且能够帮助组织再生并能够恢复关节的功能。许多天然的药物能够帮助恢复健康、帮助治愈肌肉和关节酸痛，加快运动损伤的恢复例如肌肉损伤和扭伤，并且能够帮助加强肌肉和骨骼来支持组织。

关节支撑点是系统地阐述其支持软骨和关节功能的一种理论。它帮助维持健康的关节并把训练造成的疼痛与创伤减少到最小的程度。它能够提供组成身体天然的结合体的最基本的元素和维持关节、韧带、肌肉、肌腱，并且帮助消除过度训练所产生的负面影响。

第四章　精英运动员力量训练评估与调控

本书第四章为精英运动员力量训练评估与调控，依次介绍了肌肉与训练动作的关系、力量训练前的功能评价、力量训练的功能障碍及评价和力量训练的危险收效比分析四个方面的内容。

第一节　肌肉与训练动作的关系

在发展肌肉力量的训练中，不仅要掌握优良的技术，同时还要了解运动与肌肉的相关基础理论，只有这样才能达到事半功倍的效果，否则很容易造成训练付出很多，但收获很小的结果。每块肌肉的功能状态以及它和其他肌肉的协调关系，对于制订合适的训练计划非常重要。功能解剖学对此方面内容研究较多，该学科不仅包括了人体解剖学的内容，如肌肉的结构、位置、起点、止点等，还对肌肉在运动中的功能进行了分析，通过这门学科可以确定每块肌肉或肌群在训练中是否处于最佳状态，是否可以进一步提高力量水平，这样就把肌肉的解剖结构和运动功能紧密地联系在一起。

本节将主要讨论肌肉的解剖学特点对其功能的影响。例如，在负重弯举动作中，肱二头肌收缩引起肘关节的屈曲，此时协同完成屈肘动作的肌肉还包括肱桡肌，另外，在二头肌全力收缩的同时，它的对抗肌（肱三头肌）需要处于彻底放松状态。只有这些肌肉共同协调工作，负重弯举动作才能完成的准确、顺畅、有力。如果其中任何一块肌肉功能状态不佳，整个动作将无法准确、稳定地完成，即使能够完成动作，承受的负荷也无法达到最大。如果屈肘过程中，肱三头肌没有彻底放松，或者处于收缩状态，保持高度紧张，这时肘关节的屈曲幅度将有所下降，严重时将引起疼痛。这一实例说明，了解肌肉的解剖结构，对于分析运动机能下降或动作难以完成等现象可以提供有用的信息。

一、三角肌

（一）三角肌的解剖结构和功能

三角肌由三部分肌纤维组成，包括三角肌前部、三角肌中部和三角肌后部。三角肌前部起于锁骨外三分之一，止于肱骨外侧中部的三角肌粗隆，主要作用是牵引肱骨前屈，它可以协同胸大肌完成屈上肢的动作。三角肌中部起于肩峰，止于肱骨三角肌粗隆，主要作用是牵引肱骨外展。三角肌中部是三角肌三部分肌纤维中最强有力的一束，在上肢外展动作中，三角肌中部收缩，前部和后部则处于被动牵伸状态，对肩关节的运动起到保护作用，防止产生前后滑动。肩关节外展时，冈上肌有协同作用，肩关节囊的下方比较紧，对外展动作有一定的限制。三角肌后部起于肩胛冈的外侧，止于肱骨三角肌粗隆。它的主要作用是牵引肱骨后伸，可以协同背阔肌和大圆肌完成上肢的后伸动作。

（二）三角肌功能低下的表现

如果三角肌前部肌纤维无力，在完成超过头顶的推举动作中就会有疼痛感，动作完成困难。三角肌前部肌纤维无力的原因可能是肩锁关节扭伤，前部肌纤维由于关节不稳定而无法正常收缩发力。如果肩关节的外展幅度降低，这可能有以下几种原因：冈下肌和胸大肌已经处于缩短状态，从而使上肢无法完成全幅度的运动；肩胛骨与胸廓之间相对固定也会影响上肢外展的程度；肩锁关节的扭伤同样也会影响三角肌中部肌肉的正常收缩，导致外展幅度下降。三角肌后部肌纤维无力的原因可能与它的对抗肌有关，当三角肌前部和胸肌处于挛缩或高度紧张状态，就会限制后部肌纤维的收缩发力，另外，肩关节前部肌肉异常收缩也会使关节头和关节窝的相对位置有所改变，这种情况下，一般可以通过牵伸练习进行矫正，如果无法恢复正常的解剖结构则需要进行专门的治疗。

（三）三角肌最佳训练原则

与其他关节相比，肩关节的解剖结构非常有特点：关节头大、关节窝小。肩关节是人体中唯一通过肌肉和韧带加以固定的关节，而其他关节则可依靠骨性结构维持关节的稳定性。正是由于这一原因，肩关节稳固性差的同时，灵活性非常好，受伤的概率也非常大。所以，保证肩关节周围所有肌肉的同步协调发展，是防止肩关节损伤的重要措施之一。三角肌从前、中、后三个方向包裹着肩关节，是肩关节周围重要的肌肉。在全面发展三角肌的功能时，应额外关注三角肌中部的发展。可以利用哑铃或杠铃负重，通过双肘在体侧最大幅度外展动作进行练习。三角肌前部肌纤维一般不需要过多的专门锻炼如前举等，除非是康复训练的需要或有专门的训练目的。因为三角肌前部肌纤维和胸大肌的功能类似，因此在许多针对胸肌的练习中都会得到锻炼。

哑铃侧平举是一项非常好的专门练习，它可以根据生物力学机制、按照不同的肌肉附着点，进行个性化的调整。许多人三角肌的止点三角肌粗隆并不是在肱骨的正外侧，而是在外侧偏后方，这样在锻炼三角肌中部肌纤维时，要想达到最佳效果就应该适当调整侧平举的位置，上肢应该呈外展并稍微有一点水平屈位。当达到侧平举的最高点时，拇指向下旋转的技术，可以在较为安全的情况下动用更多的三角肌中部肌纤维。但需要注意的是，拇指下转侧平举对肩锁关节可能有潜在的影响。在锻炼三角肌后部肌纤维时，为了降低腰背部的负担，可以进行坐位弯腰侧平举练习。运动员可以坐在椅子的一端，大腿不要位于座位上，要处于座位前，将哑铃放置在大腿的正下方，躯干前倾握住哑铃，完成侧举动作，直到上肢与地面平行。值得注意的是，许多人喜欢在器械上完成三角肌的训练，其实器械训练根本无法代替哑铃或杠铃的训练效果。在利用哑铃或杠铃完成三角肌锻炼的同时，肩关节周围所有小块肌肉都会以协同肌等形式参与动作的完成，在无形中得到了锻炼。而器械训练由于受到固定支架的协助、器械活动范围的限制，运动过程几乎不需要其他肌肉参与维持稳定，所以肩关节周围的小肌肉很少有锻炼的机会。

二、肩袖肌群

（一）肩袖肌群的解剖特点和功能

肩袖又称肌腱袖，是肩胛下肌、冈上肌、冈下肌、小圆肌四块肌肉的肌腱分别从肩关节的前、上、后方包裹，对肩关节起到固定和保护的作用。肩胛下肌起于肩胛骨的内侧面前方，止于骨前面的小结节关节囊的下方。它的主要作用是使肱骨内旋、内收，在肩关节外展时，肩胛下肌可以将肱骨头固定在关节窝内。冈上肌起于肩胛骨的冈上窝，起点覆盖冈上窝中央三分之二的面积，止点位于肱骨大结节，它的主要作用是协助完成上肢外展的动作，同时固定肱骨头于关节窝内。冈下肌起于肩胛冈的下方，止于肱骨大结节，肌腱部分与关节囊编织。它的主要作用是与小圆肌协同，使上肢外旋。冈下肌上部肌纤维有使肩关节外展的作用，下部肌纤维有内收的作用。在上肢上举动作中，冈下肌可以将肱骨头固定在关节窝内。小圆肌起于肩胛骨背侧腋缘，止于肱骨大结节的前方。它的主要作用是，与冈下肌协同，使上肢外旋。在上肢上举动作中，小圆肌同冈下肌一样，也有将肱骨头固定在关节窝内的作用。

（二）肩袖肌群功能低下的表现

当冈下肌肌肉力量较差时，很可能导致肩胛下肌处于缩短和高度紧张状态，这是因为主动肌与对抗肌之间有相互作用（主动肌的收缩程度部分取决于对抗肌的放松程度）。如果冈下肌无力，挛缩的肩胛下肌将会影响肩胛骨的正常解剖位置，例如上肢在完成外展动作时，可以观察到肩胛骨的位置也被牵拉向外，处于缩短和高度紧张状态的肩胛下肌同时会降低肱骨的活动范围，如果问题严重还会导致冰冻肩或关节囊粘连。另外，肩胛下肌自身也会因为过量的卧推练习发生组织粘连问题。卧推时如果肩关节前方有疼痛感，很可能就是肩胛下肌出现的微小损伤。卧推前后杠铃都位于胸前，此时肱骨受到压力，肱骨头有向前移动的趋势，肩胛下肌包绕在肩关节的前方，有防止肱骨头向前错位的作用。如果此项训练过于频繁或承受负荷过大，会使肩胛下肌受到过度刺激，引发炎症反应，继而产生组织粘连和疤痕组织，影响肌肉力量的发挥。

小圆肌无力主要表现在正常站立位上肢会不自觉地出现内旋。如果小圆肌挛缩或过度紧张会降低上肢触及后背的能力。冈上肌无力主要表现在上举动作和维持侧平举动作比较困难。如果肌肉极度无力，在开始做侧平举动作时上肢就会不自觉地打弯。由于冈上肌供血较差，又经常损伤在肌腹肌腱的连接处，因此受伤后较难恢复。另外，肩关节中有异常声响、有摩擦感，往往是冈上肌出现了粘连。

（三）肩袖肌群最佳训练原则

对肩袖肌群进行训练时最重要的一点是保证四块肌肉共同发展，相互之间保持平衡。训练前一定要区别出哪些肌肉较为发达，哪些肌肉不发达，从而进行有针对性的训练。例如肩胛下肌过于发达，而冈下肌和小圆肌不发达，肩关节稳定的前提条件就会受到破坏，因此训练时要额外注意那些处于劣势的肌肉。冈上肌受伤最常见的原因是肩胛下肌功能障碍。正常情况下，卧推的推起阶段，肩胛下肌可以控制肱骨头处于较后、较下的位置，如果肩胛下肌功能障碍，肱骨头就会向前、向上错位，由于改变了肱骨头和肩峰之间的正常位置，从而会导致跨过肩关节上方的冈上肌出现损伤。所有肩袖肌群的锻炼时间都应该安排在训练结束时，或阶段训练结束前几天。这样做的目的是防止小肌肉过早疲劳，因为它们在大肌群（如锻炼胸肌和三角肌的卧推动作）的训练中也要发挥一定的作用，如果过早疲劳，在其他练习中容易发生损伤危险。

三、胸肌

（一）胸肌解剖特点和功能

胸肌主要包括两块肌肉：胸大肌（胸大肌锁骨部和胸大肌胸骨部）和胸小肌。胸大肌锁骨部起于锁骨的前面，胸骨部起于胸骨外侧、第二到第七肋软骨腹直肌和腹外侧肌腱鞘，两部分肌纤维共同止于肱骨大结节峰。胸大肌对有内收上肢和屈上肢的功能，但在内收动作中，两部分肌纤维的肱骨略有不同。其中，胸大肌锁骨部的作用是牵拉上肢由外展位水平移动到胸前位（水平屈），而胸大肌胸骨部的作用是牵拉上肢竖直移动到对侧臀部（内收），根据它们结构和功能上的差别，在选择锻炼方法时也应有所区别。在持哑铃仰卧飞鸟动作中，胸大肌两部分肌纤维的功能相似，上肢由后向前运动的过程，也是胸大肌胸骨部和锁骨部先后发力的过程。胸大肌和三角肌前部肌纤维的功能非常相似，都有使上肢屈和水平屈的功能，因此卧推动作是两块肌肉共同发力完成的。胸小肌起于第三到第五肋骨与肋软骨的连接处，止于肩胛骨的喙突。它的主要作用是使肩关节屈，牵引肩胛骨向前、向下运动。

（二）胸肌功能低下的表现

如果胸大肌的锁骨部和胸骨部肌纤维都处于挛缩状态，肩关节外展和屈曲的幅度都将下降，此时卧推和仰卧飞鸟这些动作将难以完成。和自然站立姿势相比，会发现手掌不再朝向大腿，而是掌心向后，这是胸大肌缩短引起上肢旋造成的。

如果是胸大肌锁骨部肌肉无力，在完成动作时会感到锁骨周围疼痛；如果胸大肌胸骨部肌肉无力，肩关节的位置将比正常位置略微偏后、偏上。这是区别胸大肌不同部位机能异常的简单方法。如果胸小肌挛缩会牵引肩胛骨像鸟翅膀一样向外展开，使关节窝向前移动，不再符合承重时的生物力学要求，此时再进行训练必然要引发新的问题。

（三）胸肌最佳训练原则

通过多关节参与运动的复合动作，如卧推哑铃、卧推杠铃可以发展胸肌的功能，运动过程上臂与躯干夹角45度可以保证充分伸屈的同时降低对肩关节的刺激。仰卧飞鸟和胸式蝴蝶夹练习器都是单关节参与运动，只能锻炼胸肌，对肱三头肌几乎没有锻炼效果。在一段训练时间内应该经常变化训练方法、调整动作细节，保证整个肌群中每个部位的肌肉都能协调平衡发展，这不仅是提高力量的前提，也是减少损伤发生的有效方法。研究发现，卧推练习时，即使非常小的握距改变也会显著影响参与运动的肌肉锻炼效果。相比之下，较好的方法是中距离握杠铃，当杠铃位于最低点时前臂与地面基本保持垂直。该握距的优点是既可使胸肌得到充分锻炼，又能降低腕部承受的刺激。宽握杠铃可以有效刺激胸大肌胸骨部和三角肌前部肌纤维，同时由于上推和下落过程距离较短，可以减少垂直方向的能量消耗。胸大肌在卧推上升前2/3阶段，得到的刺激最大，锻炼效果最明显。斜板哑铃前推练习对胸大肌锁骨部肌纤维刺激最明显，但靠板要倾斜300以上。完成该练习应注意避免弓背动作，通过弓背可以展胸，以求胸大肌肱骨部参与运动。这种姿势出现的原因是：胸大肌锁骨部肌纤维收缩力较小，无法承受目前的负重，通过其他部位肌纤维收缩协助完成动作。在锻炼胸大肌的过程中，肩部经常处于内旋位置，容易引发疼痛。所以可以1~2周训练一次冈下肌和小圆肌，锻炼肩部的外旋功能，使肩部位置结构和肌肉力量保持平衡。

四、肱二头肌

（一）肱二头肌解剖特点和功能

上臂前部肌群主要由两块肌肉组成：二头肌（长头和短头）、肱肌。肱二头肌有两个起点，长头肩胛骨盂上结节，短头起于肩胛骨喙突，两个起点汇合成一个肌腹，止于桡骨粗隆。肱二头肌是双关节肌（一块肌肉跨过两个关节称为双关节肌），分别跨过肩关节和肘关节的前方，具有屈肩和屈肘的功能，但主要是作用力量分布在肘关节。由于肱二头肌长头肌腱位于肩关节的正上方，当三角肌强烈收缩时可以防止肱骨头向上脱位。肱二头肌还有一个重要的作用是引起前臂旋外。因此，完成屈肘动作时如果前臂已经呈旋外位，肱二头肌的力量发挥将最为充分。肱肌起于肱骨下半部正前方，止于尺骨粗隆。它是单关节肌，唯一的功能就是屈肘关节。由于肱肌的止点在尺骨上，而尺骨本身不参与旋内和旋外的运动。因此，肌肱力量的发挥不受前臂旋转位置的影响。

（二）肱二头肌功能低下的表现

当上肢放松时，如果表现出过直或过伸的状态，表明肱二头肌和肱肌力量不足。肱二头肌无力还表现在屈肘过程中前臂外旋动作难以完成。如果肱二头肌和肱肌挛缩或高度紧张，整个上肢的后伸和外旋动作就会非常困难，因为根据主动肌与对抗肌相互作用的理论，肱三头肌的力量也会随之下降。

（三）肱二头肌最佳训练原则

杠铃、哑铃、阻力带都可以用于肱二头肌锻炼，其中杠铃可以使上肢保持在正中位置，哑铃和阻力带则可以在屈伸过程中改变上肢的旋转位置。在任何形式的肱二头肌锻炼中，都要注意关节运动幅度，要在充分伸肘的前提下完成屈肘动作，因为肌肉收缩前的预拉长可以提高肌肉力量的发挥。哑铃或杠铃弯曲的开始姿势往往是上肢位于躯干前方，因此肱二头肌短头和肱肌锻炼过程中，肱二头肌长头始终在工作（维持上肢前屈姿势）。通过肌肉功能测试可以发现肱二头肌长头是否无力，因为如果存在这一问题，将成为卧推练习中肩部受伤的潜在因素。如果要有针对性的锻炼肱二头肌长头，可以在完成负重屈前臂的动作后，继续屈上臂，直到肘关节与肩关节位于同一高度这样就可以保证肱二头肌的充分收缩。

如果上臂肌肉发达，可以在前外侧观察到肱肌的部分轮廓。肱肌是单关节肌，它唯一的功能就是屈肘。由于肱肌的附着点在尺骨上，而尺骨本身无法旋转，因此在屈肘过程中无论前臂旋内还是旋外，肱肌都始终发挥着最大的作用，使用杠铃弯举可以使前臂有旋内的动作（拇指向上），此时肱二头肌的力量下降20%~30%，肱肌的力量可以相应增加。肱二头肌还有旋外的功能，负重弯举练习中，最好在肘关节屈曲 90 度之前作旋外动作，这样可以保证肱二头肌的最有效应激。如果在动作开始阶段就作旋外动作，则会动用前臂的旋外肌群，这种练习方法将会降低肱二头肌的锻炼效果。有研究表明，锻炼肱二头肌时，可以通过改变上肢与肩关节的夹角，实现运动强度的改变。例如，如果上肢在头上方的位置屈肘（正握引体向上），肱二头肌的力量为 83 千克；如果时关节与肩关节在同一高度负重屈前臂，肱二头肌的力量为 66 千克。如果是肘关节在肩关节下方负重屈前臂，肱二头肌的力量为 52 千克。这些数据表明，当肘关节位于肩关节上方时，肱二头肌屈肘时产生的力量最大。因此，引体向上是一种较好的锻炼方法。

五、肱三头肌

（一）肱三头肌解剖特点和功能

肱三头肌位于前臂后方，有三个起点，分别为：长头、内侧头和外侧头。肱三头肌长头起于肩胛骨盂下结节，内侧头起于肱骨下后部，外侧头起于肱骨上后部偏外侧，三个起点汇合成一个肌腹，止于尺骨鹰嘴。肱三头肌有伸肘的作用，由于长头跨过肩关节，是双关节肌，既可伸肘又可伸肩，可以牵引整个上肢伸向体后。一般情况下，在伸肘动作中都有内侧头参与，长头和外侧头只发挥很小的作用，但如果要做上肢强有力地伸直动作必须有长头和外侧头的参与才能完成。

（二）肱三头肌功能低下的表现

如果肱三头肌挛缩或高度紧张，肘关节屈曲的角度就会减小，由于主动肌与对抗肌相互影响，肱二头肌的力量也会下降。如果上臂、前臂、手部出现麻木、刺痛或无力等异常感觉，很可能就是由肱三头肌长头部肌纤维挛缩，压迫桡神经，形成神经传导阻滞造成的。在卧推和实力推等动作中，肱三头肌虚弱无力还会造成肘关节无法伸直的问题。

（三）肱三头肌最佳训练原则

在制订肱三头肌锻炼方法时，首先要考虑是否负重或有无阻力，因为这将影响三部分肌纤维的锻炼效果。如果是无负重练习，肱三头肌中只有内侧头积极参与运动，外侧头收缩程度很小，长头几乎不参与运动；如果是有负重练习，内侧头参与程度更大，外侧头和长头也会有所动用，而且负重越大这两个头参与程度也越大。因此要想保证三个头平衡发展，必须根据这一特点安排训练。锻炼肱三头肌长头可以进行卧推练习（窄握），但要注意必须采用较大强度（5～8RM）；三头肌外侧头在下拉或哑铃后伸肘动作中可以得到较大的刺激；内侧头在大部分的练习中都可以得到锻炼，但实力推和哑铃后伸肘动作对其刺激更为明显。

人体神经系统反射活动中有一种防御性反射，可以避免伤害出现。例如，如果卧推手固定后，上臂大约有 5 度的内旋（表现为肘外展），手掌的尺侧（小指一侧）压力有所增加，就会反射性引起肱三头肌的收缩，以减少对肘腕的刺激，保持姿势平衡。因此，以该姿势进行练习，肱三头肌尤其是长头的收缩程度最大。同样道理，下拉动作也可以采用这一技巧。和肱二头肌一样，锻炼肱三头肌时，也可以通过改变上肢与肩关节的夹角实现运动强度的改变。例如，在头上方伸肘肱三头肌的力量为 43 千克，在水平位伸时三头肌的力量为 37 千克。如果是斜下拉动作（或双臂屈伸）肱三头肌伸时的力量为 51 千克。当肘关节位于肩关节下方时，伸肘动作需要的力量最大。因此，双臂屈伸是一种非常好的锻炼肱三头肌的方法。

六、前臂肌群

（一）前臂肌群解剖特点和功能

前臂肌肉有二十块之多，这里主要介绍其中的三块重要肌肉：肱桡肌、桡侧腕伸肌、桡侧腕屈肌。肱桡肌起于肱骨外上髁上三分之二处，止于桡骨茎突。它的主要功能是屈时（非标准解剖位置，屈肘过程拇指向上）桡肌在轻松、慢速的屈肘动作中几乎不发挥作用，但在快速屈伸动作中则会动用更多的肌纤维。桡侧腕伸肌起于肱骨外上髁下三分之一处，止于手背第二掌骨。它的主要功能是伸腕、外展手腕，另外在屈前臂中也有一定的作用。桡侧腕屈肌起于肱骨外上，止于第二、第三掌骨底，它的主要功能是屈腕、外展手腕，另外还有辅助前臂旋内的功能。

（二）前臂肌群功能低下的表现

前臂活动无力有许多原因。一个重要的原因就是肌肉反复多次微小创伤，导致肌肉挛缩和粘连。例如较为常见的"网球肘"，它主要表现为肘关节外侧疼痛。

如果是肘关节内侧疼痛，则表明前臂屈肌群有挛缩和粘连的问题。如果桡骨远侧关节不灵活，承重时前臂的旋内旋外动作将难以完成。

（三）前臂肌群最佳训练原则

肱桡肌是前臂最粗大的肌肉，锻炼该肌肉最好选用杠铃弯举。旋内位或半旋内位抓握杠铃，可以使肱二头肌处于最佳发力状态以能够承受最大的载荷，肱肌和肱桡肌受到的刺激也能相应提高。将杠铃换为哑铃，同样可以使肱桡肌得到较好的锻炼。有支撑物（椅子或膝部）的伸腕练习可以强化伸腕肌群的功能。负重练习最好使用哑铃，因为直杠对腕关节刺激较大，有受伤的潜在危险。另外哑铃便于变化手腕的运动方向，可以有针对性地锻炼桡侧或尺侧肌群。

锻炼屈腕肌群时要保证腕部正直（没有旋转动作），可以使用哑铃或杠铃，如果能够承受的负荷较大，可以使用杠铃也可以通过改变前臂的位置实现。例如将前臂固定于斜面（向下 45 度），再完成同样负重时，屈腕肌群受到的刺激将有所加强。

七、项背部肌肉

（一）项背部肌肉解剖特点和功能

背部浅层肌肉主要有三块：斜方肌、背阔肌、菱形肌。斜方肌由三部分组成：上部、中部、下部。斜方肌上部起于枕骨部、项韧带、第七颈椎棘突，止于肩峰和锁骨外侧三分之一。这部分肌纤维的主要作用是上提肩胛骨、侧屈头，两侧收缩使头后仰。斜方肌的中部起于第六颈椎棘突到第三胸椎棘突，止于肩峰和肩胛冈。斜方肌的下部起于第三到第十二胸椎棘突，止于肩胛冈内侧部。斜方肌中部和下部肌纤维可以通过旋转肩关节关节窝的位置，引起上肢的屈和外展运动，另外还可以维持胸椎正常的弯曲幅度。菱形肌起于第七颈椎到第五胸椎棘突，止于肩胛骨的内侧缘。它的主要作用是上提肩胛骨，牵引肩胛骨向脊柱靠拢。菱形肌对肩关节和肩胛骨有固定作用，当举起重物时，菱形肌收缩可以防止肩胛骨过度外展。

背阔肌起于胸腰筋膜、髂嵴上部、六到十二胸椎、九到十二肋，止于肱骨小结节嵴（结节间沟的内侧）。它的主要作用是下拉肩部，牵引肱骨后伸、内旋、内收。两侧同时收缩可以引起胸椎产生后伸运动。

（二）项背部肌肉功能低下的表现

如果斜方肌上部肌纤维无力会造成"塌肩"，如果两侧均无力，则头部和胸廓的相对位置会发生改变，表现出"驼背"的体态。如果斜方肌中部肌纤维无力，由于难以使肩胛骨向脊柱靠拢而滑向前方，表现出"圆肩"的体态，胸椎也可能过度向后弯曲。如果背阔肌无力，人体在站立位表现出耸肩、肩部前移的特点，当上肢从头顶上方下拉重物时，肩关节下转会非常困难。

（三）项背部肌肉最佳训练原则

发展项背部肌肉力量可以通过下拉（重物、缆绳）动作或后拉（划船）动作实现。由于该部位肌肉分布面积较广，不同练习对不同部位的刺激也不一样，下面将就每个部位的锻炼方法进行分别介绍。锻炼斜方肌上部肌纤维的最佳方法是负重耸肩。运动过程中要保证哑铃位于体侧，没有随意的晃动，否则容易造成肩锁关节和胸锁关节的扭伤。耸肩过程中头部要始终保持正直，头部前屈会对颈部肌肉和椎间盘有一定刺激，容易发生椎间盘突出。提肩和放肩时要保证肩部直上直下，如果肩部有旋转（有其他肌肉参与运动），斜方肌上部肌纤维得到的锻炼非常小。锻炼斜方肌中部肌纤维可以采用弯腰哑铃侧平举练习，肘关节要与肩关节尽量保持在一条直线，该练习也可以锻炼三角肌后束肌纤维。通常情况下，斜方肌下部肌纤维是项背部肌群中最薄弱的一块肌肉，如果该群肌肉不平衡，很容易引起局部疼痛和肩部不稳。锻炼斜方肌下部肌纤维可以在瑞士球上完成超人动作。运动员可以胸部和腹部为支撑点俯卧在球面上双臂展开呈 11:00 和 1:00 的位置，每次动作只划动（由下向上）一侧上肢运动过程保持拇指向上。锻炼菱形肌可以采用单臂缆绳后拉练习。锻炼方法如下：保持肘关节与肩关节同样高度向后拉缆绳，直到手移动到肩部的位置，然后上肢和肩作为一个整体继续向后运动，使肩胛骨最大程度后缩。对于长时间静坐的人群，由于肩关节长期前移，菱形肌的功能较差，容易引起肩部疼痛，通过该练习可以缓解这一状况。

背阔肌的练习方法最常见是下拉。有些练习者认为将横杠拉至颈后部锻炼效果较好，其实该动作有个不容忽视的缺陷：由于肩关节囊的牵扯，上肢无法完全后伸，背阔肌的锻炼效果肯定有所下降。最好的方法是将横杠拉至胸前。横杠向上还原时不仅上肢要彻底伸直，还应注意肩关节也要向上充分伸展，下拉时首先肩关节向下，然后再屈上肢，只有这样才能保证背阔肌在充分伸展的状态下开始收缩，使其功能得到最大发展。正握引起向上（手掌心朝向身体）和反握引起向上（手掌背朝向身体）是种非常好的锻炼项背部肌肉的方法。在该项练习中，所有肌肉是在远固定的条件下完成收缩，而下拉动作肌肉是在近固定的条件下完成收缩。因此，尽管引起向上和下拉（横杠）都可锻炼项背部肌肉，但肌肉的收缩方式并不相同。在引体向上动作中，从窄握距到中握距，身体向上直到胸部触杠，这样的姿势对背阔肌上部和肱二头肌的锻炼比较明显。如果使用V形杠双手相向而握，则对菱形肌和背阔肌下部肌纤维的刺激更加明显。适当调整引体向上的动作细节可以使背阔肌得到最大程度的锻炼，这些细节包括：下降阶段慢速（正常速度的一半）进行；肘关节位于前方，降到底端时上肢外旋位（充分锻炼背阔肌下部肌纤维使背部更宽更丰满）。坐位后拉划船器有两种不同的姿势。一种是掌心向上或相对，动作中上肢紧靠在身体两侧，将把手拉至腹前，这个动作对背阔肌和菱形肌的刺激较明显，另一种动作是头上拉，肘关节与肩关节位于同一高度，将把手拉至胸前，该姿势对三角肌后束、斜方肌中部、菱形肌的锻炼更有效。

八、腰背部肌肉和臀肌

（一）腰背部肌肉和臀肌解剖结构和功能

背部深层和臀部有许多肌肉，但在承重练习中经常动用的肌肉有以下几块：竖脊肌、腰肌、腰方肌、臀大肌、臀中肌和阔筋膜张肌。竖脊肌起于髂嵴上方、胸腰筋膜，止于腰椎横突和棘突、下位胸椎和肋骨竖脊肌的主要作用是伸脊柱，如果单侧肌肉收缩引起脊柱侧屈。研究表明，在整个弯腰过程中竖脊肌都处于放松状态，没有参与运动。腰肌包括腰大肌和腰小肌两块肌肉，由于腰小肌体积较小，出现率仅为50%。因此通常所说的腰肌是指腰大肌。腰大肌起于第十二胸椎到第五腰椎的椎体和椎间盘，止于股骨小转子。其主要作用是屈大腿，下固定时可使躯干前屈。腰方肌起于髂嵴后上方，止于第十二肋、第一到四腰椎横突。腰方肌有固定骨盆和腰椎的作用。当上体俯卧固定时，腰方肌可以牵拉下肢向上运动；当骨盆固定时腰方肌可以牵拉上身向上运动，另外还可牵引脊柱侧屈。

臀大肌起于髂骨背面、髂嵴、骶骨背面、骶结节韧带，止于股骨上端的臀肌粗隆和髂胫束。其主要作用是后伸、外旋大腿，在大腿外展动作中也有辅助作用，正常行走时臀大肌参与的运动很少，只有在大步走、跑、跳等动作中，才可能最大程度收缩。臀中肌起于髂翼和髂嵴的前方，止于股骨大转子。它是大腿主要的外展肌，可以协助完成内旋大腿的动作。阔筋膜张肌起于髂前上棘，通过髂胫束止于胫骨外侧踝。阔筋膜张肌的作用是协助完成大腿屈、外展和内旋的动作。

（二）腰背部肌肉和臀肌功能低下的表现

竖脊肌力量薄弱时伸腰动作难以完成，同时腰椎之间的关节稳定性较差。如果肌肉持续收缩（长期处于痉挛状态），将改变腰部脊柱的弯曲程度，还可能出现关节面疼痛。如果腘绳肌力量较差，也会影响竖脊肌的收缩状态（使其过度紧张），因此没有腘绳肌的牵拉，该侧的髋骨会向前旋转，从而增加了腰曲幅度，对腰部关节面形成挤压。单侧腰大肌无力，大步行走时步幅会小于对侧。双侧腰大肌无力，腰部脊柱稳定性降低，腹股沟韧带周围可能出现疼痛感。腰方肌无力可能在屈脊柱的过程中发生痉挛，如果腰方肌长期处于缩短状态，将会对腰部关节面造成覆瓦状挤压，腰部伸展或轴负荷（深蹲、硬拉）运动将引起疼痛。

臀大肌无力表现为难以由坐位站立起来，从椅子上起来需要双手推扶手才行。当深蹲和实力推时，由于臀大肌无力，无法通过髂胫束固定膝关节，可能出现关节不稳定的问题。如果臀大肌处于挛缩或高度紧张状态，容易引起腰部脊柱前凸或侧弯。臀中肌无力可以在站立位检查中发现，无力侧髂嵴高于对侧。另外运动中表现为外展功能下降，蹲起过程中臀中肌部位疼痛。阔筋膜张肌无力会导致关节和膝关节周围疼痛，在起和跑步练习时对膝关节外侧的保护降低。臀大肌和阔筋膜张肌无力都属于髂胫束综合征。

（三）腰背部肌肉和臀肌最佳训练原则

锻炼腰背部和臀肌最常用的方法是硬拉。在硬拉过程中，躯干后伸主要由竖脊肌完成，但足部和腿部怎样配合发力也非常重要。在该项训练中，穿着合适的运动鞋，维持良好的足弓形状，对提高成绩非常重要。有研究表明，志愿者提高足弓后（在鞋内填充拱形物），又在鞋底增加了一个小球，这些改变使运动不稳定性增加，但同时能够锻炼人体的本体感受。两周后的测试表明，臀大肌和臀中肌的收缩速度增加了两倍，这是人体本体感受功能增强的表现。提拉过程杠铃与身体要尽量接触，根据杠杆原理，这样做可以降低阻力臂，从而保证能够提起最大的重量。完成背伸练习中要注意脊柱的屈伸幅度，动作开始时脊柱弯曲，在背起上升阶段再慢慢伸直，整个运动过程中脊柱始终在正常运动幅度内屈伸，因此不会增加动作危险性。而起动前脊柱弯曲，可以对背部肌肉有预拉长使动作幅度加大，竖脊肌可以得到最大程度地锻炼。

九、股四头肌

（一）股四头肌解剖结构和功能

股四头肌有四个起点（四个部分），分别为：股直肌、股外侧肌、股中间肌和股内侧肌。

股直肌起于髂前上棘和髋臼的边缘，向下和股内侧肌、股外侧肌、股中间肌汇合共同止于髌骨表面，在髌骨下延伸为髌韧带，最终止于胫骨粗隆。股直肌是双关节肌，分别跨过髋关节和膝关节的前方，有伸膝和屈髋的作用，当大腿固定时，可以牵引骨盆，继而牵引躯干前倾。股直肌的力量只占股四头肌全部力量的五分之一，如果单独收缩无法彻底完成伸膝动作，只有股四头肌的四部分（尤其是股中间肌）共同协收缩才能彻底伸膝。

股外侧肌是股四头肌中体积最大的一部分，起于大转子、臀肌粗隆、股骨干上四分之三的外侧面；股中间肌起于股骨干上端三分之二前外部；股内侧肌起于股骨干后方中部、长收肌和大收肌的肌腱（注：中文运动解剖学和系统解剖学教材中认为股内侧肌起于股骨干后方内侧唇）。以上三部分肌纤维与股直肌的肌纤维汇合共同止于髌骨表面，在髌骨下延伸为髌韧带，最终止于胫骨粗隆这三部分肌肉只跨过一个膝关节，都是单关节肌，它们共同的作用是伸小腿。另外，股内侧肌最下方的肌纤维几乎呈水平位，当膝关节伸到最后阶段时，该肌肉的收缩程度最大，股内侧肌可以将髌骨的运动路线固定于股骨的髌骨滑车内，同时股外侧肌也有协助稳定膝关节的作用。

（二）股四头肌功能低下的表现

股直肌是股四头肌中唯一起于髂骨的肌肉，如果单侧股直肌无力，该侧的髂骨将处于后旋位，医师或运动伤害防护师检查时会发现，站立位肌肉无力侧髂嵴低于于另一侧。股外侧肌和股内侧肌力量不平衡，容易导致髌骨位置异常，运动时膝关节处于不稳定状态。如果股四头肌过于紧张（或挛缩状态），可牵拉髌骨在非正常的运动轨迹滑动，髌骨下方将会出现疼痛感。

（三）股四头肌最佳训练原则

股四头肌的训练方法较为常见，但训练初期要注意培养身体正常的运动模式，训练安排应该先练习复合动作（多关节参与运动，如深蹲、卧蹬），再进行简单动作（单关节参与运动，如伸膝练习）。杠铃深蹲（大腿低于膝关节所在平面）与普通的蹲起（大腿高于或平行于膝关节）和伸膝练习相比，对股内侧肌横向的肌纤维刺激更加明显，有利于膝关节保持良好的稳定性和较大的活动幅度。伸膝练习时如果足保持内旋状态，可使股外侧肌得到充分的锻炼；足保持外旋状态，可使股内侧肌得到充分的锻炼；如果伸膝时躯干稍微后伸，使骨盆后倾，可适当拉长股直肌，使其得到充分锻炼。前交叉韧带（ACL）手术治疗康复初期，应避免伸膝练习。因为在这样的动作中股四头肌收缩时胫骨向前移动，此时前交叉韧带也承受一定的牵拉刺激容易再次受伤。在这一阶段锻炼股四头肌可以选用蹲起、卧蹬等方法，这些动作需要股四头肌和腘绳肌共同参与收缩，在膝关节的前后方都有应力，可以降低股骨上方前移的危险，有利于前交叉韧带的康复。

深蹲练习时足距的大小变化对锻炼效果有明显的影响。如果是窄距离站立，适合于那些要求身体塑形的练习者，该姿势对膝关节的柔韧性要求较高，下踏时屈膝幅度很大。下蹲和起立过程膝关节有明显的前移和后移，完全依赖股四头肌收缩完成。如果宽距离站立，伴随足外旋10度左右，适合于想提高力量的练习者。运动过程中膝关节几乎始终保持在足的正上方，要维持这一姿势，下蹲和起立过程躯干和大腿要有相应的运动。因此，臀肌和股四头肌都能得到锻炼。

十、腘绳肌

（一）腘绳肌解剖结构和功能

腘绳肌由三块肌肉组成：股二头肌、半腱肌和半膜肌。股二头肌有两个起点（长头和短头），长头起于坐骨结节和结节韧带，短头起于股骨后方外侧唇，两部分肌纤维汇合共同止于胫骨和腓骨上端外侧（注：中文教材中股二头肌止于腓骨头）。股二头肌长头跨过关节和膝关节两个关节，有伸髋和屈膝的作用，而股二头肌短头仅跨过膝关节，因此只有屈膝的功能。当膝关节处于半屈位时，股二头肌两部分肌纤维都有使小腿外旋的功能。半腱肌和半膜肌位于股二头肌的内侧，均起于坐骨结节，向下跨过髋关节和膝关节，止于胫骨内侧。它们共同的作用是伸髋、屈膝，使小腿内旋。

（二）腘绳肌功能低下的表现

当医师或运动伤害防护师检查时会发现，站立位时腘绳肌无力侧髂嵴高于健侧。另外，单侧腘绳肌无力还可能造成某块骨（如股骨、胫骨）处于旋转位。一般情况下，腘绳肌内侧肌肉无力，导致股骨和胫骨内旋，表现为膝内翻（弓形腿）；腘绳肌外侧肌肉无力，导致股骨和胫骨外旋，表现为膝外翻。通过伴随足内旋或足外旋的后伸腿练习，可以矫正腘绳肌的这种肌力不平衡。

（三）腘绳肌最佳训练原则

腘绳肌具有屈膝和伸髋两个功能，因此选择训练动作时考虑到两个关节的运动。通过坐位、俯卧位、站位的屈膝练习，可以同时锻炼股二头肌的两个头半腱肌、半膜肌。通过罗马尼亚式硬拉和背伸等练习，可以对股二头肌长头半腱肌、半膜肌都有所锻炼。足内旋位负重屈膝，可以使股二头肌得到充分锻炼；足外旋位负重屈膝，可以使半腱肌和半膜肌得到充分的锻炼；足底保持正直位负重屈膝，腘绳肌内外侧肌群都可以得到充分的锻炼；足部屈（绷脚），对屈膝协同肌（腓肠肌）的刺激有所减小，但可以使腘绳肌得到充分锻炼。需要注意的是，腘绳肌主要由快肌纤维组成，因此训练安排要遵循以下原则：强度大，重复次数少（小于10次）。

十一、小腿三头肌

（一）小腿三头肌解剖结构和功能

小腿三头肌由两块肌肉组成：腓肠肌和比目鱼肌。腓肠肌起于股骨的内侧髁和外侧髁，比目鱼肌起于腓骨头和胫骨后上部，两块肌肉汇合通过跟腱止于跟骨跟结节。腓肠肌跨过分别膝关节和踝关节，其主要作用是屈膝和屈足。当膝关节处于伸直位时，腓肠肌处于被动牵伸状态，是该肌肉最有利的工作角度。当膝关节屈曲时，腓肠肌牵张性下降，肌肉收缩能力有所下降。腓肠肌继股四头肌和臀大肌之后，是人体最有力的三块肌肉之一。比目鱼肌的主要功能是屈足。肌电图研究表明，在完成跑、跳、爬坡等动作时，无论膝关节处于何种角度，比目鱼肌始终参与运动，但与腓肠肌相比，其发挥的力量有所不足。

（二）小腿三头肌功能低下的表现

当小腿三头肌虚弱无力时，人体站立时难以维持竖直状态有前倾的趋势，如果跟腱撕裂或撕裂进行手术治疗后，经常会发现由于小腿三头肌的功能障碍，人体无法长时间支撑站立。

（三）小腿三头肌最佳训练原则

如果要形成对腓肠肌的最大刺激，运动时膝关节应该完全伸直，因此只有在这种状态下，腓肠肌才能被充分牵张，产生的收缩力才会最大。如果要锻炼比目鱼肌，膝关节则至少需要屈曲 90 度，这时应该选择坐位负重提踵，在这种姿势腓肠肌参与提踵的力量非常有限，比目鱼肌可以得到最大程度地刺激。负重提踵动作到最高点时以大脚趾支撑，可以保证腓肠肌充分收缩，同时也可激活屈趾长肌和短肌，这些肌肉有屈足和屈趾的双重功能，在跑跳中起到非常重要的协同作用。从一些动物的运动中，我们可以得到启示，如果在躯干前倾状态下，可以使腘绳肌和小腿三头肌处于牵拉状态，此时肌肉收缩就较为有力。过去普遍认为，改变足的站立位置（内旋或外旋），可以分别加强对腓肠肌的内侧头和外侧头的刺激，但事实上，小腿后部另外两块肌肉得到的锻炼更加明显。如果提踵时足呈外旋位，则可充分锻炼胫骨后肌。

十二、腹肌

（一）腹肌解剖结构和功能

腹肌主要包括三种：腹直肌、腹斜肌和腹横肌。腹直肌起于耻骨联合、耻骨嵴，止于第五到第七肋软骨、胸骨剑突的外侧。腹直肌的主要作用是屈脊柱，同时有保护腹腔脏器、保护骨盆的作用。腹斜肌起于第九到十二肋，止于髂嵴外侧。

主要作用是旋转、侧屈脊柱，也可保护腹腔内脏。腹横肌起于腹股沟韧带、髂嵴、胸腰筋膜、下位六个肋骨，肌纤维水平止于腹白线。股横肌可以保护腹腔脏器，同时在完成骨盆旋转动作中也有一定的辅助功能。

（二）腹肌功能低下的表现

腹肌无力会造成骨盆异常的扭转和活动，影响骨盆的稳定性。另外，腹肌无力会造成腹壁上方或下方前凸，即所谓的大肚皮。如果腹直肌挛缩会改变胸椎构成的正常弯曲幅度，胸曲明显后凸，相应地头会前伸。这一问题不仅能引起颈椎和胸椎棘突周围的不适和疼痛，同时会降低它们的旋转幅度，影响运动效果。如果腹横肌无力，在弯腰70度时，腹部就处于放松状态，这时胸腰筋膜的紧张性降低，腰椎和骨盆区域的稳定性也相应降低。

（三）腹肌最佳训练原则

通过腹肌最优化训练可以提高腹部的稳定性、肌肉的力量、体积和外形。如果在完成一组练习的过程中憋气，可能造成神经反射，抑制腹直肌和腹斜肌力量的收缩。正确的做法是在呼气中完成起身的动作。传统坐位仰卧起坐，需要脚部固定，这样起身时会出现一种非条件反射（屈肌协同收缩），在腹直肌收缩的同时，腰大肌、股直肌和胫骨前肌也有一定程度收缩，协助动作的完成，因此对腹直肌的锻炼效果欠佳。另外该姿势也使腰部活动范围加大，危险性也相应提高。因此仰卧起坐正确的姿势应该是平卧，足部无固定，完全依靠腹肌力量完成动作。

要通过力量训练发展肌肉力量和健美，既需要掌握最佳技术，也需要了解运动对身体各部位肌肉的影响。本节介绍的最优化训练原则能够通过对常用技术的微调实现训练技术的最优化。

第二节 力量训练前的功能评价

本节一个重要目的是提供对机体完成特定负重练习动作能力的评价方法。介绍力量训练前的功能评价，评估受试者的肌肉、关节、神经机能基本健康和处于佳状态或发现在受试者完成特定动作或某一角度负重时是否存在潜在的机能障碍。这里将具体介绍三种测试评价方法：自我功能评价、运动功能评价和肌肉功能评价，通过这三种方法可以对功能状态或功能障碍的程度进行评价。自我功能评价是运动员自己分析判断运动幅度是否正常；运动功能评价是通过一些特定的负重练习动作，判断训练中是否有疼痛问题，以及疼痛的严重程度；肌肉功能评价是由医生、治疗师、运动伤害防护师等专业人员实施，判断特定的肌肉或肌群功能是否处于最佳状态。这三种测试评价方法从不同角度对运动机能进行的测评，只有完成三项测试后，才能制订安全、有效的力量训练方案。

一、自我功能评价

自我功能评价需要的设施比较简单（只需要一面镜子），在家、体育馆和健身房都可以进行。该测试有两个主要的内容：第一，对于每个力量练习，动作是否能够完全到位，是否存在关节运动幅度下降的问题；第二，完成每个练习动作时，是否会在某一特定的角度下引起疼痛。自我功能评价是在没有负重的情况下，检查关节的运动幅度以及运动过程中有无疼痛感。如果在无负重的情况下，关节正常运动幅度内有疼痛感，那么负重练习时疼痛会更加明显。如果关节的运动幅度下降，机体就会动用其他肌肉或肌群，代偿无法运动或功能降低的肌肉，实际训练时，往往是动用一些体积和力量较小肌群去加强较大肌群的力量，这就意味着该关节会出现范围更广、更严重的功能障碍。该项测试的作用十分有限，它仅可以发现关节运动幅度是否降低，为最终是否需要治疗提供参考。

（一）评分

如果测试结果为阴性（关节运动幅度正常、运动过程无疼痛感），得分为0，如果测试结果为阳性（关节运动幅度不正常、运动过程有疼痛感），得分为1。下面以肩部自我功能评价表作为示例。当受试者完成全部自我功能评价项目后，把答案的得分加在一起就得到自我功能评价总分。由总分可以判定受试者是否可以开始正式训练，或者是否需要先进行柔韧性训练、康复训练或医学治疗来改善功能状态。（如表4-2-1所示）提供的是肩部自我功能评价示例。

表 4-2-1 肩部自我功能评价示例

肩部自我功能评价	评价结果 运动幅度减小 否 是	疼痛 否 是	功能评分
1.哑铃侧平举测试	0	1	2
2.哑铃肩上推举测试	0	1	0
3.杠铃肩上推举测试	0	1	0
4.俯身哑铃侧平举测试	0	1	0
5.手触对侧肩测试	0	1	1
6.手触颈后部测试	0	1	1
7.手触背后测试	0	1	1
8.内旋测试	0	1	0
9.外旋测试	0	1	1
10.铅笔测试	0	1	0

（二）自我评价总分

总分显示功能障碍的严重程度。总分越高，表明功能障碍越严重，受试者需要针对存在问题采取更多的针对性措施。如果总分为1~7分，建议要进行专门的柔韧性训练，主要针对那些在运动中活动范围下降或有疼痛感的关节；如果总分为8~14分，不仅要完成相应的柔韧练习，还建议进行适当的康复训练；如果总分为15~20分，则意味着受试者存在多处疼痛，并且在进行多项运动时都出现运动幅度下降，因此建议先进行治疗再参加训练。通过自我评价的分制能够大致了解受试者的功能状态，但不能用来对伤病进行诊断。如果任何一个测试项目的分数为2，则建议进行运动功能评价，来确定相应的功能水平。

如表4-2-2所示，显示如何为自我功能评价评分。例如总分是6，则填入表中的总分栏，建议针对测试结果为阳性的项目进行柔韧性训练。

表 4-2-2　肩部自我功能评价结果示例总分

总分	低分 1～7	中等分值 8～14	高分值 15～20
6	建议进行针对性柔韧性训练	建议进行针对性柔韧训练和康复训练	建议进行医学治疗

二、运动功能评价

在该项测试中，受试者通过一系列承重力量练习来判断运动中是否有疼痛的问题，以及疼痛影响训练的程度，同时也可以测试受试者局部肌肉的功能水平，如果受试者在运动中总是有疼痛感，要先确认他们的技术动作是否合理，许多事实表明，不正确的技术动作是导致疼痛的直接原因，此时运动员的肌肉和关节其实并没有任何功能问题。当然，如果不及时纠正这种错误，肌肉、关节、甚至神经系统都会逐渐出现功能障碍。

（一）功能水平评分系统

功能评分系统根据功能水平、疼痛程度、疼痛对训练的影响状况分类，共分为以下四种不同的水平：功能水平 0（FL0）：运动中没有任何疼痛感；功能水平 1（FL1）：运动中，身体局部关节和肌肉经常感到紧张，但是测试结束时，肌肉紧张程度稍微缓解。肌肉和关节的紧张并没有影响负重地举起；功能水平 2（FL2）：动作完成过程中疼痛感逐渐明显，测试结束后疼痛感仍然存在。由于这一问题的存在，不得不在该项训练中降低负重；功能水平 3（FL3）：由于剧烈的疼痛，根本无法完成特定的动作。如表 4-2-3 所示，显示了如何判断肩部的功能水平。如果受试者在自我功能评价中的得分为 2，那么紧接着就可以完成重复 10 次一组动作。如果在这一组动作完成过程中，自始至终府都感觉有没有任何疼痛感，得分为 FL0；如果仅在一组动作的开始阶段肩部感觉紧，而在这组动作结束时紧张感逐渐减弱，得分为 FL1，说明针对该部位的伸展练习应该加强；如果一组动作，越往后做肩部的感觉越糟糕，得分为 FL2，说局部的伸展训练和康复训练都应该进行；如果受试者疼痛明显，甚至无法完成规定的动作，得分为 FL3，同时考虑对伤痛部位进行适当的治疗。

表 4-2-3　运动功能评分评价表示例

肩部自我功能评价	功能水平
1. 哑铃侧平举测试	FL0　FL1　FL2　FL3
2. 哑铃肩上推举测试	FL0　FL1　FL2　FL3
3. 杠铃肩上推举测试	FL0　FL1　FL2　FL3
4. 俯身哑铃侧平举测试	FL0　FL1　FL2　FL3

（二）提高功能水平的方法

一旦运动员的功能水平得以确定后，如果发现没有处于最佳功能状态，各种提高措施就应该相应实施，例如矫正训练、柔韧性练习、康复训练和医学治疗等。在这些措施实施之前，最重要的一点是检查运动员的技术动作是否合理。可以请一位具有良好的理论基础，对承重力量训练技术理解深刻的人观察动作全过程，判断引起疼痛的原因是否是技术动作的问题。这位观察者应该是多年从事承重训练的资深人士，最好已经通过专业资格认证，同时竞技水平较高，这些背景对于能否提出良好的建议至关重要。否则，一个运动员受到错误的指点会带来更大的负面影响。

1. 不同功能水平的处理方法

如果运动员的得分为 FL0：表明运动员运动幅度和机能处于最佳状态，完全可以进行承重力量训练。如果运动员的得分为 FL1：刚开始运动的紧张感表明运动员局部肌肉僵硬完全可以进行承重力量训练。或长期处于缩短状态，这种情况下，通常可以通过伸展练习逐步改善，针对局部的伸展动作可以结合其他常规伸展训练进行。如果运动员的得分为 FL2：动作完成过程中疼痛感逐渐明显，这不仅仅是肌肉紧张的问题，这种现象表明，肌肉结构已经破坏，肌肉收缩虚弱无力。处理方法要伸展练习和康复训练同时进行。如果运动员的得分为 FL3：由于剧烈疼痛而无法完成规定动作，说明运动员的肌肉、关节、神经机能发生障碍，当然可能是三种器官之一出现问题，也可能是其中两种或三种器官都出现了问题。这种情况下，必须采取相应的治疗方案。同时可以尝试一些伸展练习和康复练习，但一定要避免引起疼痛的承重练习动作，合适的治疗方案有助于肌肉、关节和神经机能的快速康复。

2. 提高功能水平的练习要点

在承受相同负荷的情况下，运动技术的改进可以使机体受到的刺激降低，从而有潜力进一步提高运动成绩。运动技术的改善包括许多细节，如上肢的运动角度、双手抓握器械的位置、身体的运动幅度、双脚开立的距离、躯干屈伸过程中，能够继续完成原来进行的负重练习。一些实例表明，在伸展练习和康复训练中，原有的力量练习必须停止。

如果出现肌肉创伤或结构破坏，导致肌肉无法正常收缩，这时必须进行相应的康复训练。因为如果一块小肌肉功能异常，它周围较大的主动肌就会代偿丧失的机能，从而造成新的大块肌肉力量的不平衡。这一问题会在力量训练的某个环节体现出来，使疼痛和损伤的危险性大大增加。因此，针对这些体积较小，在练习中起到固定作用的肌肉，也应该进行相应的康复训练，小肌肉的功能正常是保证大肌肉功能正常的基本条件。从安全角度讲，康复训练最好从低强度开始，慢慢增加负荷。

康复训练的目的是恢复和加强肌肉力量，挖掘肌肉的潜力，提高肌肉机能，目前，较为常见的三种训练方式是：主动肌与对抗肌的等长练习，神经肌肉本体感觉促进练习，抗牵拉练习。其中，主动肌与对抗肌的等长练习中肌肉完成的是静力性工作，肌肉的长度和位置没有改变，但整个肌群始终处于对抗阻力的状态。神经肌肉本体感觉促进练习包括两个阶段的动作，首先在某一角度肌肉对抗外力静力收缩，然后由外力向相反方向牵拉肢体，这是提高伸展功能的有效方法之一。抗阻带练习需要一条橡胶绷带，一端固定，另一端由运动员牵拉，完成牵伸肢体的动作练习，运动幅度要达到引起疼痛或感觉无力的程度。

三、肌肉功能评价

肌肉功能评价是对身体各部位肌肉的工作能力进行评估。已有若干专著从不同角度介绍过肌肉功能评价。本节主要介绍完成特定运动时相关肌肉功能的评价方法。在力量训练中，通常需要多块肌肉从不同角度协同运动，完成特定幅度的练习动作。各参与运动的肌肉在不同的时间点最大收缩，随后逐渐放松使动作平滑和连续。有研究显示，疲劳会使肌肉在完成特定力量训练动作时的工作方式发生改变。因此肌肉功能评价对于防治力量训练损伤有重要意义。医生、治疗师或运动伤害防护师可以通过肌肉功能评价找出肌肉、关节或神经存在的功能障碍，确定是以下三种因素中的那一种造成了肌肉力量减弱：第一，肌肉由于粘连、挛缩、拮抗肌神经性抑制或退行性改变而导致功能水平训练下降或损伤；第二，关节活动幅度或位置改变，导致关节周围的肌肉受到神经性抑制，引起肌肉力量减弱；第三，神经受到压迫或异常牵张。可能有两种情况，一种发生在脊柱，由于脊椎运动或位置异常造成脊神经向外周发出的神经冲动减弱，导致相关肌肉的收缩能力下降，用脊椎矫正学专业术语称之为"脊椎半脱位"；一种发生在外周，由于某处肌肉张力亢进，压迫或牵拉神经，即"神经卡压综合征"。

　　肌肉功能评价能够反映肌肉的神经控制情况。正常情况下，神经系统在肌肉功能测试中的反应应该是准确的兴奋或抑制，肌肉随之适时收缩或放松。当神经系统功能异常时，在测试中会表现为异常的兴奋或抑制。神经兴奋功能异常时，肌肉功能亢进，表现为过度收缩并可能痉挛；神经抑制功能异常时，肌肉功能受到抑制，表现为最大收缩能力下降。为了简明易懂，在本书的肌肉功能评价中，用"强"（strong）和"弱"（weak）来代替专业术语"兴奋"（facilitation）和"抑制"（inhibition）。请注意这里的"强"和"弱"是指神经系统完成特定测试动作时的功能状态，而非指身体上的强壮或弱小。肌肉功能评价中测试负荷的大小取决于两方面因素：一是被测者的体格和被测肌群的体积，二是被测者的训练水平和运动能力。测试的目的不在于评价被测者的力量大小，而是要评估神经——肌肉系统对递增负荷的反应能力。例如，通过静力性测试评价腿部或手臂局部肌肉对抗递增负荷、保持特定姿势不动的能力，如果被测肌肉在递增负荷下能够维持特定姿势，就评为"强"，认为其功能正常；如果被测肌肉不能表现出应有的力量并无法保持测试要求的姿势，就评为"弱"，认为其功能异常。测试时应选取由单一肌肉或肌群主导的运动姿势，尽可能减小协同肌群的作用。测试人员应借助专业经验和被测者的肌肉运动觉知反馈（kinesthetic feedback），避免施加过大负荷和造成错误的阳性反应。

（一）评分

　　肌肉功能障碍通常有两种表现：疼痛和无力，但这两种表现并不一定同时出现，其中的一种也无法代替另一种。例如，一块肌肉非常虚弱，但不一定疼痛；而另一块肌肉非常有力，但可能疼痛。如果肌肉同时出现虚弱和疼痛，则说明有必要进行更进一步的检查并确定是否需要采取治疗措施。肌肉功能评价中得出的评分仅提供原则性指导，帮助被测者了解自己身体某一部位肌肉的具体状况。如果要对身体某一部位的肌肉功能进行评价，可以逐个完成每块肌肉的测试。测试结果分以下两种：肌肉有力（"强"），得分为0；肌肉无力（"弱"），得分为1。最后将所有肌肉的功能得分相加计算总分，如表4-2-4所示，为肌肉功能评价评分示例。

表4-2-4 肩关节肌肉功能评价示例

肩关节肌肉功能评价	测试结果 强	测试结果 弱	肌肉功能评价得分	得分
前锯肌	0	1		低分（1分）
三角肌中束	0	1		一块肌肉力量不足
三角肌前束	0	1		肌肉功能障碍，建议进行柔韧性练习。
三角肌后束	0	1		中分（2分）
冈下肌	0	1		两块肌肉力量不足
肩胛上肌	0	1		肌肉/关节功能障碍，建议进行柔韧性练习和康复训练。
小圆肌	0	1		高分（3分或以上）三块或三块以上肌肉力量不足。肌肉/关节/神经功能障碍，建议进行柔韧性练习、康复训练、治疗。

如果总分为低分（1分），表明有一块肌肉存在功能障碍，建议要进行针对性柔韧训练；如果总分为中分（2分），表明两块肌肉存在功能障碍，此时肌肉和关节都可能有问题，不仅要完成相应的柔韧练习，还建议进行适当的康复训练；如果总分为高分（3分或3分以上），则表明多块肌肉存在功能障碍，这种情况最为复杂，除完成柔韧练习外，肌肉、关节、神经可能都需要进行康复和治疗。

（二）肌肉功能评价的测试方法

在进行肌肉功能评价时测试负荷的控制非常重要。图4-2-1和图4-2-2以三角肌中束为例展示肌肉功能测试中的负荷和力量变化情况，图中实线表示测试者施加的负荷的变化，虚线表示被测者三角肌中束在对抗该负荷过程中的力量变化。被测者在该测试中需保持单侧手臂侧平举。测试第一个阶段约为 1~2 秒，测试者手向下压被测者的手臂，被测者通过收缩三角肌中束来对抗外力、保持手臂不动，第二个阶段测试者加大下一定的压力，看受试者能否适应这种外力的增加而保持手臂不动。如果受试者能够做出正确的神经肌肉反应，对抗外力的增加，那么他的三角肌中束功能正常（如图 4-2-1 所示），如果受试者无法增加对抗，三角肌中束不能维持等长收缩状态，手无法保持侧平举而向下移动，则可判定为三角肌中束功能异常（如图 4-2-2 所示）。

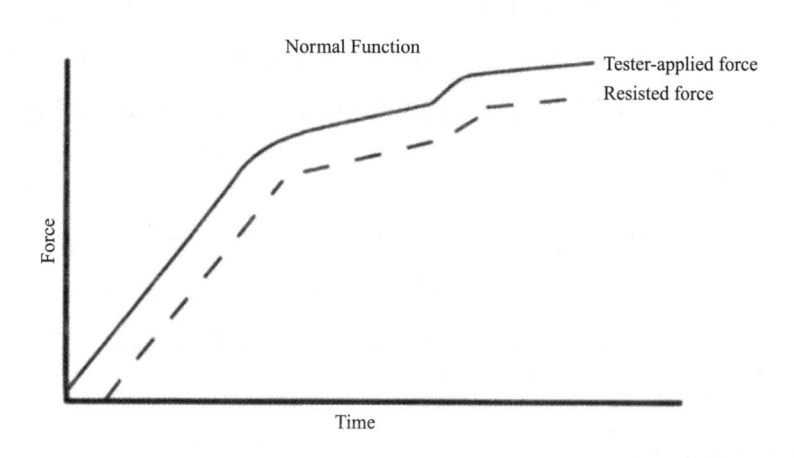

图 4-2-1　肌肉功能评价的正常结果（实线为测试者施加的负荷，虚线为被测者对抗的力量）

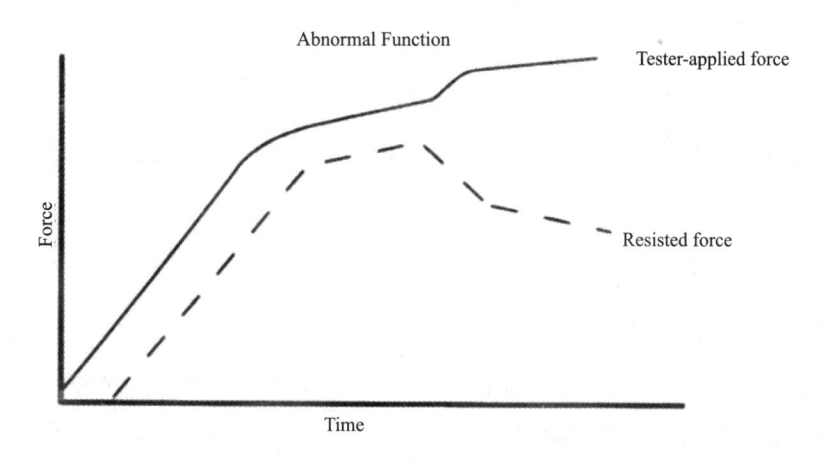

图 4-2-2　肌肉功能评价的异常结果（实线为测试者施加的负荷，虚线为被测者对抗的力量）

四、功能障碍的治疗方法

（一）微电流疗法

该疗法采用固定的电流强度（微安），像自身的细胞一样，产生能量（可将 ATP 水平增加 5 倍），提高蛋白质的合成，快速排除代谢产物。通过改变微电流的频率可以消除疤痕组织，改变肌肉组织结构紊乱。这种治疗方法较适合于肌肉功能障碍。

（二）电刺激疗法（EMS）

该疗法通过改变电流的各项参数，如电流频率、强度波形等，可以增加肌肉力量。因为通过电刺激可以激活运动神经元，支配肌肉产生收缩。EMS 是一种非常适合肌肉和神经功能障碍的治疗方法，可以在关节固定或制动期间实施该疗法。

（三）针灸

该疗法用特制的针穿刺身体特定位置的皮肤和深层组织（穴位）。这些穴位可能与神经系统有一定关联，通过针刺可以减轻肌肉痉挛，还可以促进一种类麻醉剂物质（内啡肽）释放，这样就可以减轻疼痛。针灸治疗肌肉和神经功能障碍非常合适。

（四）冷激光疗法

激光束中的光能可以穿越皮肤被身体内部的小分子吸收，然后转换成生物化学能量，使人体细胞水平发生一系列的变化，从而恢复细胞和组织最自然的功能，这一过程称为生物转化。激光疗法还可以提高机体内 ATP 的含量，通过释放内啡肽减轻疼痛，通过促进胶原合成加速伤口愈合。这种疗法比较适合于肌肉和神经功能障碍的治疗。

（五）超声波疗法

该疗法通过超声波（声波或波谱是人体无法通过听觉感知的）穿过人体组织，可以产热帮助疼痛释放、促进肌肉、韧带和肌腱等组织的修复，这种疗法比较适合于肌肉和关节功能障碍的治疗。

（六）营养补充

如果要提高肌肉力量或增加肌肉体积，特殊的营养补充是必不可少的，例如维生素、矿物质、蛋白质、氨基酸、脂肪酸等，如果有条件也可考虑补充一些草药。对于生化机能紊乱的运动者，营养补充是非常有效的治疗方法。

（七）药物治疗

如果运动者呈现炎症反应或疾病状态，就必须使用一些药品（自然或人工合成）来缓解、消除症状，药物治疗对于生化机能紊乱非常适用。

（八）叩打疗法

这是一种常用的疗法，非常适合肌肉功能障碍的恢复。叩打可以对软组织形成有节奏的机械刺激，使肌肉周围粘连的筋膜在和谐的振动中逐渐松解，有利于肌肉功能的快速恢复。

（九）积极放松技术

当肌肉、肌腱、韧带、筋膜、神经等软组织出现问题时可以采用该方法。这些软组织的损伤往往是多次微小损伤积累的结果，损伤部位由于组织粘连会出现不同密度的疤痕组织，限制关节运动幅度。通过特殊的身体放松运动可以逐步缓解以上问题。这项技术适合于肌肉、关节神经功能障碍的治疗。

本节介绍了力量训练前需要进行的功能评价，包括三种不同类型的测评方法。这些方法有助于对训练对象的功能水平及其对训练的影响进行评估，根据测试分数可以制订针对性方案进行柔韧性训练、康复训练或医学治疗，以改善功能。

第三节　力量训练的功能障碍及评价

力量训练的核心在于充分挖掘机体潜能，使肌肉力量和健美得到最佳发展，但是，众所周知，力量训练中难免会出现一些异常情况，导致"力量训练功能障碍"（weight-training dysfunction），限制力量发展。力量训练功能障碍是指在训练过程中机体器官和系统出现了非正常改变，导致功能性异常。引起这种功能障碍可能的原因有很多，如不合理的力量训练技术、负荷重量超出练习者承受能力、训练次数过于频繁、休息或恢复时间不够充足等。还有一个常见的但又很容易被教练和队员忽视的原因，那就是在过去损伤没有彻底治愈的情况下，局部肌肉又承受了过量的负荷，这些情况都是诱发力量训练功能障碍的因素。为了尽可能地减少力量训练功能障碍的发生，以下三种措施必须予以重视：

（1）应选择最佳的力量训练技术。

（2）应确保所有的练习动作符合生物力学机制。

（3）应进行相关测试，确保肌肉、关节、神经机能以及相关生化指标处于良好状态、不存在机能障碍。

一、力量训练功能障碍的四种类型

力量训练功能障碍不同于对抗性运动损伤（常见于曲棍球、足球等项目），也不同于慢性运动劳损（常见于长跑等项目）。力量训练功能障碍出现的原因主要是肌肉在训练过程中不能获得充分的恢复，导致肌肉发生损伤。正常情况下力量训练导致的是肌肉微细损伤（microtrauma），表现为少量肌纤维结构受到破坏，这种损伤的发生与修复对于肌肉体积和力量增长有重要的积极作用。但如果肌肉在训练过程中不能获得充分的恢复，正常的微细损伤有可能发展为重度损伤（macrotrauma），表现为大量肌纤维受到破坏，不仅不能促进肌肉体积和力量增长，反而会引发疼痛而阻碍训练。肌肉重度损伤一旦出现，不仅会导致肌肉、关节、神经机能或生化指标异常，还可能引发力量训练伤病。

肌肉、关节、神经和生化指标的异常可能单独或同时出现，导致疼痛、肌肉无力、关节运动异常等症状。通常慢性损伤时间越长、损伤涉及器官越多，四种类型功能障碍同时出现的可能性也越大。力量训练功能障碍的四种类型具体表现如下：

（1）肌肉功能障碍：指肌肉因损伤而出现疤痕组织，导致肌肉力量不平衡，肌肉长度变短或肌肉功能水平下降。

（2）关节功能障碍：指关节活动范围异常，导致关节结构挤压或松动。

（3）神经机能紊乱：指神经系统兴奋或抑制功能减退，神经活动电位发生改变。另外，关节周围本体感觉的改变也会阻碍肌肉力量的充分发挥。

（4）生化指标紊乱：指由于过度训练或特定营养素缺乏，造成全身性肌力下降，由于机能恢复不全面，疲劳逐步积累，容易产生慢性损伤。

（一）肌肉功能障碍

肌肉功能障碍最常见的原因是肌肉损伤，并伴随疼痛和无力感。当肌肉损伤时通常会出现炎症反应（inflammation）。如果炎症反应较轻微，一般能够在几天至几周内消除。但如果肌纤维损伤范围较大，出现重度损伤，持续的炎症反应最终会在腱鞘、筋膜、相邻肌束之间形成粘连或疤痕组织。这些纤维化粘连会限制肌肉和关节的正常活动。伴随肌肉的收缩性、伸展性和弹性的下降，关节的运动幅度也将相应下降。一旦关节运动不符合正常的生物力学机制，肌肉内炎症反应就会进一步加重和扩散，导致更为严重的肌纤维磨损和撕裂，形成一个恶性循环。如果运动员有纤维粘连的问题，在完成某一动作中就会有明显的疼痛感。例如，完成卧推时，在某一特定角度下，粘连肌肉就会感到疼痛。肩部肌肉发生纤维粘连后，在没有治愈的情况下还做卧推动作，训练中会发现肩部正常的活动受限，动作过程中还可能进一步牵连周围软组织，如其他肌肉、筋膜、肌腱和滑液囊等。如果局部负重练习停止，随着时间的推移，肌肉内的慢性炎症反应也会减少，但需要注意的是，肌纤维的粘连并不会随之减轻。只要训练重新开始，纤维粘连的问题又会重新出现，肌肉收缩舒张过程的疼痛将导致动作仍然无法完成。可以通过一个形象的比喻来解释这一现象，假如一辆汽车在行驶过程中出现轮胎晃动的问题，如果仅仅把它放进车库休息一个月，这只能避免轮胎和传动装置受到更大的破坏，但并不意味着轮胎已经重新定位，能够完成正常的行驶。面对汽车的这种问题，只能把它交给机械师或技术人员，首先要测试轮胎目前的状况，然后再完成轮胎动平衡定位等修理，直到汽车重新正常运转。与此类似，如果肌肉发生损伤，肌肉中所有可能发生纤维粘连的部位都应该找出来。另外，肌肉周围的腱鞘、肌腱、韧带和滑液囊等软组织也不能忽视，治疗时如果不全面，肌肉功能永远无法恢复正常。

肌肉功能障碍的另一个常见原因与肌肉压痛点（trigger point）的出现有关，肌肉出现压痛点时，不仅局部出现结节，而且会影响其他肌肉的功能。如 Simon（西蒙）在研究中发现，冈下肌有压痛点，三角肌在完成肩关节屈曲动作时会出现功能障碍。Headley（海德利）也发现，斜方肌上部有压痛点，其下部肌纤维完成肩胛骨内收动作时也会出现功能障碍。因此，要彻底恢复肌肉正常功能，压痛点的治疗也是不容忽视的。

（二）关节功能障碍

力量训练功能障碍的另一种类型是关节功能障碍。如果训练仅仅造成肌肉的微小损伤，一般不会直接影响关节的功能。但是，如果训练造成了关节损伤，那么加固、稳定关节的组织结构，如肌肉、肌腱、韧带通常也会出现相应的破坏。力量训练造成的关节功能障碍一般可分为两类：压缩性损伤（compression injuries）和扭伤撕裂伤（tearing injuries）。根据关节损伤的严重程度（轻度、中度重度）不同，一般需要几天、几周甚至几个月的治疗恢复时间，另外选择的治疗方式也是决定康复快慢的重要因素。

1. 关节的压缩性损伤

力量训练造成关节压缩性损伤时，通常只造成受伤关节自身内部结构损伤（关节内软骨和关节面软骨破坏等），很少会造成关节周围其他组织结构的破坏，特定情况下关节囊会发生肿胀。力量训练时承受过量的负荷可以直接影响关节周围感受器（如机械刺激感受器和痛觉感受器）的功能，从而使中枢神经系统接受的位置感觉、负重感、痛觉等信息出现错误，由中枢神经系统传出的神经冲动也会出现错误信号，引起肌肉和关节的非正常运动，导致损伤发生。压缩性损伤一旦发生，会直接影响关节内部结构，跨过该关节的肌群也容易由于用进废退而力量下降。使脊柱承受高强度负重的训练（如深蹲、硬拉、站姿推举）容易引发压缩性损伤，容易受伤的关节包括踝关节、膝关节，以及腰椎、胸椎和颈椎。

2. 关节的扭伤撕裂伤

力量训练造成的关节扭伤不仅会伤及关节自身结构，同时还能造成多种组织结构的破坏。当关节及其周围结构发生非正常扭转时，经常会造成肌肉、肌腱、韧带和关节软骨的损伤。扭伤是最常见的关节损伤，在绝大部分的动作中都可能发生，也可能在人体中任何一个动关节上发生。关节扭伤可以引发炎症反应和肌力下降。有研究发现，关节内炎症会使跨过关节的肌肉出现反射性抑制，韧带受到过度牵拉也会导致关节周围肌肉功能异常。韧带两端都附着在相邻的骨骼上，对关节起到稳定和加固的作用。韧带中存在本体感受器，如果韧带被拉长，就会反射性引起关节周围肌肉收缩。这是机体自身具有的防护机制，能够保证关节处于稳定状态，防止发生更加严重的损伤。

如果关节损伤较严重或治疗不够及时，受伤关节容易引发肌力不平衡，需要进行针对性康复。否则这种肌力不平衡会在受伤后长期存在，造成运动中的疼痛和难以发力。当关节活动幅度缩小时，往往就提示主动肌与协同肌群或支持肌群之间出现了肌力不平衡。以膝关节为例，不正确的深蹲动作会损伤膝关节，引起膝关节韧带张力异常，股四头肌、腘绳肌等相关肌群力量减弱。如果膝关节损伤没有得到良好的治疗和康复，股四头肌和腘绳肌之间就会出现肌力不平衡，继而引发疼痛和无力感。如果这种不平衡非常严重或持续时间相当长还会进一步影响其他关节，使与最初的膝关节损伤无关的肌肉也出现肌力减退从而严重影响正常训练，难以取得良好的训练效果。

（三）神经机能紊乱

神经在被牵拉和压迫的情况下，功能会受到影响，其所支配的骨骼肌会出现肌力的明显改变。在我们的生活中就有一个很好的例子，假如我们在睡觉时把胳膊整晚放在头的上方，当清晨电话铃响起，我们想要伸手去拿电话时，会发现这只胳膊不听使唤了，仿佛仍在沉睡，我们只好用另一只手活动一下这只沉睡的胳膊，它才会在一阵针刺般的感觉中渐渐恢复知觉，找回力气去接起电话。力量训练中对神经造成的压迫和牵拉要比日常生活中严重得多，但却很容易被忽略。例如，在进行背部肌肉力量练习时，负重太大会使腰部脊髓（人体的中枢神经器官）受到过度机械刺激，如果支配右侧下肢的运动神经受到压迫，接下来几天进行腿部肌肉力量练习如负重深蹲时，就可能出现右腿比左腿肌力差的现象，当训练快要结束时，由于疲劳和神经功能异常的双重原因，还可能出现扭伤躯干等更严重的问题。在神经器官损伤期间，运动员也许非常努力的训练，可是承受的负荷总是无法提高，甚至逐渐低于原来的水平。这种情况下，运动员可能根本无法想到是神经机能出现障碍，通常认为只要休息一段时间就可恢复状态。但休息一周后，做下肢屈伸动作时肌肉仍然无力，甚至会出现右膝疼痛的问题，随着时间的推延，右侧髋关节部位也会疼痛。这种情况下，如果一味在右侧下肢的肌肉、关节上寻找问题，就会走入误区。问题关键所在没有找到时，力量训练将无法继续进行。

那么究竟发生了什么？过去关于力量训练中神经的作用研究较少，尽管相关问题的提出和讨论不多，但也可从中总结出一定的规律。一些研究表明，支配骨骼肌运动的神经功能降低时，将导致肌肉力量下降，也可能引发疼痛反应，如果一条在脊髓和肌肉之间的神经受到压迫或牵拉（较为常见），神经的支配功能就会有所下降，从而导致肌肉收缩力降低，当负重继续增加时，关节损伤的危险性也相应提高。研究数据表明，非常小量的压迫和牵拉就会引起神经机能障碍。相关专家的研究显示，神经仅受到部分压力，相当于在手背放1角纸币的感觉，就可以使工作能力下降40%；人们发现神经受到6%的牵张力，可以使工作能力下降70%；另外还发现，即便压力没有引起疼痛的感觉，也可能造成神经病理学改变，出现神经机能障碍。因此，损伤后有必要对肌肉、关节和神经进行全面检查，寻找引起疼痛和肌肉无力的根本原因，然后再进行全方位治疗康复。如果没有认真追查损伤原因并进行科学的治疗，停训一段时间也是无济于事，一旦重新开始承重训练，各种问题又会再次出现。

（四）生化指标紊乱

力量训练方案制订不合理时，出现血液中生化指标紊乱是比较普遍的现象，过度训练和特定营养素缺乏是导致生化指标紊乱的两个重要原因，这种情况下通常会造成全身肌肉力量水平下降，更严重的是容易造成慢性损伤积累。过度训练会使机体产生长期压力，造成肾上腺的功能异常。肾上腺能够产生多种激素，如果某些激素缺乏就会出现疼痛、无力和无法适应各种刺激等问题。一旦出现了以上的现象，机体需要几周甚至几个月的时间才能恢复。营养素缺乏的主要原因是过度的饮食控制，长期食用几种单调的食物。这种问题多发于专业健美运动员，因为他们往往过分强调高蛋白膳食，而只吃很少的蔬菜，导致维生素和微量元素摄入不足。专业健美运动员要长期承受大负荷力量训练和心肺有氧运动这种运动应激会对肾上腺造成相当大的压力，如果肾上腺不能获取足够的营养是无法应对这样的应激压力的。

如果没有充足的营养补充，肾上腺的合成分泌功能就会在训练过程中逐渐下降。当然，长期压力和过度训练都能造成肾上腺相关激素的缺乏，这里所指的缺乏是指肾上腺分泌的激素无法适应运动中机体承受大负荷的刺激，所以这种状态下的肾上腺相关激素缺乏与病理性疾病不相同。但是，负重训练造成体内激素变化的过程必须予以认真对待，因为处理方法不同，最终可能导致两种截然相反的结果，一种是肾上腺进入最佳功能状态；另一种是肾上腺发生病理性变化。人体接受严格训练的过程中，肾上腺通过两种途径分泌激素：第一，肾上腺髓质分泌肾上腺素和去甲将上腺素；第二，肾上腺皮质分泌皮质醇和睾酮。肾上腺素是机体接受知情刺激和预料刺激（如训练的情况）下分泌。肾上腺素的合成需要蛋白质和一些辅助因子，如酪胺酸烟酸。去甲肾上腺素是机体受到不知情和没有预料的刺激（如打斗）时分泌的，去甲肾上腺素的合成需要胆固醇和一些辅助因子，如维生素C、维生素B_6、烟酸叶酸、泛酸等。当机体营养缺乏，没有足够的辅助因子时，肾上腺髓质将无法合成足够的肾上腺素和去甲肾上腺素。如果该两项激素没有达到最佳水平，人体很难适应大运动量和高负荷的训练。另外，营养缺乏，激素水平欠佳，最终会导致训练水平逐步降低，受伤的概率也会大大增加。同样道理，素食主义者和女性由于营养摄入的问题，很容易造成这些激素偏低，竞技水平也相应较低，皮质醇和睾酮的合成需要胆固醇和一些辅助因子，如维生素C、维生素B_6、烟酸、叶酸、泛酸以及锌等矿物质。这两种激素水平低下时，机体负重的能力将有所下降，同时疼痛感觉会过于敏锐，不利于训练水平的提高。

二、力量训练功能障碍的原因

（一）技术动作不合理

在力量练习中，运动员承重技术或运动技术较差是造成功能障碍的根本原因。如果没有专业教练直接指导，再加上对承重练习的基本生物力学机制没有了解，运动员很难形成合理的运动技能。在实践中，比较简便的方法是通过视频，向运动员传输合理的技术，同时介绍相关的运动知识和常识，从训练的开始阶段就尽量避免功能障碍的出现。

（二）负荷过重

力量训练中如果承受的负荷超出自身的承受能力，负荷越重，相关组织和器官遭到破坏的可能性也越大。因为负荷逐步加重的过程，也是肌肉等软组织以及神经支配逐渐疲劳的过程，这种情况下，很容易出现动作变形，引发功能障碍。

（三）训练次数过于频繁

任何一块肌肉在训练期间都需要一定时间恢复，只有在这段恢复时间里，训练产生的刺激才能引起肌肉的超量恢复，肌肉的力量和体积才会逐渐增加。如果急于求成，对身体局部某块肌肉频繁练习，没有给肌肉充足的恢复时间，肌肉功能不但无法在超量恢复中得以提高，甚至事与愿违，还会造成局部炎症反应和生成疤痕组织。

（四）休息或恢复时间不足

如果两个训练周期或训练阶段之间没有充足的休息或恢复时间，必然会影响训练效果，使下一周期的训练水平难以提高。还有一点不容忽视，除了过多的训练会影响肌肉恢复外，日常生活中许多因素（如吸烟、熬夜等）都会对身体造成一定刺激。因此，高水平运动员必须保证充足的休息时间和休息质量，尽量避免生活中的不良干扰，集中精力于训练中。

（五）单一器械动作反复练习

也许大部分的运动员都没有意识到，如果总在同一器械上，同样的训练程度，同样的关节运动幅度进行练习，也是造成功能障碍的原因。有学者提出肌肉存在功能分化的特点（一块肌肉的功能要在多个动作中才能全面体现），这主要是针对那些起始附着点范围较大肌肉，如胸大肌。当胸大肌在单一器械上进行反复训练时，中枢神经系统就会形成规律的活动信号，支配这块肌肉中某一部分肌纤维产生最大收缩，其余部分肌纤维参与非常有限。长此以往，在整块肌肉或肌群中容易形成肌力不平衡的问题，这也是造成功能障碍的潜在因素之一。如果能够意识到这种错误所在，解决问题的方法其实非常简单：训练一块肌肉可以选择多种训练器械，也可以适当进行徒手练习。

（六）陈旧损伤没有彻底治愈

力量训练中出现机能障碍很重要的一个原因是，在陈旧损伤没有治愈的情况下，肌肉和关节又承受了过量的负荷。为什么承重练习通常只造成一侧肢体损伤呢？按道理讲，训练中绝大部分动作都是由双侧肢体共同完成的，双臂和双腿承受的力量是完全一样的，如果单纯负荷过重是损伤的原因，双侧肢体的损伤应该是同时的。但事实上，这种情况很少发生。因此，有些观点认为，在承重力量练习过程中，单侧肢体受伤的主要原因是该陈旧损伤没有彻底治愈。

三、力量训练功能障碍的评价

下面将介绍三份调查问卷，用来进行力量训练功能性评价。

"力量训练功能障碍筛查问卷"主要调查训练中是否出现疼痛和其他身体异常。通过该问卷，只能评估运动机能有无障碍，而无法判断产生障碍的原因。"力量训练功能障碍原因调查问卷"的主要目的是明确机能障碍的位置，区分肌肉、关节、神经中哪种器官组织出现了问题，"训练应激水平主观感觉调查问卷"主要调查是否存在与生化指标紊乱有关的症状。通过这些调查问卷，可以评估是否需要由医生或理疗师进行专门检查，以确定力量训练功能障碍的严重程度，以及是否需要采取专业治疗和对训练进行调整。

（一）问卷一：力量训练功能障碍筛查问卷

主要调查或检查训练中是否存在疼痛，运动员是否改变了运动方式，以避开特定动作或避免活动身体的特定部分。这些问题的答案按照严重程度由低到高划分为相应的等级，每一等级都有数字代表得分情况。回答所有问题后，可以将得分累加，最后得出总的评分结果，从总体得分情况可以判断该运动员运动前是否存在机能障碍，是否需要首先进行治疗。本问卷包括以下五个问题：

（1）力量训练时，是否感觉疼痛？

通过这个直接的问题，可以反映出运动员机能障碍造成的疼痛是否严重。需要注意的是：每个人对于疼痛的感觉并不一致，也许有一部分人对疼痛的感觉有所夸大，而另外一部分人却很容易忽略疼痛的存在，但这并不意味着身体没有问题，通过继续回答本问卷其他问题，可以将运动员的实际情况反映出来。

（2）过去能完成的练习现在是否因为身体某部位疼痛有完成不了或很难完成的情况？

这是本问卷中一个最重要的问题。从该题答案中可以判断运动员进行力量练习时究竟在以下哪个环节有问题：承重技术、肌肉、关节、神经。根据答题情况，可以将承重机能归结为以下四种水平之一：①完成全部力量训练的过程中，身体没有疼痛。②由于疼痛或无力，无法完成某个特定的动作。以往能够完成的工作，现在无法完成，这就是力量训练功能障碍的表现。如果出现这种情况，请首先检查动作技术是否合理。如果技术不合理就是引发疼痛的原因，如果技术合理就需要进一步寻找功能障碍的原因。③训练中有两个或两个以上的动作，练习时有疼痛或无力的现象。当练习多个动作都会引起身体局部疼痛时，请检查承重技术的合理性，然后填写问卷二判断是否是肌肉、关节、神经的问题。④完成训练过程中，整个身体都有疼痛或无力的感觉。如果在完成某一局部力量练习时身体的其他部位都会出现疼痛，这时身体功能障碍已经较为严重。例如，进行胸肌和臂肌练习时肩部肌肉会感觉疼痛。如果出现这种情况要检查承重技术是否合理，填写问卷二，明确肌肉、关节、神经的机能状况。然后再填写问卷三进一步明确问题所在，决定是否需要特殊的治疗或体疗康复手段使机体机能恢复正常。

（3）在运动中是否出现过问题？如果出现过，距现在大约多长时间？

通过回答这个问题可以快速明确目前存在的机能障碍是急性损伤或新伤（受伤几天或几周），还是慢性损伤或陈伤（受伤几个月或几年）。如果是慢性损伤，身体可能已经出现代偿功能，周围的肌肉和关节功能也已经受到影响。

（4）身体在运动中能保持平衡吗？卧推动作中是否有一侧上肢滞后，负重深蹲动作中是否有身体扭转现象？

如果在卧推和深蹲练习时出现以上现象，这是典型的肌肉、关节或神经损伤的表现，因为在练习中两侧肢体承受的负荷完全相同，只要出现不对称现象就表明有一侧肢体存在问题。当明确究竟是哪种器官出现了问题后，可以对局部进行专门的力量练习。要想使出现机能障碍的肌肉、关节和神经恢复正常，仅仅依靠力量练习是不够的，必须实施专门的康复训练和治疗手段，才能进行力量训练。

（5）是否在某一特殊动作练习中感到力量有所下降？

肌肉力量开始下降通常是肌肉功能障碍非常简便易测的指标。一旦肌肉组织出现问题肌力就会降低，如果继续负重练习力量还会下降并且出现疼痛，这是身体自我保护的一种表现（器官结构破坏后，功能也相应下降）。这种情况下要检查疼痛或无力的部位，然后制订合适的治疗方案或体疗康复手段使肌肉功能恢复正常。附得分情况说明：①将所有问题的得分相加，得出该问卷的总分，对应问卷第二部分内容，可以对目前的机能状况做出判断。②计算总得分，对应问卷第三部分内容，确定需要如何处理。③计算问题2的得分，对应第三部分问题2的内容确定如何处理。④第四部分内容是对问卷填写结果给出的建议，在此可以知道如何进行下步的工作。

问卷内容如下表 4-3-1 所示：

表 4-3-1　力量训练功能障碍筛查问卷

力量训练功能障碍筛查问卷

姓名：
日期：

第一部分：问卷

请在符合您情况的选项前的方框里划勾。
1. 力量训练时您是否感觉疼痛？
A 没有 [0]　B 轻度 [1]　C 中度 [2]　D 重度 [3]
2. 过去您能完成的练习，现在是否因为身体某部位疼痛，有完成不了或很难完成的情况？
A 没有。能够完成全部力量训练，身体没有疼痛。[0]
B 有。[请在以下 3 个选项中选择]
a. 由于疼痛或无力，无法完成某一个特定的动作。[1] 哪个动作？
b. 由于疼痛或无力，无法完成两个或两个以上的特定的动作。[2] 那些动作？
c. 由于疼痛或无力，无法完成某个部位的所有训练动作。[3] 哪个身体部位？
3. 如果您存在上述问题，请问这种情况出现多久了？
A 不存在问题 [0]　B 几天 [1]　C 几周 [2]　D 几个月 [3]
4. 您的身体在运动中是否存在不平衡，如卧推时有一侧上肢力量不足或负重深蹲时身体出现扭曲？
A 没有 [0]　B 轻度 [1]　C 中度 [2]　D 重度 [3]
5. 您是否在做特定动作时感到力量有所下降？
A 没有 [0]　B 轻度 [1]　C 中度 [2]　D 重度 [3]

第二部分：得分

将第一部分的得分相加，总分填入下表的相应位置。
0　1　2　3　4　5　6　7　8　9　10　11　12　13　14　15
没有问题　　　轻度障碍　　　中度障碍　　　重度障碍

第三部分：评价

总分
0：没有问题，可以调练。
1—5：检查力量训练技术是否存在问题。观察出现疼痛的身体部位，看继续练习时该部位的问题是否更加严重。可进行力量训练前功能评价，有助于发现潜在的问题。
6—10：检查力量训练技术是否存在问题。建议进行力量训练前功能评价，以防止更严重的损伤。
11—15：检查力量训练技术是否存在问题。必须进行力量训练前功能评价，以评估力量调练功能障碍的严重程度，防止更严重的损伤。

续表

问题 2
0: 没有问题，可以训练。 1: 检查力量训练技术，确定是否由于动作技术不合理引发疼痛和无力感。 2: 检查力量训练技术，填写力量调练功能障碍原因调查问卷，确定引发功能障碍的原因。 3: 检查力量训练技术，填写力量调练功能障碍原因调查问卷并进行力量训练前功能评价。 第四部分：建议 Ⅰ没有问题，可以训练。 Ⅱ填写力量训练功能障碍原因调查问卷，以更深入的评估。 Ⅲ预约完成力量训练前功能评价，评估功能障碍的严重程度。 Ⅳ预约医师或治疗师做进一步检查。 评价：

（二）问卷二：力量训练功能障碍原因调查问卷

"力量训练功能障碍原因调查问卷"能够帮助医生、治疗师、运动伤害防护师对力量训练功能障碍进行分析评估其对训练的影响。该问卷调查能够确定引起疼痛的练习方式并通过减轻疼痛、增强力量的效果来对训练或治疗的有效性进行评估，通过确定引起疼痛的练习方式和特定运动，还能够帮助判定哪些肌肉或关节需要康复训练或治疗以及哪些练习方式应暂时避免。私人健身教练也可以使用本问卷以决定是否需要建议客户去找医生或治疗师进行专门治疗。问卷调查中如果发现肢体有刺痛感或麻木感，提示神经系统问题则应先进行相关治疗再开始或重新投入大强度训练。《力量训练功能障碍原因调查问卷》同时适用于男性和女性。确定力量训练功能障碍一般需要完成以下七项内容：

1. 功能障碍发生的部位

一般有两种方法确定人体出现功能紊乱的部位：第一种方法是通过一张列表，把身体的各个部位或肌肉群用文字描述出来，然后由运动员在其中选择功能异常部位；第二种方法是通过两张正面和背面的简易线条人体图，由运动员在图上标出功能异常，如疼痛、麻木的具体部位。

2. 疼痛的类型或疼痛感觉的描述

对于非医学专业的普通人群，进行感觉描述时应该用普通人能够理解的日常用语进行。一般情况下，用来描述功能紊乱出现的感觉异常，或者用来描述疼痛感觉的词汇相当多，但临床上普遍使用的主要有以下四种类型：疼痛、刺痛、麻木、僵硬。疼痛可以出现在肌肉或关节。受试者应该在人体图上明确指出疼痛或有问题的身体部位。如果受试者无法明确将疼痛部位确定在某一点，而是在肌肉周围上下来回划动，这说明是肌肉出现了问题。如果受试者能够非常明确地指出功能异常部位，说明是关节或滑膜囊出现了问题。如果标出的部位在关节附近，说明功能紊乱发生在关节或关节周围的韧带、肌腱。另外，疼痛出现的时间也可以作为一个判别方法。如果疼痛只出现在运动或举起重物时，说明肌肉功能出现问题；如果无论运动还是安静休息都有疼痛的感觉，说明是滑膜囊有问题或关节有炎症。

刺痛是一种非常明显的感觉，这种感觉的根源往往是神经系统出现了问题。临床上对这种现象的描述称为感觉异常（指皮肤上无客观原因的异常感觉），这些感觉异常包括麻刺感、灼痛感和针刺感等。引起这种感觉的原因非常多，如果出现这一问题，还需要进一步检查和区别。麻木是一种感觉丧失，这是神经压迫或神经紧张的结果。如果受试者有麻木的感觉，还要进行详细的检查。僵硬表现为：运动时由于酸痛感、紧绷感、紧张感等不良感觉使关节活动范围受限。练习后出现的酸痛，或者软组织酸痛都能导致运动范围受限。

3. 不同的运动方式导致不同的运动功能紊乱

了解受伤时的运动方式或动作类型，对确定功能障碍的原因非常重要。如果受伤过程出现在一个复合的技术动作中，如深蹲或卧推通常会伤及多块肌肉或多个关节，甚至也会影响周围的神经支配功能。这种情况下产生的伤痛较为复杂，治疗和康复过程必须考虑多项因素。如果受伤过程出现在一个简单的技术动作或单关节运动中，如伸膝练习或哑铃侧平举，通常仅会伤到一块肌肉，当然严重时受伤范围也会扩展到肌肉周围的关节。因此，在测试问卷中了解造成受伤的技术动作，对于正确判断受伤肌肉或关节正确制订治疗方案和康复手段起到非常重要的作用。

4. 出现功能障碍的时间长短

机体出现功能紊乱的时间与填写问卷的时间间隔越长，治疗方案的制订越复杂，康复过程也越漫长。因此，出现功能障碍的时间长短，是影响治疗和康复非常重要的因素之一。如果功能紊乱出现在几天前，主要的治疗措施将集中在消除炎症和解除痉挛；如果功能紊乱出现在几周前炎症一般已经消除，但是受伤部位已经形成了疤痕组织，从而影响肌肉的收缩模式，此时治疗措施将主要针对这些变化；如果功能紊乱出现在几个月前炎症消失，疤痕组织的形成不仅改变了肌肉的收缩和关节的运动，神经的活动也可能受到影响；如果功能紊乱出现在几年前炎症已经荡然无存，机体已经适应了肌肉和关节出现的短暂性改变，出现了代偿功能甚至影响其他肌群的功能，此时，再判断究竟哪个肌群是最初出现功能紊乱的肌群将非常困难。

5. 曾经接受过哪些治疗，哪些治疗方案还没有实施

如果能够准确了解功能紊乱的器官曾经接受过何种治疗，在后来的治疗中就可以排除使用这种方法节省大量的治疗时间。但是必须对这方面的信息认真分析，否则容易导致误解。因为此前的治疗方法可能并不十分正确，或者没有在合适的治疗时间进行治疗，或者没有同时结合其他必要的治疗方案。因此，过去接受过相关治疗并不意味着现在不再进行任何治疗，也许补充其他的治疗方案会更加有效。在制订治疗方案时必须考虑的一点是由于大部分的功能紊乱都是多种因素造成的，所以从理论上讲也应该同时采用多种治疗方法。

6. 何种运动会引起疼痛

通过这一问题的答案，可以了解常见的练习中有哪些运动存在问题。也许结果看起来并不十分明，但仔细分析可以从中区别出肌肉和关节的功能紊乱。如果是肌肉功能紊乱，疼痛仅在某些或某个动作中产生并不是所有的动作都能引起疼痛感；如果是关节功能紊乱，几乎所有的动作都会引发局部疼痛。例如，一个运动员握推时肩部疼痛，但实力推时肩部不痛说明该运动员肩袖肌群功能欠佳，胸肌也可能存在功能障碍的问题；如果在握推和实力推时肩部都有疼痛感，则表明是肩关节存在功能障碍。如果发现疼痛的首要原因是关节功能障碍治疗时就会较为复杂，因为关节功能异常通常会引起周围肌肉功能异常，因此制订治疗方案时要全面考虑关节和肌肉两种器官的功能恢复。

7. 哪个运动过程或运动方向会引起疼痛

在一般问卷中，很少问及哪个运动过程或哪个运动方向能够引起疼痛，事实上这是一个非常重要的问题，因为由此可以判断究竟是哪一块肌肉在哪种工作方式下出现了问题。有些人认为肌肉收缩和肌肉工作是同一个概念，这是一种错误

的想法。肌肉工作是指肌肉消耗能量的过程；肌肉收缩只是肌肉工作中的一种方式（静力性动作肌肉长度不变，但也是肌肉工作的一种方式）。以举重过程为例，肌肉有三种工作方式。一种是向心工作，也就是肌肉工作过程中产生的力量能够克服阻力，肌纤维向肌腹中心靠拢，宏观表现为肌肉逐渐缩短，一般出现在负重（自身重量或外界重量）上升阶段的动作中；第二种是离心工作，也就是说肌肉在工作过程中产生的力量无法克服阻力，肌纤维向两端移动，外观表现为肌肉逐渐被拉长，一般出现在负重（自身重量或外界重量）下降阶段的动作中；另外一种工作方式是等长工作，又称为静力性工作，也就是说肌肉在工作过程中产生的力量与阻力相当，肌纤维没有移动，宏观表现为肌肉长度不变，一般出现在动作开始、结束或中间停顿阶段。

问卷内容如表4-3-2所示：

表4-3-2 力量训练功能障碍原因调查问卷

力量训练功能障碍原因调查问卷
姓名： 日期： 1.功能障碍发生的部位 A 颈部　　B 项背部　C 足　　D 肩　　E 臀肌　　F 股四头肌 G 肱三头肌　H 腹部　I 腰背部　J 肘　　K 踝　　L 腕 M 膝　　O 手　　P 胸　　Q 腘绳肌　R 小腿三头肌　S 前臂 T 肱二头肌 2.请写出疼痛位置及类型： 疼痛： 刺痛： 麻木： 僵硬： 3.损伤是否发生于某一运动中：A 是　B 否　C 不清楚 4.如果上面的回答是"是"，那么是那种运动引起了损伤？ 5.该损伤发生多长时间了？ 6.哪些治疗有效？哪些治疗无效？ 7.列举引起疼痛的练习方式：

（三）问卷三：训练应激水平主观感觉调查问卷

"训练应激水平主观感觉调查问卷"主要通过一系列描述主观感觉的问题，来判断训练者的训练量是否已经超过自身承受能力以至于对肾上腺功能产生了负面影响，出现各种肾上腺相关激素缺乏的症状。这些症状中最主要的表现包括：总是感觉疲劳、持续性的钝痛、由卧位快速变直立位时有眩晕感、对阳光刺激特别敏感、总是需要戴太阳镜。所有这些症状都提示，机体可能由于维生素或矿物质缺乏出现了血液生化指标的紊乱。

问卷内容如表 4-3-3 所示：

表 4-3-3 训练应激水平主观感觉调查问卷

训练应激水平主观感觉调查问卷
以下问题评估是否存在过度应激或过度训练引发的相对性肾上腺功能低下，以及是否存在疲劳、乏力和疼痛等症状。 请勾选最符合症状情况的数字。0= 无；1= 轻度；2= 中度；3= 重度 1. 食欲降低 2. 睡眠问题 3. 力量下降 4. 运动后恢复能力下降 5. 易怒 6. 承重训练时感觉负荷更沉重 7. 伤病发生率增高 8. 免疫力降低（如易患感冒） 9. 起立时眩晕 10. 情绪低落或情绪多变 11. 肌肉持续性酸痛 12. 对阳光的敏感度增加（需要佩戴太阳镜） 总分： 训练压力水平指数 0　3　6　9　12　15　18　21　24　27　30　33　36 轻度　　　　　　中度　　　　　　重度（压力过大）

本问卷总共有 12 个问题，每个问题都有四个数字对应感觉的严重程度。所有这些问题的答案相加，可以得出最后的总分，然后根据总体得分情况对应的训练应激水平指数（轻度、中度、重度）来决定下一步如何进行。如果得分情况在轻度和中度之间，运动员的休息时间就应该有所增加，如果可能的话可以停训一周，这样才能保证运动员机能完全恢复重新开始训练后能够承受更大训练量。如果得分情况在中度和重度之间，运动员最好要补充缺乏的维生素和矿物质，如果医生了解运动员机能紊乱的特点，消除过度训练的各种症状完全可以不采用药物治疗，因为通过饮食、维生素、矿物质和草药这些自然物质的补充，通常足以解

决这一问题。当然,一到两周的停训对于体能的完全恢复也是非常必要的。

本节主要探讨力量训练功能障碍的不同类型和特点及其对机体和训练产生的影响。力量训练的技术和方案设计当然重要,但对身体状态及其应对不同力量训练的能力进行评估也同样重要。

第四节　力量训练的危险收效比分析

所有参加力量训练的运动员都希望能够掌握最佳的运动技能,尽量减少运动损伤的发生。要做到这一点,不仅要正确理解肌肉收缩的生物力学机制,还要了解训练中肌肉功能改善的程度。众所周知,所有的素质训练都具有一定的危险性,如力量训练、速度训练和柔韧训练等,在训练中都应充分考虑到其潜在的危险因素。这些危险因素来源于各个方面,如动作本身的难易程度、设备状况、训练环境、运动员目前的健康状态、竞技状态、注意力集中程度、专项技术熟练程度、疲劳程度、是否带伤训练以及其他一些生物力学因素。

由于每个运动员的训练经历不同,对一定量的训练刺激感受也不同,所以应该设计一套力量训练信号系统,针对每个人的特点选定训练方案,尽量减少运动损伤的发生。某些特殊的运动项目,如高山滑雪、冲浪等都已经根据难易程度设立了一整套信号系统,这一系统根据参加运动者自己的运动经历,确立适合自身的运动等级,同时还要承担相应的危险性。当然运动等级越高,危险性也越高。例如在高山滑雪项目中,运动等级和危险性是通过运动路线的颜色和形状进行区分的。绿色圆形的运动路线代表了低运动难度和低危险性,适合初学者滑行;蓝色方形的运动路线代表了中等难度和中等危险程度,适合那些已经掌握了一定高山滑雪技术的人滑行;黑色钻石路线代表了高难度和高危险性,只适合高级专业运动员滑行。滑雪运动的危险性是非常明显的,那么该项运动的收效是指什么呢?每个运动者在滑雪中能够得到不同程度的快乐、满足感、成就感,这就是运动的收效。和运动的危险性相对应,在绿色圆形路线上得到的收效较差,蓝色方形线上得到的收效中等,黑色钻石路线上得到的收效最好。

每个人都应该遵照这一危险收效信号系统进行运动,否则无法达到最佳的运动效果。假如一个本应选择绿色路线的初学者在黑色钻石滑道上滑行,其受伤的概率就会非常高，同时他也难以得到运动带来的满足感和成就感。而对于一个高级滑雪者来说，他的滑雪技术已经非常娴熟，即使在黑色钻石滑道滑行也只有很低的危险性，他如果选择绿色滑道滑行，虽然危险性非常低，但却无法得到黑色钻石滑道带来的快乐和兴奋。

一、何谓危险收效系统

力量训练危险收效信号系统可以为运动员提供一系列的信息：一定的训练量、训练强度和动作技术，在训练中具有多大的危险性、训练后能够有多大收效。某些运动技术能够带来较好的效果，但同时又有较高的危险性，和上面提到的滑雪运动一样，如果训练者专项技术水平较高就可以安全完成动作，所以完全可以尝试选择这种技术，以求得到更大的受益。需要强调的是：危险性高的技术动作并不意味着必然会受伤。一些高强度的训练或特定的技术动作，也许存在较高的受伤概率，但是为了最大程度发展肌肉力量或体积，必须选择这些训练方法。对于那些运动经验丰富、运动技术合理、肌肉骨骼系统功能水平较高的运动员来说，这些背景因素都会相应降低损伤危险性，同时又能在训练中得到较好的效果。一般情况下，大运动量、高强度的训练危险性都较高。如果选择低强度的训练，高水平运动员从中得到的收效将非常有限。

下面分别介绍各种危险收效信号系统，以便运动者能够根据自身的特点，选择合适的运动量、运动强度和运动技术。

（1）低危险、低收效。这类方案是初学者通常选择的方案，高水平运动员在康复或恢复阶段进行积极性休息时也会选择。

（2）中危险、低收效。这一信号系统通常表明运动技术或训练强度不合理，按照该方法运动可能不会受伤，但收效一定非常小。

（3）高危险、低收效。这样的信号系统表明运动技术非常差或训练强度极其不合理，运动效果不好，运动的危险性远远高于收效。

（4）低危险、中收效。这一信号系统表明运动员具有良好的训练技术，可以适当降低动作的危险性，适合于初学者对于处于动态康复期的高水平运动员也适用。

（5）低危险、高收效。这一信号系统代表着训练的最佳状态，需要运动员具备极好的运动技术，以最低的危险性换取最好的效果。

（6）中危险、中收效。这一信号系统通常出现在运动量和运动强度增加，运动技术改善时期，伴随着这些变化运动效果在提高，但同时运动危险性也相应增加。运动时是否会出现损伤，和个人的运动经验和身体状态有很大的关系，适当的身体监控和疲劳消除可以使危险最小化。

（7）高危险、中收效。这种信号系统通常表明运动技术较差，或运动强度不合适。运动员在获得中等程度收效的同时却要面临非常高的风险，适当的身体监控和疲劳消除可以使危险最小化。

（8）中危险、高收效。这一信号系统通常出现在原有一定训练水平训练设计合理的运动员中，当他们的运动量和运动强度增加，运动技术改善时会进一步得到最大收效，但同时具有中等的危险程度。适当的身体监控和疲劳消除可以使危险最小化。

（9）高危险、高收效。这种情况通常出现在比赛中和赛前冲刺阶段当高水平运动员在原有基础上继续增加运动量和运动强度时，或者改进技术动作时，会为完成动作做出最大的努力。适当的身体监控和疲劳消除可以使危险最小化。在制订力量训练计划时，要充分考虑各种影响训练危险收效比率的因素。总体来讲，以下三点因素的影响具有普遍性：①年龄越大训练危险性越高，训练收效越差。因为随着年龄的增高，体内的激素水平和训练后的恢复能力都在下降。②身材越高，训练的危险性越高。因为从生物力学杠杆原理来讲，较长的四肢和躯干在力量训练中更为吃力，因此同样的重量，身材较高者会感到更明显的应激。③运动过程中，负重离身体越远肌肉和关节受到的应激越明显，危险性也越大。

（一）如何进行危险收效比率分析

1. 确定运动经历

一般判断运动经历的方法是：初级（训练 0～3 个月）；中级（训练 3～12 个月）；高级（训练 12 个月以上）。不同的运动经历会影响运动方案中各种参数的确定。运动经历较少的初学者，应该从低运动量、低强度、低难度动作开始，以便身体各种组织（如韧带、肌腱等）能够适应训练的刺激。需要注意的是，这里所指的运动量和运动强度不仅是完整训练内容的一部分，还可以针对身体的每一个部位进行调整。另外，每个力量练习动作的完成速度也和运动经验有关，运动经历越长，爆发力的动作才能练习越多。

2. 明确运动目标

运动者参加训练是要增加肌肉体积还是想提高肌肉力量？这是训练前必须明确的问题，只有确定了运动目标后，才能选择合适运动方案（运动量、强度、负荷）。当然，无论运动目标是什么，选择的训练技术都应该遵循收效最明显、危险最低的原则。力量训练负荷越重，训练量就应该越低，只有这样才能保证疲劳恢复，不影响下一阶段的训练。

3. 评价个人的生物力学特点

每个人的高矮不同、四肢长短不同，使得相同负重对身体的刺激不尽相同，较长的四肢就像长杠杆一样，在举起负重时会对身体产生较大的刺激。例如，在利用哑铃完成仰卧飞鸟或侧平举动作时，由于上肢运动轨迹远离身体，将对关节产生较大刺激，如果改为卧推或推举，上肢的运动轨迹与身体较近，关节受到的刺激将明显减小。如果一个人的身材特点是躯干长、下肢短，那么根据杠杆原理，在完成负重深蹲动作中保持躯干竖直可能较为困难，因为此时躯干作为长杠杆，在负担重物时效果较差。此类身材的人可以利用举重靴提高踝关节的位置，相应的下肢长度也有所增加，使运动杠杆更加平衡；另外，也可将技术动作改为前路或卧蹬，以避免出现长杠杆的不良影响。某些训练者的肌肉力量分布不平衡，他们会在不知不觉中改变技术动作。例如，如果一个人腿部肌肉力量相对薄弱、臀部肌肉力量相对发达，它在深蹲动作增加负荷的过程中会改变下蹲方式。下蹲过程中，躯干有所前倾，而小腿却保持竖直。这样的技术动作对膝关节和腿部肌肉的刺激减少，动作是靠躯干的前倾幅度增加代偿膝关节屈曲程度降低来完成的，该技术对髋关节、臀肌和腘绳肌都有明显的刺激，而腿部肌肉从中得到的锻炼较少。长期进行这样的练习，训练者肌肉力量将会更加不平衡。进行最大负荷训练（如硬拉、高翻）时，动作完成过程中应确保负重始终在靠近身体几英寸的范围内移动，因为根据杠杆平衡原理，这样可以减轻腰部的负荷。下面将通过一组数据来解释这一理论。如果在距离身体8英寸的位置高翻20千克的负荷，最终作用在腰椎的力是120千克；如果在距离身体12英寸的位置高翻20千克的负荷，最终作用在腰椎的力是 160 千克。动作完成过程中 4 英寸的改变，在腰部就会增加 40 千克的负重，因此尽量保证负重靠近身体，这是减轻腰部负担、减少腰部损伤的重要方法。

4.评价身体结构的对称性

任何身体结构失常，如脊柱侧凸或一侧下肢短等都会改变身体的对称性。例如，在深蹲的上起过程中，如果训练者自身脊柱侧凸，而且缺乏运动经验，位于身体轴心的重负可能对侧凸曲率最大部位的腰椎和关节造成强烈刺激，导致躯干在上升过程不自觉地产生扭转。针对这一问题，一个解决方法就是更换训练动作，如用卧蹬或器械深蹲来代替原来的深蹲练习，这样就可以减少身体的偏移和扭转。另外一种解决方法是借助外物弥补身体的不对称。例如一侧下肢短的训练者，可以在鞋中进行垫衬，从而达到增加下肢长度，使左右对称的目的。对于左右肢体不对称的训练者，进行闭合链式的运动危险性较大，应该尽量选择开放链式的运动，如锻炼腿部肌肉可以选择负重伸小腿和负重屈小腿的练习。

（二）根据危险收效比率确定运动量和运动强度

对于不同训练水平的运动员，在制订运动方案时要根据不同运动量、运动强度带来的危险收效比率作为指导原则，下面将具体介绍这方面的内容：

1.初级训练水平

一般将参加训练不足 3 个月的运动员定位于初级训练水平，也就是初学者，他们在训练中最好使用低负重、组数少、每组内重复次数多的训练方法。在开始训练的最初几个月内，身体的主要任务是适应应力刺激，如果在初级阶段负荷增长太快，可能会导致一些不必要的损伤，如肌纤维炎症、过度疲劳、扭伤等。力量训练的初级阶段是一个身体适应的阶段，同时也是为今后训练打基础的阶段，因为在小负荷训练中，更能集中注意力培养神经系统功能，发展良好的动作技术，形成正确的动作定型。

（1）低危险、低收效：在开始参加力量训练的最初几周内，初学者要学习技术动作，这时的运动量和运动强度都应该非常低，只要能够对身体产生刺激，能够促进肌肉生长和肌力增加即可。这一阶段适用低危险、低收效的方案：每个身体部位 1~2 组，每组 12 次或 12 次以上，强度至最大负荷的 65%。

（2）低危险、中收效：最初几周的训练结束后，身体对现有应力刺激已经适应，在此后的几周内可逐步加大训练量或运动强度以增加对肌肉的刺激。这一阶段适用低危险、中收效的方案。方案一：每个身体部位3~4组，每组12次或12次以上，强度至最大负荷的65%；方案二：每个身体部位1~2组，每组6~12次，强度为最大负荷的67%~85%。

（3）中危险、中收效：开始训练4—8周后可以继续增加运动量和运动强度但必须同时监控运动员的身体状况，根据恢复情况判断训练是否过度。中危险、中收效的运动方案有两种组合方式。方案一：每个身体部位练习5组以上，每组12次或12次以上，强度最大负荷的65%；方案二：每个身体部位3~5组，每组6~12次，强度为最大负荷的67%~85%。

（4）如果运动强度设定为：每组1~5次，强度为最大负荷的85%~100%，这种方案强度过大，同时也属于高危险练习，不适合初学者进行。

2. 中级训练水平

一般将参加训练3~12个月的运动员定位于中级训练水平。如果初级阶段的训练计划合理，训练中没有任何损伤，进入中级阶段后会发现明显的肌肉增长和力量增加，在训练中则主要表现为训练组数和强度增加，重复次数减少。运动员达到中级训练水平后，不再适合低危险、低收效的训练方案，例如方案一：每个身体部位1~2组，每组12次或12次以上，强度最大负荷的65%；方案二：每个身体部位1~2组，每组6~12次，强度为最大负荷的67%~85%。因为这样的运动量和强度已经被机体适应，无法继续刺激肌肉的生长和肌力的增加。

（1）低危险、中收效：最初几个月的训练结束后，可以通过增加运动量和运动强度来进一步刺激肌肉生长，增长幅度要根据每个运动员的恢复能力确定，训练后恢复速度越快，负荷的增加幅度也越大。另外，根据各个身体部位体积的不同，负荷的增加幅度也不同，活动该部位的肌肉体积越大，负荷增长幅度也越大，如果负荷增长较小就无法充分发挥肌肉生长的潜能，导致肌力增长缓慢。该阶段低危险、中收效的运动方案有两种组合方式。方案一：每个身体部位练习3组或3组以上，每组重复12次或12次以上强度至最大负荷的65%；方案二：每个身体部位练习3~4组，每组重复6~12次，强度为最大负荷的67%~85%。

（2）中危险、中收效：无论是运动量增加，还是运动强度增加都可以使受伤的危险性稍微提高，但同时可以提高运动效果。运动量或强度增加后，肌肉和韧带可能暂时无法完全适应，因此训练中要做好监控工作。中危险、中收效的运动方案有两种组合，方案一：每个身体部位练1~2组，每组重复1~5次，强度为最大负荷的85%~100%；方案二：每个身体部位练习3~4组以上，每组重复1~5次，强度为85%~100%。

（3）中危险、高收效：在原有训练的基础上，如果身体恢复能力较好可以适一次反覆最大重量提高运动量的运动强度，保证肌肉能够得到足够的刺激。这时适用中危险，每个身体部位练习5组或5组以上，每组重复6~12次，强度最大负荷的67~85%；如果运动方案制订为：每个身体部位练习5组或5组以上，每组重复1~5次，强度为最大负荷的85%~100%，这个方案虽然可以提高肌肉力量但同时损伤的危险性大大增加，属于高危险、中收效，一般情况下不提倡使用。如果按照该方案训练必须实施监控，根据运动员训练后恢复状况判断训练负荷是否合适。

3. 高级训练水平

一般将参加训练12个月以上的运动员定位于高级训练水平。低危险、低收效的训练方案，例如方案一：每个身体部位1~2组，每组12次或12次以上，强度为最大负荷的65%；方案二：每个身体部位1~2组，每组6~12次，强度为最大负荷的67%~85%，不再适合高水平运动员，因为这样的运动量和强度已经被机体适应，无法继续刺激肌肉的生长和肌力的增加。但是，该方案可以用于赛后恢复阶段，是运动员进行积极性休息的方案之一。

（1）低危险、中收效：高水平运动员可以通过增加运动量和运动强度刺激肌肉继续生长，训练方案可以按照低危险、中收效的原则制订，方案一是常见组合，如果想发展肌肉耐力，可以在方案一中适当增加每组的重复次数（15~30次）。方案二可以使肌肉力量和体积同时得到发展，使两者达到良好的平衡状态。方案一：每个身体部位练习3~4组，每组重复12次或12次以上，强度为最大负荷的65%；方案二：每个身体部位练习3~4组，每组重复6~12次，强度为最大负荷的67%~85%。

（2）低危险、高收效：如果训练目标是发展肌肉耐力，可以根据自身的恢复能力和锻炼部位的不同，采用低强度、大运动量的运动方案，每个身体部位练习5组或5组以上，每组重复12次或12次以上，强度为最大负荷的65%。

（3）中危险、中收效：本方案可以增加肌肉力量，对肌肉体积的发展作用更为明显。每个身体部位练习1~2组，每组重复1~5次，强度为最大负荷的85%~100%。

（4）中危险、高收效：方案一可以使肌肉力量和体积同时得到发展。方案二要对肌肉力量的提高作用明显，同时肌肉体积可适当增加，肌肉和韧带是否能适应这样的负荷，一部分取决于训练，还有一部分取决于遗传。方案一：每个身体部位练习5组或5组以上，每组重复6~12次，强度为最大负荷的67%~85%；方案二：每个身体部位练习3~4组，每组重复1~5次，强度为最大负荷的85%~100%；

（5）高危险、高收效：由于运动负荷显著增加，因此本方案的危险性也相应升高，但如果运动员能够适应该方案，运动后能及时恢复，肌肉力量的增长将非常明显。每个身体部位练习5组或5组以上，每组重复15次，强度为最大负荷的85%~100%。

二、力量训练中运动参数的危险收效比率

（一）运动参数

力量训练中的运动参数，是指那些影响训练效果和动作危险性的各种因素。总体来讲，这些参数包括：运动速度和控制程度、身体的稳定和紧张程度、头部所在位置、呼吸状况等。即使完成相同的动作，以上任何参数发生改变都会影响动作的危险收效比率。除非要达到特殊的训练目的，通常情况下运动员都应该本着最低危险、最高收效的原则选择各项参数。

（1）如果能够控制运动速度在低速到中速的范围属于低危险、中收效，适合于初学者技术动作的完善。

（2）如果能够控制运动速度在中速到高速的范围属于低危险、中收效，适合于具有中级或高级训练水平的运动员，对爆发性的动作速度有所控制可以增加肌肉力量。

（3）毫无控制的快速运动属于高危险、低收效，过快的速度很容易造成机

体损伤。运动中如果身体处于稳定和紧张状态属于低危险、中收效，适合于初学者技术动作的完善；

（4）运动中如果身体不稳定或处于放松状态属于中危险、中收效。运动员在不稳定的位置（如摇晃板和稳定球）进行训练，可以提高本体接受能力和神经控制能力。如果运动时缺乏必要的紧张性很容易导致动作变形，同时也增加了损伤的危险性。如果运动中身体同时处于不稳定和放松状态，既无法保证正确的技术动作，受伤的危险性又极高，对人体没有任何好处。

（5）上举负荷时保持头部正直属于低危险、低收效，头部的合适位置能保证颈部肌肉和椎间盘免受异常应力的刺激。

（6）上举动作时头部向前屈属于中危险、低收效，此时颈部肌肉、韧带、椎间盘受到的应力将有所增加。

（7）上举动作时头部向前屈同时屏息属于高危险、低收效，屈颈和屏息都可使胸腔内压升高，可能造成颈部椎间盘突出。

（8）重复完成同一动作时吸气属于低危险、低收效，这种呼吸方式可以降低胸腔内的压力，减少椎间盘的应力刺激，但同时也不利于发力。

（9）重复完成同一动作时呼气属于中危险、中收效，这种呼吸方式可以增加胸腔内的压力，也增加了椎间盘的应力刺激，但同时有利于发力。

（10）完成一组动作的过程中始终屏息属于高危险、中收效，这种呼吸方式的危险性在于，胸腔压力过大，椎间盘很容易受伤，另外还容易导致昏迷。憋气固然便于发力，但重复的次数非常有限。

（二）力量训练中技术动作的危险收效比率

每一个力量训练动作都可有多种细节的改变，都能以多种形式完成，究竟采用哪种形式，这完全要由运动员的经验、身体类型、训练目标决定。例如，同样的一个动作，发展肌肉力量和增加肌肉体积的技术细节就会有所不同。这些技术细节包括：头部位置、上肢位置、双足位置、躯干位移、抓握距离、运动幅度等。任何一个细节的改变都会影响技术动作的危险收效比率。无论如何调整训练动作的技术细节都必须遵守一个原则：应力刺激应该作用在肌肉上，而不是韧带、关节、关节囊。需要注意的是，并不是所有高危险动作都必然会导致损伤，只要有科学的方法作指导还是会给运动员某些特定的技术动作安排，虽然危险性较高，但是如果为了最大限度地发展肌肉力量或体积，运动员还是要选择这些动作练习。下面将介绍一些常见力量训练动作，根据每个动作不同技术细节确定危险收效比率，运动员可根据自身特点从中选择适合自己的练习方法。

无论发展肌肉力量或是健美，力量训练手段的选择都取决于其所能产生的效果。本节所介绍的力量训练手段的着眼点是在对特定肌群产生最佳训练效果的同时实现训练风险的最小化。

第五章 精英运动员力量训练与营养

本书第五章为精英运动员力量训练与营养，依次介绍了身体健康与运动营养、肌肉增长的最佳营养、运动员体重调控与营养素补充三个方面的内容，为运动员训练的开展提供了科学的指导。

第一节 身体健康与运动营养

对于寻求最高运动表现的运动员来说，适当的营养补充是一项非常重要的因素。没有任何的饮食可以直接促进肌力、爆发力或耐力，但是，适当的饮食可以让运动员通过训练而达到他们最佳的能力表现。

与运动相关的专家和运动员，对于运动员的营养指导方针往往会有一些困扰。运动员需要过多摄取糖类吗？他们需要增补脂肪吗？哪些食物是有害的而哪些是有益的？关于这些问题，针对不同的运动员会有不同的答案。虽然运动员可以依据健康与疾病预防的基本营养原则来摄取食物，但是有时候一般常见的"好的营养物"未必就适用于运动员。由于竞技运动员的生理需求不同于一般人，因此他们的饮食往往会与坐式生活者不同。一位运动员的理想饮食包含许多的因素：年龄、身材、性别、遗传、训练的环境状态、训练持续时间、训练频率和训练强度。因此，每一个运动员之间和运动团队之间的营养需求则有极大的不同。良好的体能教练不可抱有"千篇一律"的信念，每一位运动员的最佳饮食均具有个别性。

一、如何评估适当的饮食

大部分的运动员在饮食上有两个基本的饮食目标：借助饮食来获得最佳的运动表现与适当的身体组成。有些运动员也希望通过饮食来促进良好的健康，即预防慢性疾病例如心脏病、癌症等。饮食是否可以提高运动表现与预防疾病，必须考虑以下两个因素：第一，适当的热量水平；第二，适当的营养水平以预防营养不足或中毒。美国在1992年提出了食物金字塔的概念，随后便发展出许多的饮食指导方针，例如地中海饮食金字塔、素食饮食金字塔和青少年食物金字塔。这些金字塔的提出显示了有超过一种以上的方法可以形成均衡饮食的目标。当与各种不同背景与文化的运动员共事时，必须有许多不同的方法才可以达到适当的饮食。对于所有运动员而言，并没有一个"正确"的饮食方式。尽管有素食者的饮食方式、典型美国人的饮食方式或是其他的饮食方式，但人体均需要适量的蛋白质、糖类、脂肪、维生素、矿物质和水。

食物金字塔针对每日的饮食，提供了食物类型与含量的建议。金字塔将食物分成五类：

第一，面包、谷类、米饭和面食；第二，水果；第三，蔬菜；第四，牛奶、酸奶和奶酪；第五，肉类、家禽类、鱼类、干豆类、蛋和坚果类。每一类食物含有相同的营养成分，而彼此间可互相替换。不过，必须注意到每一类食物之间的平衡性与多样性。举例来说，摄取一个橙子、一个苹果和一个梨比起单纯地摄取三个苹果具有更丰富的营养。一般而言，面包、谷类、米饭和面包与水果、蔬菜相同，可以提供糖类（蔗糖与淀粉）。而这些食物也是膳食纤维、维生素B、核黄素（维生素B_2）、叶酸、烟酸、维生素C和β胡萝卜素的主要来源。肉类、家禽类、鱼类、干豆类、蛋和坚果类是饮食中蛋白质、铁、锌和维生素B_{12}的主要来源。乳制品是饮食中蛋白质、钙质和核黄素的最佳来源。金字塔的顶端标示着脂肪、油脂和甜食，摄取者应减少这一部分的使用。提出这项建议的原因主要是因为一般人有过度热量摄取的情形。但是，脂肪、油脂与甜食仍是运动员饮食的一部分。当设计一份平衡而多样性的饮食时，脂肪与甜食可作为高热量需求运动员较容易取得热量的来源，而对低热量需求的运动员来说，这些食物可适度摄取，但不可在饮食中完全移除。

美国农业部的食物金字塔或类似金字塔是评估一位运动员饮食适当性的最佳起点，根据一般的经验，如果摄取每一类食物最少份数，所提供的维生素与矿物质便会超过适当摄取量。但是，如果饮食中未包含某一类的食物，便可能会缺乏某些特殊的营养素。举例来说，食物中不含有肉类食物将会增加蛋白质、铁、锌与维生素B_6摄取不足的风险；缺少牛奶与乳制品则会增加钙质与核黄素摄取不足的风险；移除所有的动物性食物便表示饮食中会缺乏维生素 B_{12}；缺少水果与蔬菜则会增加维生素 C 与 β 胡萝卜素摄取不足的风险；而缺少面包与谷类则会增加核黄素、维生素 B_1 与烟酸摄取不足的风险。每一类的食物均提供重要的营养物质。如果忽略了某一类食物，其主要的营养物便可能会在饮食中缺乏。虽然金字塔可能会给人一种某类食物比另一类食物重要的感觉，但是每一类食物都提供着重要的营养物，如果该类食物被忽略时便难以在饮食中获得。虽然金字塔的基本指导方针可应用于运动员身上，但是必须注意的是，这个金字塔是针对一般人所设计的。由于运动员，特别是优秀与专业运动员的饮食需求会不同于一般人，所以，运动员摄取的食物并非单独的一种食物，提供各食物间替换的知识，才是协助运动员获得适当饮食的最有效方法。同时，了解运动员的基本营养需求也是重要的。

二、常量营养素

常量营养素是饮食中占比最多的营养物。常量营养素主要有三类：蛋白质、糖类、脂质（脂肪与相关的化合物）。为了承受训练与比赛，运动员必须摄取可以提供所有重要营养素的均衡饮食，其中应包含糖类、蛋白质、脂肪、水、维生素和矿物质。

（一）蛋白质

运动员和体能教练，特别是那些需要发展肌力与爆发力的运动员和其体能教练，他们对于蛋白质在饮食中所扮演的角色和蛋白质增补的使用都抱持着很大的兴趣。本部分只探讨蛋白质在体内的功能、运动对于蛋白质代谢的影响和运动员的每日需求量。

1. 蛋白质的结构与功能

蛋白质与糖类、脂肪相同，含有碳、氢和氧原子。但与糖类、脂肪不同的是蛋白质还含有氮。氨基是指成分中的含氮基团，而氨基酸是含有氨基的分子，在天然界中，当数十个至数百个氨基酸连接在一起时将可以形成数千种的蛋白质。人体内的蛋白质含有 20 种的氨基酸，其中有一半以上的氨基酸，可以由人体自身合成称为非必需氨基酸，因为它们并不需从饮食中摄取而获得。有 9 种氨基酸属于必需氨基酸，它们包括组氨酸、异亮氨酸、亮氨酸、赖氨酸、苯丙氨酸、蛋氨酸、苏氨酸、色氨酸和缬氨酸。因为人体无法制造必需氨基酸，所以其必须从饮食中获取。

氨基酸通过肽腱而键接在一起。两个氨基酸键接在一起称为双肽类，而许多个氨基酸键接在一起则称为多肽类，多肽类连接在一起时可形成具有各种不同结构与功能的蛋白质。肌肉组织往往是首先被想到的，人体内储存蛋白质的地方确实也是如此，身体的蛋白质主要存在于骨骼肌、器官和骨骼组织中。虽然有时候会觉得组织完全是由蛋白质构成，但是组织内大部分是水分和各种蛋白质所组成。举例来说，蛋白质各占心脏、骨骼肌、肝脏和腺体重量的20%，而仅占脑组织重量的10%。有些成年人可以自行合成组氨酸。但是其他成人与婴幼儿，组氨酸仍为必需氨基酸。非身体结构中的蛋白质或血浆中的蛋白质，例如酶、抗体、脂蛋白、荷尔蒙、血红蛋白、白蛋白和抗铁因子，仅占体内蛋白质的一小部分，但是当营养不良时它们会产生非常严重且负面的影响。

2. 食物的蛋白质

食物蛋白质所含的氨基酸成分，会影响它对于生长与组织维持的价值。蛋白质所供应的氨基酸含量，与身体需求量的比例，称之为蛋白质品质。优质蛋白质、高生物效价和完全蛋白质，三者属于同义词，用以表示该蛋白质内所含的氨基酸，与身体的需求类似；优质蛋白质包含动物性蛋白质（如鸡蛋、肉类、鱼类、家禽类和乳制品）。缺乏一种以上必需氨基酸的蛋白质（谷类、豆类、蔬菜与植物胶），称之为非完全蛋白、低品质蛋白或是低生物效价蛋白。植物性蛋白具有较低的赖氨酸（谷类）或甲硫氨酸与半胱氨酸（豆类）。植物性蛋白质中的黄豆，则具有非常高品质的蛋白质。

蛋白质的品质是素食者（仅摄取植物性蛋白者，不吃肉类、鱼类、家禽类、鸡蛋或牛奶）必须考虑的重要问题。当使用低品质蛋白质的饮食时，必须借助摄取各种植物性食物以补充不同的氨基酸，一般称为代偿性蛋白，如此一来，在一天的饮食中方能获得足够的必需氨基酸。代偿性蛋白最常见的例子，为混合豆类与豆荚类于谷类食物中，包括豆类与米饭、谷类与豆类、玉米卷饼与油炸豆，或是花生酱与面包，可提供适当比例的必需氨基酸。一般认为代偿性蛋白有时可在同一餐中获得。但是，目前已经知道在一天的饮食中，从豆荚类、果实、坚果类和谷类食物中获得各种的蛋白质，也是可行的。

3. 蛋白质需求量

虽然每日的摄取量是以蛋白质需求量的名词来叙述，但是实际上所需要的是氨基酸。坐式生活健康成人每日蛋白质／氨基酸的需求量是根据细胞持续的更新而提出的。在细胞更新（细胞持续地分解与再合成）时，立即补充氨基酸的来源的是体内的游离氨基酸池。氨基酸池通过饮食中蛋白质的摄取，组织更新时所释放出的氨基酸来补足。事实上，大部分的蛋白质是机体组织细胞更新释放出来的，少部分才是直接由摄取而得，这也显示出氨基酸具有再循环利用的现象，但这个过程并不是完全有效的，所以饮食中氨基酸的摄取是补充体内流失的氨基酸所必需的。

（1）一般人的需求量。当预计个体的蛋白质需求量时，必须考虑两个重要因素：热量的摄取和蛋白质的生物效价。在热量负平衡（能量摄取少于消耗量）时蛋白质可成为能量的来源。在这种情形下，蛋白质无法具备补充氨基酸池的功用。因此，热量摄取与蛋白质需求量之间存在着负相关的关系。当热量摄取降低时蛋白质的需求量便随之增加，每日蛋白质需求量的建议是根据摄取足够热量的原则制订的。当个体的热量摄取不足时，蛋白质的需求量必须高于建议量。除此之外，这些研究中所使用的蛋白质大约有65%～75%是来自于具有高生物效价的动物性蛋白质（肉类、鱼类、家禽类、乳制品和鸡蛋）。蛋白质有超高的生物效价，蛋白质的需求量便越低。假设在足够的热量摄取下，且有三分之二以上的蛋白质是来自于动物性蛋白质时，成年人蛋白质的每日建议摄取量（RDA）是每千克体重摄取0.8克（男性与女性）。虽然目前并没有实验的数据可以证明，但是在热量负平衡或摄取较低品质的蛋白质时，个体的需求量必须提高。

（2）运动员的需求量。运动员的蛋白质需求量会因为训练的缘故而增加，所以运动员的需求量会比先前所提及的蛋白质需求量要高。虽然明确的机制目前并不清楚，可能与一般人的情形不同，但是不论是耐力训练或是肌力训练均会增加蛋白质的需求。对于有氧耐力型运动员而言，其机制可能包含组织的修补以及使用支链氨基酸作为辅助性燃料，而肌力与爆发力型运动员的机制可能是组织的修复以及正氮平衡的维持，如此才能让肌肉肥大的刺激达到最大化。研究显示有氧耐力型运动员的蛋白质需求量会稍微地超过每千克0.8克，而可以达到每千克体重 1.4 克，部分的原因是因为在运动时增加了蛋白质作为能量来源的使用。研究也指出肌力训练会增加蛋白质需求量至每千克体重 1.7 克。因为大部分的运动员并非完全属于某一运动类型（包含耐力与肌力训练的运动员），一般建议使用每千克体重 1.5～2.0 克的蛋白质以确保摄取，而且每一餐至少有 65% 的高生物效价蛋白质。素食或是限制热量的运动员可能需要每千克体重超过 2.0 克的蛋白质。蛋白质的摄取超过每千克体重 0.8 克时可能会有负面的影响。这个问题目前大部分并未被证实，尤其是对于健康的成人。蛋白质的摄取超过组织合成的需求量时，过多的蛋白质将会被分解。氮是以尿素的形式从尿液中排出，而剩下的酮酸会直接作为能量的来源或是转换糖类（糖异生作用）或体脂肪。体能教练必须了解过高的蛋白质摄取（每天摄取超过每千克体重 4 克），对于肾功能受损、低钙摄取或限制水分摄取的运动员而言，是较为不利的。根据目前的研究显示，在热量摄取与蛋白质品质适当的情况下，运动员的蛋白质需求量应介于每千克体重 1.5 至 2.0 克。关于蛋白质摄取量增加或减少的建议，必须在分析过个体的正常饮食与热量摄取情况之后才能提出建议。混合性食物是蛋白质良好品质的最佳来源，严格执行素食的人必须谨慎地计划他们的饮食，以确保所有必需氨基酸的适量摄取。

（二）糖类

糖类在人体生理上所扮演的主要角色在于能量的供应。早在 1901 年时就已证实糖类在运动员与体力劳动者饮食中的重要性。在 1939 年，发现高糖饮食可以提高个体长时间进行激烈身体活动的能力。许多的研究也证实了糖类摄取的增补效果以及提高有氧耐力表现时、工作时以及高强度间歇运动时提高肌糖原的浓度。除此之外，肌糖原浓度的上升有助于高强度短时间的运动。

1. 糖类的结构与来源

糖类是由碳、氢与氧原子所组成。糖类可依据其所含单糖的数量分成三类，单糖、双糖和多糖。单糖仅含有一个糖分子，葡萄糖是最常见的一种单糖，它是许多大分子糖类的基本元素。在人体内，葡萄糖是以血糖的形式存在于血液循环中，它是细胞的主要能源物质并且可以组成糖原（储存于肌肉与肝脏细胞中的一种多糖）。游离形式的葡萄糖并不具甜味，它也无法在食品杂货架上找到。食物中的葡萄糖经常会与其他单糖类结合在一起形成双糖，如蔗糖。分离的葡萄糖可作为静脉注射的液体，有时也可作为运动饮料的成分之一，此时的葡萄糖是以右旋的形式存在。果糖与葡萄糖的化学式相同，但是两者原子的排列方式不同，也因此果糖品尝起来会较甜且具有不同的特性。果糖是蜂蜜甜味的来源，水果与蔬菜中含有天然的果糖，而在许多甜的饮料（例如含有二氧化碳的饮料）中和高果糖的玉米糖浆中也含有果糖的成分。在人体内，果糖所引起胰岛素分泌的情形会较少于其他糖类，也因此使果糖成为许多有氧耐力运动表现相关研究的焦点。不过，大量的果糖会增加肠胃痉挛与腹泻的可能，所以在使用果糖作为运动中糖类的主要来源时必须有所限制。第三种单糖半乳糖与葡萄糖结合后可形成乳糖。

双糖是由两个糖分子所组成的。蔗糖（或方糖）是最为常见的双糖，它是由一分子葡萄糖与一分子果糖所组成的，它的甜来自果糖。在大部分的水果中均含有蔗糖，而且它可以从甘蔗与甜菜中，提炼成红糖、粉糖或白糖。乳糖（葡萄糖＋半乳糖）仅存于哺乳类动物的奶水中。麦芽糖（葡萄糖＋葡萄糖）主要来自所摄取的多糖类分解时，麦芽糖也存在于酒精发酵的过程中，是啤酒中主要的糖类成分。多糖含有数千个葡萄糖分子。营养上常见且重要的多糖包括淀粉、纤维和糖原。淀粉是植物储存葡萄糖的形式，谷类、坚果类、豆荚类和蔬菜是淀粉的最佳来源。在淀粉作为能量来源之前，它必须先被分解成葡萄糖的成分。食物纤维是植物细胞壁的成分，它也是糖类的一种。纤维素、半纤维素、β 葡聚糖和植物胶质都是食物纤维，这些物质和非糖类的纤维物质（木质素），通常会造成人类消化道催化酶的阻力，因此会增加肠道的容量与水分含量，进而加快粪便的排空时间。在人体与动物组织中含有少量的糖原，它可作为能量的暂时储备。我们所吃的食物中，并没有任何食物含有大量的糖原。当葡萄糖进入肌肉与肝脏时，如果它未被代谢成能量的话便会被合成糖原。体内有三分之二的糖原储存于骨骼肌中，剩下的三分之一则储存于肝脏中。葡萄糖转变成糖原的过程称之为糖原生成作用。肝脏是体内所有组织中含有最多糖原的部位，事实上肝脏可以将许多消化作用下的最终产物转变成糖原，此过程称之为糖异生作用。

2. 食物中的糖类

传统上，会将面包、谷类、面食类、水果和含淀粉的蔬菜介绍给运动员作为糖类的理想来源，而实际上它们确实可以作为糖类的来源。但是，必须了解的是所有类型的糖类，包括糖与淀粉均能有效地供应运动员所需的葡萄糖与糖原，混合摄取糖与淀粉是较为理想的。在现实生活中，运动员在他们的正餐中一般都会摄取不同种类的糖类，但是有时候某一训练季期的运动员，当他们在细微调整身体对于糖类的代谢反应和观察糖类对于随后运动表现的影响时，糖类的摄取便会受到适当的控制。这种情形是相当有趣的，而且有些则针对食物的血糖反应进行研究。

3. 升糖指数

升糖指数（GI）已有相当长的一段历史，刚开始大部分的研究将其应用于糖尿病患者身上。直到最近才变成一般大众所关注的领域，GI是依据食物可以提高多高的血糖浓度以及维持多久的血糖浓度来进行分类的（即食物的血糖反应）。GI是以食用纯葡萄糖或白面包100克后2小时内的血糖增加值为基准（GI值＝100），其他食物则以食用后2小时内血糖增加值与前者比较而得到升糖指数，可以被快速消化且迅速提高血糖（与胰岛素）的食物，具有较高的GI值。胡萝卜便是这类食物，它的GI值为101。需要花较长时间消化的食物提高血糖的情形也会较慢（也因此会刺激较少胰岛素的分泌），它们便具有较低的GI值。扁豆便是一个例子，它的GI值为41。不同于先前的观念，糖的排序并非总是高于淀粉。事实上，马铃薯与速食粥的排序会高于方糖。乍看之下，食物的排序有些许的规律或原则，实际上有许多的因素会影响食物的GI值，也因此限制了GI的可应用性。举例来说，烹饪、食品加工、是否将食物作为正餐的一部分、不同的摄取量以及在一天内不同的时间摄取都会影响食物在个体内的GI值。实际上，之前所吃的食物也会影响后来所吃食物的血糖反应。因此，虽然GI是有趣的事，而且有助于了解食物在摄取后的作用情形，但是它与实际科学仍有一段距离。

如果运动员依据GI作为食物选择的方针时，例如水果类或燕麦粥的选择需根据运动员的目的。如果目的是为了能迅速地补充葡萄糖与糖原的话，那些可以迅速让葡萄糖在血液中出现的食物将会较为理想。另一方面，科学家认为低GI的食物可借助降低胰岛素的分泌以及增加血液中脂肪酸的浓度而获得节省糖原的效果。研究也支持这些代谢改变的发生，但是代谢的改变未必可以促进运动表现。举例来说，一些专家认为在摄取低GI食物后可增进踩脚踏车的时间。但是还有一些专家则指出低GI饮食与高GI饮食在两种不同的情境下，对于跑步选手与自由车选手运动表现的影响并无差异。最近的研究指出在不同GI饮食下踩脚踏车的时间并无差别。由于科学研究对于这一部分仍没有一致性的结果，运动员必须在训练中先行试验，如此食物的选择才可以被评估进而逐步地编入饮食中。

4.糖类需求量

我们每天大约需要50至100克的糖类，以预防酮酸症（血液中含有高浓度的酮体）。高于这一需求量，糖类便可作为能量的来源。美国健康专家一般建议，糖类的摄取是总能量摄取的55%。由于糖类摄取与肌糖原、肝糖原储存量有关，而高浓度的肌糖原具有节省蛋白质使用的效果，因此一般建议所有运动员使用高糖饮食。但是值得注意的是，伴随各种糖类、蛋白质与脂肪的混合饮食，对于训练与运动表现也具有相同的效果。运动员都必须摄取高糖的观念必须破除，有些运动员确实受益于高糖饮食，但有些则不适宜，甚至会出现反效果，运动员必须依据训练计划、运动项目与摄食历史以设计个别的糖类摄取计划。

当决定将糖类摄取的建议编入训练计划时，必须考虑一个重要的因素。长时间训练（每天90分钟以上）的有氧耐力运动员必须借助摄取最大量的糖类来补足体内糖原浓度，大约是每千克体重摄取8~10克。这一摄取量对于一位体重65千克（75千克）的运动员而言，相当于每天摄取600~750克的糖类，这个浓度可在24小时内，适当地储存为骨骼肌糖原。可受益于适合这种糖类补充方式的运动员包括连续数日从事持续性有氧活动超过1个小时者，例如长距离跑步选手、公路自由车选手、铁人三项选手和越野滑雪选手。最近，研究显示从事高强度间歇性活动的运动员，例如足球选手也受益于高糖饮食（糖类的增补会在稍后介绍）。不过，大部分的爆发力与短跑选手并没有每天超过一个小时的"有氧"训练。对于这些运动员（例如美式橄榄球选手、短跑选手、篮球选手、角力选手、排球选手等）糖类需求的研究并不多见。糖类的摄取和肌糖原的浓度，对于肌力运动表现似乎具有较少的影响。对于肌力性、冲刺性与技巧性运动员的糖类摄取量，大约是有氧耐力运动员建议量的一半时便足以维持其训练与运动表现。因此，每千克体重每天摄取5~6克是合理的。有些有氧耐力运动员需要高达每天10克/千克的最大糖类需求量，大部分的运动员，在正常饮食下并不会耗尽肌糖原，因此他们需要较低的糖类需求量。

（三）纤维

低纤维饮食与许多疾病有关，其中包括肠道憩室病、便秘、心脏病、直肠癌和糖尿病。因此，许多大众健康组织便建议使用高纤维饮食。国家癌症研究院建议每天摄取20~30克的纤维。虽然这个建议量对于许多人是适当的，但是对某些运动员而言可能会是过量的，特别是跑步选手以及其他有氧训练的运动员，他们可能会出现"跑者腹泻"的现象。另一方面，增加纤维饮食的运动员会产生敏感性肠道综合征而影响正常的肠道习性。在典型的美国饮食中通常都有高纤维饮食，例如高纤谷类或补充剂，纤维饮食还包含水果、蔬菜、坚果、种子、豆荚类和全谷制品。

（四）脂质

虽然脂肪与脂质两个名词在使用时常常可以互通，但是脂质是一个涵盖较广的名词。脂质包含三酸甘油酯（脂肪与油脂）和与脂肪相关的混合物，例如类固醇与磷脂质。在营养上具有重要意义的脂质包括三酸甘油酯、脂肪酸、磷脂质和胆固醇。三酸甘油酯是由一分子的甘油和三分子脂肪酸所组成。体内与食物中的脂质大部分是以三酸甘油的形式存在，本部分所指的脂肪是指三酸甘油酯。食物中的脂肪经常被认为对于运动员是负面的，但是也无须让运动员避免饮食中的脂肪。为了解脂肪所扮演的角色，必须从两个观点来理解：其一是脂肪与疾病方面的角色，其二是脂肪对于运动表现的影响。以下便从这两个层面来叙述脂肪在运动员中的应用：

1. 脂质的结构与功能

和糖类一样，脂质也含有碳、氧和氢，但是因为脂肪酸链含有较多的碳原子与氢原子，所以每克的脂质可提供更多的能量。举例来说，每克的脂肪大约能提供37.67千焦的热量，而糖类与蛋白质，每克仅提供约16.74千焦。体内的脂肪的反应与脂肪酸的饱和度有关。脂肪酸的饱和度与其氢原子的含量有关。饱和脂肪酸含有它所能携带的所有氢原子。非饱和脂肪酸则是在某些氢原子经常连接的位置少了氢原子，而该位置的碳原子则借助双键连接在一起，双键的位置较容易产生化学反应。未含双键的脂肪酸便是饱和脂肪酸，含有一个双键的脂肪酸称为单不饱和脂肪酸，而含有两个以上双键的脂肪酸称为多不饱和脂肪酸。通常，大部分饮食中的脂肪与油脂均混合着这三种脂肪酸，而其中的一种脂肪酸会占有较高的比例。大豆、玉米、向日葵和红花子油含有较高的多不饱和脂肪酸；橄榄油、花生油和菜籽油则含有较高的单不饱和脂肪酸；而大部分的动物性脂肪与热带植物油（例如椰子、棕榈），则含有较高的饱和脂肪酸。脂肪的饱和度会影响它的生理效果，举例来说，某些饱和脂肪酸会增加血液中的低密度脂蛋白胆固醇（LDL）和高密度脂蛋白胆固醇（HDL），单不饱和脂肪酸一般不会对胆固醇产生影响，而多不饱和脂肪酸则有较低 HDL 与 LDL 的趋势。脂肪在体内具有许多的功能。人体内能量的储存位置主要位于脂肪组织。虽然一般会认为脂肪是负面的，但是体脂具有保护与隔离体内器官以及调节荷尔蒙的功能。脂肪同时是脂溶性维生素 A、D、E、K 的运输者而且可提供必需脂肪酸，例如亚麻油酸（ω-6）与次亚麻油酸（ω-3），这两种必需脂肪酸在体内有助于形成健康的细胞膜、维持脑部与神经系统的适当发育与功能以及生成荷尔蒙。除了脂肪的生理性功能之外，脂肪也是许多食物独特味道、香味与细胞结构的重要来源，脂肪同时也会促进用餐后的饱腹感。如同脂肪一样，在体内的胆固醇也被认为是不好的。然而，它具有许多重要的功能。它是细胞膜结构与功能的重要成分。它是体内生成胆盐、维生素 D、各种荷尔蒙（包括雌激素、雄性激素与前列腺素等性荷尔蒙）与可的松的重要物质。胆固醇是在肝脏与肠道内合成的。

2. 脂肪与疾病

高浓度的胆固醇或是不利的脂蛋白比例，与疾病风险的增加有关。高浓度的血胆固醇浓度有助于降低心脏病的风险，而血胆固醇浓度可借助运动与减肥而获得提高。具有心脏病的病人和高浓度总胆固醇量者，使用低脂饮食可以减少总胆固醇含量，并能降低总胆固醇与血胆固醇浓度的比值。虽然使用糖类来取代饱和脂肪是一般针对大众健康的建议，但必须了解高糖的摄取，对于某些人可能会造成体内三酸甘油酯增加的负面代谢结果。科学家目前正尝试利用单不饱和脂肪来取代某些饱和脂肪酸以有效地改变某些个体的高糖摄取情形。虽然高量饱和脂肪的摄取与疾病有关，但是对于脂肪更精密的认识和关于心脏疾病的重要生活形态与遗传因素的评估，目前仍没有确切的定论。

3. 脂肪的需求量与建议

一般人所摄取的能量必须至少有 3% 是来自于 ω-6 脂肪酸（亚麻油酸），而有 0.5%～1% 来自 ω-3 脂肪酸（次亚麻油酸）。因为食物中均含有这些脂肪酸而且仅需较低的摄取量，所以脂肪酸不足的情形仅发生在当个体具有吸收不良的疾病时。但是，如果执意地将脂肪食物排除于饮食外，即完全使用脱脂食物时，过度限制脂肪摄入的健康成人也会产生脂肪酸不足的情形。当然，脂肪过度摄取的问题仍会比摄取不足的问题容易受到科学家、健康照顾者和一般大众的关心。三十多年来，研究已证实过度的脂肪饮食，与心血管疾病、癌症、糖尿病和肥胖有关，通过减少脂肪饮食以降低这些慢性疾病的风险，显然不是大部分年轻运动员的最终目标。运动员想要通过摄食来增进运动表现，然而目前仍有许多研究将焦点放在减少脂肪饮食的层面，因为在大量减少运动员饮食中的脂肪量时仅有非常低的运动表现促进效果。事实上，强调低脂或无脂的饮食对于大部分的运动员会有负面的影响。因为对于脂肪的负面影响，使有些运动员过度地限制脂肪饮食的摄取，引起脂肪恐惧症。脂肪恐惧症会导致在饮食中抵制肉类与乳制品的摄取，相对地增加了营养物的缺乏，例如蛋白质、钙、铁与锌。

脂肪恐惧症或害怕摄取脂肪，会导致营养不良而损害运动表现。摄取非常低量或完全不吃脂肪饮食的运动员必须寻求营养的咨询与资讯。

运动员何时需减少脂肪饮食？一般而言，运动员在三种情况下才需要减少脂肪饮食。

（1）必须增加糖类摄取以维持训练时（见前节糖类的叙述）。在这种情形下，为了确保适量的蛋白质供应量，脂肪是被考虑减少摄取的营养物，如此方能在增加糖类摄取时总能量摄取才能维持不变。

（2）必须减少总能量摄取以达到减重的目的时，能量负平衡是达到降低体脂肪的唯一方法。因为脂肪含高热量而且是非常可口的，所以如果原本的饮食中含有过量的脂肪时，减少饮食中的脂肪有助于降低能量的摄取。

（3）必须降低血胆固醇时。虽然并不常见，但有些运动员非常容易罹患心脏疾病。如果医学检查的结果显示，运动员具有高血胆固醇浓度或是有心脏疾病的家族史时，脂肪与糖类摄取的巧妙调整是必需的，这类的饮食疗法必须通过合格营养师的指导。

运动员需要摄取多少的脂肪？典型的美国人饮食中大约有34%的能量是来自脂肪。健康机构例如美国心脏协会对一般大众提出建议：脂肪的摄取占总能量摄取的30%以下，总能量摄取的20%（或总脂肪摄取的三分之二），需来自单不饱和或多不饱和脂肪酸，而10%（或总脂肪摄取的三分之一）来自饱和脂肪。胆固醇每天摄取量建议不可超过300毫克。这项建议主要是为了降低心血管疾病的发生。预计在减少目前饮食状况的脂肪摄取量达到所建议的程度可以降低约5%的总胆固醇和LDL。然而，针对个别运动员的脂肪摄取指导方针，必须高于"心脏健康"的建议标准。研究显示在激烈耐力训练时，脂肪的摄取增加至总能量摄取的50%，并不会对血浆脂质产生负面影响。确实是如此的，在优秀运动员身上可以发现脂肪的摄取往往会高于30%。根据人体对脂肪具有不同代谢情形的观点，联合国营养附属委员会便建议经常活动者脂肪摄取的上限是总能量摄取的35%。在强调减少脂肪摄取时，往往会忽略了脂肪摄取的下限。美国营养协会与联合国营养附属委员会均建议成年人的饮食中脂肪的比例至少需为总能量摄取的15%，而在生育年龄的女性，脂肪的摄取则至少是总能量摄取的20%。非常低脂的饮食，例如针对严重疾病病人的饮食处方并不适合运动员。在某些群体中，降低脂肪摄取至总能量摄取的10%时会导致体内脂质浓度的异常。另外，饮食中过度低的脂肪（少于总能量摄取的15%）会减少睾酮的生成，因此降低了代谢功能和肌肉的发育。

4. 脂肪与运动表现

肌肉内与血液循环中的脂肪酸均是运动时能量的可能来源。研究显示肌肉内的脂肪酸在运动时相对重要，而血液循环中的脂肪酸（来自脂肪组织或饮食）则在恢复期时较为重要。相对于身体储存糖类的有限能力，脂肪的储存量会较大，这意味着脂肪是运动时燃料的大量来源。在休息与低强度运动下，能量的产生有非常高的比例来自脂肪酸的氧化。但是，随着运动强度的增加（超过70%~80%最大摄氧量，能量供给的优先来源会逐渐从脂肪转为糖类。

在寻求促进运动表现的技巧方面，研究便将焦点放在提高运动时脂肪利用的策略上。摄取咖啡因、中链脂肪酸以及采用高脂低糖膳食等饮食的介入，在理论上可以促进脂肪的氧化并降低肌糖原的耗损。虽然摄取咖啡因已被证实可以促进某些人的有氧耐受能力，但是补充中链脂肪酸却无法促进运动表现。使用中链脂肪酸会引起胃部的不适，因此确实会妨碍运动表现。在适当的能量摄取下，摄取高脂饮食（脂肪占总能量摄取的38%）已证实可增进受过训练跑步选手的运动表现。相较于低脂饮食（总能量摄取的24%），女性足球选手摄取高脂饮食（总能量摄取的35%）时，在跑步机上模拟足球表现时可以增加跑步至衰竭时的距离，高脂饮食：7.0英里（11.2公里）；低脂饮食：6.0英里（9.7公里）。未受过训练的男性在长期摄取高脂饮食后，所增进的运动表现效果与高糖饮食相同。短时补充脂肪对于原先未采取高脂饮食者并不会增进他们的运动表现。因为训练增加了肌肉使用脂肪酸的能力，所以高脂饮食的效果是多变性的并且具有个别差异性。并没有必要建议所有的运动员都必须增加脂肪的摄取，但是在适度的原则下也不可完全排除高脂肪饮食。

（五）维生素与矿物质

1. 维生素

维生素是有机物（即含有碳原子），体内不能自行合成。身体对维生素的需求量非常少且它们都具有专一的代谢功能。

2. 矿物质

人体需要多种的矿物质以维持体内各种代谢功能。例如钙质有助于骨骼与牙齿的形成与功能的维持、神经的传导以及肌肉的收缩。铁质是氧气运送的重要物质，同时也是能量代谢系统中催化酶的成分之一。钙、磷、镁、铁和钠离子、钾离子与氯离子通常被称为主要矿物质。对于运动员而言，矿物质的重要性包括骨骼的健康、氧气运送能力以及水分与电解质的平衡。锌、碘、硒、铜、氟化物与铬则属于微量矿物质。由于体内对于超微量矿物质的需求量是非常少的，因此它们对于身体重要性的证据通常难以证实。目前对于各种超微量矿物质缺乏的情形并未完全被建立，也没有建议的摄取量。超微量矿物质包括砷、溴、镉、氟、铅、锂、锰、钼、镍、矽、锡、钒以及硼。早在20世纪70年代，科学家已发现一种或多种超微量矿物质的缺乏会造成人类疾病的发生。例如硼便与骨骼的健康有关。然而，对超微量矿物质的研究目前仍处于起步阶段。在矿物质中，有两种矿物质必须特别注意，即铁与钙。运动员每日的饮食中若没有摄取足够的铁质会造成铁的缺乏以及妨碍运动表现，不适当的钙质摄取会造成较低的骨密度，并有骨质疏松的危险。

（1）铁，铁质是运动员非常值得注意的一种矿物质。铁质是血红蛋白与肌红蛋白的成分之一，这两种物质在体内扮演着氧气运送与能量使用的角色。铁质的缺乏会妨碍运动员的运动表现。在发展中国家的饮食中，维生素与矿物质缺乏的情形并不常见。但是，导致贫血的铁质缺乏情形却是相当常见的营养不良现象，特别是妇女与青少年。在美国，据估计约有58%的妇女具有某些程度的铁质缺乏情形。铁质的缺乏也常见于发育中的青少年男性，流血是体内铁质流失的主要途径。有许多的因素会造成运动员低铁储备情形，其中包括激烈的训练、肠胃道的出血、红细胞的分解、排汗导致铁质的流失增加、铁质吸收的减少以及不适当的摄取。严重月经出血的妇女铁质缺乏的风险会较高，素食的运动员也会因为植物性食物的低量铁质而有缺乏的风险。通过血液分析而发现铁质缺乏的运动员必须接受饮食的帮助并适时地补充铁质。除了不适当的铁质摄取是一个问题之外，过量的铁质也是有害的。有些人具有血色沉着症的无症状疾病，他们的体内会储存过量的铁质。通常，这种疾病的主要症状是多重器官的衰竭，这是因为心脏与肝脏含有过量的铁质所造成。由于男性没有月经周期的规律出血情形，所以较容易引起这种疾病。只有在血液分析后发现有铁质缺乏的情形时，才会建议男性补充铁质。

（2）钙质，钙质的来源除了在胎儿发育时是来自母体之外，成年人的钙质来源均需依赖外源性物质。不适当的钙质摄取会抑制骨密度。在女性运动员身上已发现许多低钙摄取的情况，许多女性并未摄取足量的钙质，主要是因为低钙的摄取或是完全不摄取牛奶与乳制品（钙质的最佳来源）。摄取低钙饮食的运动员可能会有骨质流失与骨质疏松症的风险，这种现象是指骨组织的恶化而增加了骨质脆弱与骨折的危险。虽然骨折的风险受到遗传、荷尔蒙以及训练等因素的影响，但是饮食却扮演着极为重要的角色。必须鼓励运动员将乳制品和其他富含钙质的食物，安排在他们的日常饮食中。无法通过饮食而达到钙质需求量的人可能需要使用钙质补充剂。

（3）每日参考摄取量，每日参考摄取量（DRIs）是美国国家科学学院食品与营养委员会针对健康人在设计与评估其饮食计划时对于摄取维生素与矿物质的建议，一般认为必须参考一般人的摄取建议。DRIs 取代了在 1941 年所公布的每日建议摄取量（RDA）。DRIs 是一种新方法，它强调长期的健康以避免营养缺乏的相关疾病。DRIs 分成四类：

①每日建议摄取量是指能达到大部分健康人的营养需求量，其中包含特殊年龄层与性别。

②适量摄取是指当所有精确测量的数据无法预计其 RDA 时，摄取量的目标值。

③预计的平均需求量是指摄取量达到一半的特殊群体所预计的营养需求量。

④摄取量的耐受上限是指对于大部分健康者，可能不具有危害健康情形的最大摄取量。

（4）日常补充剂，通常一般都认为含有多种维生素与矿物质的补充剂或是含有特定营养物的补充剂，可以补足不适量的营养摄取，而在实际上也认同日常补充剂的使用可以改善营养物缺乏的情形。一般处在生育年龄的妇女必须增加叶酸的需求。经常出现瘀青者则需要更多的维生素C。服用避孕药的妇女，通常可以发现她们血液中含有较低浓度的维生素B_1、核黄素和其他维生素。摄取大量酒精的人相对于应酬性饮酒者或完全不喝者会需要较多的维生素B_1、烟酸、抗皮炎素（维生素B）以及叶酸。某些药物例如长期炎症、手术和其他疾病所使用的药物会改变维生素与矿物质的需求。老年人对于营养物的吸收会有降低的情形，而强烈限制热量摄取的人，例如长期节食者会有维生素与矿物质摄取不足的情形。

运动员使用补充剂的情形是指当运动员的饮食中缺乏一种以上的营养素，且无法改变其饮食习惯时才会建议使用补充剂。但体能教练同时也会面对一项难题：当补充剂的使用未受到科学支持时该如何去把握补充剂的使用。遇到这种情形时必须考虑几项因素，包括药费、安全性以及运动员对于补充剂的敏感性。举例来说，即使是在没有任何的理论根据下，运动员可能深信某一维生素补充剂可以给他能量，而且当他在停止使用后可能会感到浑身无力。这种因信念而造成真实生理改变的现象称为安慰剂效应，当我们在评估补充剂的效果时不可忽略这一部分。在某些案例中，运动员会需要补充剂但却没有补充它们。在某些情况下，他们会摄取错误的补充剂或是非必要的补充剂。补充剂的使用前必须对个体进行评估，当问题出现时必须咨询具有补充剂知识的营养专家。尽管体能教练无法被期待成为营养补充剂的专家，但是对于运动员经常使用的补充剂能够有一般性的认识是会有帮助的。

（5）对于运动表现的效果，维生素与矿物质至少有两种情形会影响运动表现。第一个情形是在运动员的需求量尚未达到时缺乏维生素与矿物质的饮食会引起运动表现的降低，如果运动员限制食物的摄取或是忽略某类食物时便会增加不能达到维生素与矿物质每日需求量的可能性。第二个情形可能是即使是已达到每日建议的摄取量，但激烈的训练可能会改变组织中维生素与矿物质的浓度。某些维生素的需求量,例如核黄素、维生素 B_1 和烟酸,大约会与身体运动的代谢需求以及训练的累积能量消耗成比例。一般认为,当代谢需求增加时食物摄取量的增加是为了代偿所增加的能量消耗,而这些额外的食物会包含足量的维生素与矿物质,但是这也并非是绝对的。非常激烈或非常高量的训练可能会引起组织内某些维生素或矿物质浓度的不足,而这也可能会造成运动表现的降低或是长期过度负荷的症状。但如果是训练时摄取较低的热量或是饮食中缺乏某种维生素与矿物质也可能会造成运动表现的降低。当体能教练注意到运动员的运动表现下降时必须考虑一个因素,即运动员维生素与矿物质的摄取,如果觉得是低摄取量时必须建议运动员寻求运动营养师或队医的咨询与帮助。

(六)液体与电解质

水在运动员的成绩表现上扮演着重要的角色,特别是对体温的调节作用。脱水不仅会影响运动表现,也会造成严重的并发症,如果处理不当的话甚至会有生命危险。电解质在体内则扮演着调节各液体之间水分分配的重要角色。钾、氯和镁是肌肉收缩与神经传导的重要电解质。在体液中,电解质分布的平衡性会影响运动表现。

1. 水分

在适当的条件下,人体在没有食物时大约可以存活 30 天,但是只要 4~10 天没有补充水分便无法生存。水是体内含量最多的物质,大约占个人体重的 45%~70%。身体的总水量大部分是依据身体组成来决定的,肌肉组织中大约含有 75% 的水,而脂肪组织则约含有 20% 的水。水分对于运动表现的影响程度会超过其他任何一种的营养素。摄取足量的液体对于正常细胞功能是重要的,而对运动员体温的调节也特别的重要。然而,在生理与温度的压力下,只依据感觉补充液体时人体并无法适当地补足汗液的流失。实际上,大部分的运动员仅补充了运动时所流失水分的三分之二,这种现象被称为"自主性脱水"。体能教练必须能够察觉这种情形并让运动员对此也有所认识。对于在热环境下激烈训练的运动员而言,口渴并不是补充水分的可靠指标,有系统地规划水分的补充是必要的。

2. 液体的平衡

在正常的环境下,通过液体摄取的调控来改变口渴的感觉与调节肾脏的功能将可获得体内液体的平衡。成年人的平均的液体需求量估计每天约需 1.9～2.6 升。这个摄取量可以补足尿液的流失量、不知不觉从皮肤与呼吸流失的流失量以及从粪便中的流失量。流汗会显著增加液体的需求量。举例来说，在长时间运动下，流汗量会超过每小时 1.8 升。运动员每天数小时的过度流汗可能需要摄取额外的 11～15 升的液体以补足其流失量。

3. 脱水的危险

如果流汗量没有补足的话体温就会上升而导致热衰竭与热中暑的发生，流汗量可借助体重的下降来追踪。体液的流失量等于体重的 1% 时，与运动中核心温度的上升有关。体液的流失量为体重的 3%～5% 时会造成心血管的紧张和散热能力的损害。当流汗量达 7% 时，可能会发生虚脱。运动员在热环境下练习时常常会有脱水达 2%～6% 的情形。举例来说，体重为 100 千克的运动员 5% 体重的流失是 5 千克。虽然在热环境中练习是常见的情形，但是必须认识到这会妨碍运动表现，以及可能产生危险性的脱水。因此，在训练与竞赛的前、中、后期，摄取足够的液体对于适当的肌力训练与有氧耐力运动是重要的。

4. 脱水状态的追踪

为确保体内适当的饱水状态，立即记录运动员训练前与训练后的体重是很科学的方法（为求准确性，在称重前必须脱去沾满汗水的衣服）。在练习时体重每 0.45 千克的流失，表示液体流失了 0.5 升。这个流失量必须在下次的练习前获得补足，体重记录表也可以是长期脱水运动员的确认方法。例如，在一周内流失了 2.26～4.53 千克。虽然在训练期的早期体重下降的趋势可能会与脂肪的流失产生混淆，但是脂肪的流失并不会如此快速。长期脱水的运动员会增加运动表现不佳与热疾病的风险。虽然运动员在每次训练前后都进行称重的处理并不容易实施，但是在炎热季节的初期应用这个方法，有助于预防脱水与热疾病的问题。既然运动员液体补充的需求，彼此之间有极大的差别，这个方法的实施也可以让运动员了解他们需要摄取多少的水分以维持身体体重。尽管其他含水状态的指标敏感度不同于体重变化，但也可以作为追踪的工具。脱水的表征包括深黄色且味道浓的尿液、如厕频率的减少、快速的安静心率和长期的肌肉酸痛。成年人尿液的制造每天大约 1.1 升或是每天四次，每次排尿 237～296 毫升。正常尿液的颜色如同柠檬汁的颜色，除非运动员摄取了维生素则其尿液颜色便会趋向于鲜黄色。必须注意的是，在脱水过程时的排尿并不表示水分已经完全补足，肾脏在水分再补充的过程中并不是完全有效率的。

5. 电解质

在汗中流失的主要电解质包括钠、氯和少部分的钾。在激烈运动时，生理适应的机制会减少尿液与汗液中电解质的流失。因此，受过训练的运动员的汗液会比未受训练者来得稀薄。汗液中钠的平均浓度是每公升 1.15 克，其范围从每公升 0.46～2.3 克。美国成年人每日钠的平均摄取量大约为 4～6 克，通常都足以补充所流失的钠量。但是，过度流汗持续一段时日的运动员或是无法适应热环境者，抑或是低钠摄取者可能会因为钠的缺乏而造成热痉挛的情形。有些运动员可能需要增加高钠食物（披萨、火腿、马铃薯）的摄取，或是增加食物中的食盐含量。汗液中钾的流失通常可在每天的其中一餐饮食里，摄取 2～6 克而得到补充。钾的平均摄取量是 2～4 克，所以必须鼓励某些运动员摄取更多富含钾的食物，例如柑橘类水果与果汁、哈密瓜、草莓、番茄、香蕉、马铃薯、肉类和牛奶。

6. 液体补充法

液体补充法的使用主要有三个时间点：运动前、运动中与运动后。最终的目标在于让运动开始时处于饱水的状态，避免运动中的脱水情形以及在下次训练课之前获得水分的再补足。

（1）运动前。在活动的 2 小时前摄取至少 0.5 升的液体可达到适当的饱水状态，并且有足够的时间通过排尿排出多余的液体。由于快速的吸收并不是此阶段的重点，所以运动员可以选择喝水或是其他非酒精性饮料，例如牛奶、果汁、碳酸性或非碳酸性饮料、运动饮料等。液体也可以从正餐中获得。摄取咖啡性饮料是否会造成脱水情形是经常会被问到的问题，对于没有喝咖啡习惯的运动员来说，咖啡因会稍微增加尿液的产生，但是对于习惯喝咖啡的运动员而言，咖啡因的影响便较少。

（2）运动中。如同先前所述，在运动中运动员并不会自行喝足够的液体来补足汗液的流失量。不适当的液体摄取包括没有给运动员喝水的时间或没有让他们自由地喝水。运动中液体补充法的目的在于让液体从口腔经过肠道，然后迅速地进入身体循环中，并且提供足够的液体量补足汗液的流失。这个目标可通过提供可迅速吸收的液体，而运动员也认为是可口的液体给予合适的饮用时间建议即可达成，并且在规律的间隔时间内持续地喝水。高容量在胃中排空的时间会比低容量来得迅速，所以大口地喝会比啜饮来得好，只要不会造成胃部不舒服即可。各种液体均可作为运动中有效的液体补充物，冷水是理想的液体补充物。液体补充物其他的选择包括市面上的运动饮料或自制的运动饮料，例如稀释的果汁或稀释的软性饮料。虽然对大部分的个体而言，平淡无味的水便足以达到液体补充的需求，有些运动员会寻求自己喜欢的且比水更可口的饮料，然后也会喝更多。除了促进水分的摄取之外，对于运动时间少于1小时的运动员而言，糖类的摄取并不会有生理上的效益。但是，对于有氧耐力的运动员，例如长距离跑步选手、足球选手以及长距离游泳选手，当运动时间超过1小时的话他们将可以受益于运动中糖类伴随着水分摄取的策略。饮料的选择可考虑运动员的喜好、预算、便利性以及运动项目的形式。市场上的运动饮料内含水分、糖以及电解质（通常是钠、氯与钾）。运动饮料中糖类的含量稍低于大部分的软性饮料与果汁。市面上运动饮料所含糖类的浓度范围为6%～8%，这种浓度的溶液具有迅速吸收的倾向，自制的运动饮料可利用两份的软性饮料与一份的水，并加入食盐（1/8匙或0.7毫克）进行混合稀释。其他的选择可以利用固态食物（水果、运动棒、能量棒、饼干等）作为糖类的来源并配合着平淡无味的水一起使用。在运动时，并非所有的运动员均能忍受除了水之外的饮料或食物。

（3）运动后。运动后的目标是为下次运动做好身体的准备。如同先前所述，追踪身体的体重同时每千克体重（0.45千克）的流失至少补充0.5升的液体，这是确保液体适当摄取非常有用的指导方针。排尿的发生是在完全达到液体平衡之前。因此，总液体的摄取量会超过每千克体重1品脱/千克（0.5升/0.45千克）。当发生严重的流汗时，在食物或饮料中的氯化钠（食盐）的摄取可以减少尿液的排出并且促进水分的恢复和电解质的平衡。在实际应用上，这表示运动员必须在训练后摄取各种的饮料与食物。事实上，大部分液体的摄取是在正餐的时间，而水分来源于食物与饮料中。建议摄取含有氯化钠的饮料，例如运动饮料以减少尿液的排出并且维持水分最大的保留，最好的建议是在训练课或练习课之间经常摄取大量的液体，而且不要以口渴作为液体摄取的指标。

液体补充指导方针，具体如下：

（1）鼓励运动员在热环境中进行长时间运动之前补充适量的水分。在运动2

小时之前应摄取大约 0.5 升的冷饮。

（2）在运动时，运动员应经常喝水，例如每 15 分钟喝 177~237 毫升。

（3）提供冷饮（10~21 摄氏度）。

（4）既然口渴的机制在水分大量流失时，无法发挥适当的功能，因此液体的准备应力求可以方便取得。如果它距离很远的话，运动员便不会刻意去寻找。在许多场合中都需要提醒他们去喝水。

（5）在运动之后运动员必须依据每流失 0.45 千克的体重便补充 0.5 千克以上液体的原则。在下次运动之前必须让体重恢复（表示水分已获得再补充）。

（6）虽然喜欢喝的饮料可以有效地促进喝水的情形，但是水是理想的液体补充物。当体重因流汗而严重降低时，外加食盐在饮料或食物中会比单独喝水更能有效地促进水分的再补充。

（7）理想的液体补充饮料必须考虑运动的持续时间与强度、环境温度以及运动员的喜好。

三、竞赛前与运动后的营养

长期饮食的实施相较于仅在运动前或后控制食物的摄取，对运动员运动表现的影响会较大。但是，运动员在训练前后以及竞赛前后，吃了些什么对运动表现也会有生理与心理上的效果。

（一）竞赛前的食物摄取

虽然很少有对竞赛前应该摄取哪些食物的绝对原则，但是对于许多运动员来说竞赛前的饮食常属于仪式层面。了解运动员关于竞赛前饮食的考虑与信念是很重要的，同时也要了解其生理上的观点。在运动营养的书籍文献中，可以找到许多针对竞赛前饮食所提出的摄取时间点、摄取量以及食物类型的建议，但是在这些建议中有许多并未被科学证实，而且可能也不适用于所有的运动员。当提供运动员关于竞赛前饮食的建议时必须考虑以下几哥方面：

1. 目的

竞赛前饮食的主要目的，在于提供运动员运动时的液体与能量。所摄取的食物与饮料不可干扰运动表现时的生理状态。

2. 时机

大部分教科书常见的建议是在运动前的 3~4 小时，可避免食物在运动时造成的恶心或不舒服。这个时间点可能适合有氧耐力的运动员，例如经常会感到腹部不舒服的长跑选手。也可能适合参与接触性运动的运动员，因为接触性运动会增加伤害的风险而且可能需要麻醉。不过根据经验结果显示，竞赛前饮食摄取的适当时间点，每位运动员之间具有非常大的差异性。有些运动员可以在竞赛前几分钟吃上一餐的份量，而有些运动员则可能在竞赛前 12 小时以上几乎不吃任何东西。以下的运动员必须让他们在用餐与练习或竞赛之间间隔至少 3~4 小时以上：

（1）参与高损伤风险或可能会撞击胃部的接触性运动的运动员。

（2）在训练或竞赛前不久，没有食欲或感到恶心的运动员。在胃痛发生前，摄食可以让运动员获得必需的热量，并且能预防神经性的呕吐。

（3）在竞赛前或竞赛中不久发生腹泻的运动员，焦虑会增加胃肠的蠕动。摄食会更加刺激肠道。竞赛前正确地摄取食物有助于预防不必要的上厕所情形。

（4）在热环境下运动的运动员脱水会增加胃痛、胀气或胃痉挛的可能。

（5）参与含有大量跑步或跳跃的高强度运动的运动员，例如越野赛跑、足球、排球或篮球。

（6）当运动员运动时身体的震动会增加胃部不舒服的可能性。

对于下列的运动员，在竞赛前 30 分钟左右以及竞赛中食物摄取的考虑：

①在竞赛时，饥饿至感到不舒服的运动员，饥饿会使运动员分心。

②有感到颤抖或虚弱倾向的运动员，这些是低血糖的征候。

③参与有氧耐力比赛而且想获得最大糖储备的运动员。

有些与长时间项目（锦标赛、连续比赛、持续整天的比赛）的运动员，喜欢事先吃一些食物，并且在竞赛中持续地吃些点心以保持高能量的状态并预防饥饿的发生。

3. 实施时的考虑

当运动员在神经高度紧张时，摄取他们不喜欢的食物可能会造成恶心与呕吐。因此，必须加以考虑个人的喜好以及对食物的忍受度。运动员所摄取的食物与饮料必须是：第一，运动员喜欢的；第二，可以忍受的；第三，经常吃的；第四，运动员相信会得到胜利运动表现的。

竞赛前饮食的主要目标是，提供运动员竞赛时的液体与能量。记录的保存有助于运动员决定他们竞赛前的最佳策略。记录下所吃食物的类型与摄取量、时间（例如竞赛2小时前）、在该次比赛中运动员的感觉如何以及竞赛的结果，这些均可作为竞赛前饮食调整的原则。

4. 糖原填充法

糖原填充法是一种在长时间有氧耐力运动前提高肌糖原浓度的方法。这个方法最早是在1931年提出。自此之后，各种的糖原填充法便开始被研发出来。具有最小副作用且最有效的策略是在竞赛前一周实施减量训练并配合3天的高糖膳食，同时在竞赛前一天采取完全休息的方法。这样的饮食内容可以提供适当的热量，而每天大约摄取600克的糖类或是每千克体重摄取8～10克，这个策略可以增加高于正常肌糖原储存量的20%～40%。糖原填充法对于长跑运动员、公路自行车选手、越野滑雪选手以及可能会耗尽糖原储存量的运动项目均能提供可能的效益。研究显示糖原填充法会增加非最大运动时糖类的氧化作用并且能促进高强度短时间运动的表现。糖原填充法的益处具有相当大的个别差异性，即使是在有氧耐力运动员之间，因此运动员在竞赛前必须先评估这个策略的效果。糖原填充法可能的副作用包括增加水分的保留以及体重的增加。除此之外，有些运动员在摄取非常高量的糖类饮食时可能会有胀气与腹泻的情形。

5. 运动后的食物摄取

研究显示在运动后摄取高GI的食物，其补充糖原的速度会较快于低GI的食物，不过仍需要有更多的文献来证实这一观点。以前针对糖类完全耗尽之后糖原填充法的研究强调，应在运动后立即摄取糖类，但是最近的研究显示在运动后2小时摄取糖类并不会抑制随后8小时至24小时的糖原生成作用，只要在当天能摄取足够的糖类即可。但是，对于一天训练2或3次的运动员或是没有较长恢复时间的运动员而言，立即补充糖类食物或补充剂可能会比较有帮助。相关专家的研究显示，在衰竭性跑步之后只要摄取足量的热量，不论是混合糖类、蛋白质与脂肪的食物或是单独地补充糖类均能有效地补足肌糖原。人们往往会将焦点放在糖类方面，事实上，应该摄取均衡的饮食以确保所有物质在适当恢复时的作用，其中也包含氨基酸。

6. 抗阻训练

许多针对恢复期的研究会将焦点放在糖原的补充上，然而在间歇性运动时，例如团队运动与技巧性运动糖原的耗尽并不常见，而目前对于这些项目恢复期方面所了解的也很有限。有两篇研究显示，在激烈抗阻训练之后立即摄取糖类会造成身体蛋白质的正平衡，而单独地摄取糖类或者糖类、蛋白质与脂肪的混合食物均能造成相同程度的糖原合成作用。此外，摄取混合各种营养物质的食物是达到适当热量摄取与促进恢复的有效方法。

营养在体能提高方面扮演着主要角色，它是维持运动员运动表现的重要因素之一。足够的水分、适当的能量摄取以及适量摄取蛋白质、糖类、脂肪、维生素与矿物质，方能让运动员获得训练的最大益处，预防运动损伤与丧失斗志的情形。了解营养的一般原则与应用，对于体能教练是很重要的，不仅可以协助运动员发挥最大的潜能，而且也可以帮助运动员分析使人混淆的信息以及帮助辨别在运动营养方面所流行的传言。

第二节　肌肉增长的最佳营养

在过去的五十年里，营养越来越被人们认为是体育运动中最重要的组成部分，包括力量训练主导的运动项目。过去许多人认为，运动员不需要食用各种各样的食物，毕竟我们的饮食能够为运动员提供训练和比赛所需要的营养（如果运动员认真地计划饮食）。然而，大量的科学和医疗信息证明营养是运动员取得成功必不可少的因素。不幸的是，直到今天仍然有一些人认为，相对于普通人群来说，运动员并不需要太多的营养。但是，他们的观点是错误的，这也是我们本章所要介绍的主要内容。

本节主要讨论运动员所需要的具体营养需求，并且介绍怎样通过饮食和营养补充促使肌肉体积最大化、力量最大化和体脂百分比最小化。显而易见，系统训练的运动员要比久坐不动的人所需要的热量要多得多。但是运动员需要更多的蛋白质、大量的常量元素、微量营养素和大量的营养补充。因此，应该考虑到什么物质能使肌肉和力量最大化、体脂百分比最小化。

一、训练方案中所包含的因素

饮食和营养是训练方案中最重要的组成部分,包括遗传基因、生活方式和训练方式。训练链上所有组成部分取决于与之相关联的其他因素。

(一)遗传基因

为了在体育比赛中取得胜利或全面地发展肌肉,必须有达到目标的一种潜力,不仅包括身体素质还包括精神方面的能力。热情、毅力和获得成功所必需的一切良好品质都与运动员的身体素质同等重要。精英运动员一出生可能就拥有一个具有良好遗传基因的头脑,他们要准确地完成一件事情也还要依赖其他的一些因素。环境塑造了运动员由基因型向表现型的调整。在能够达到自然遗传潜力的最高限度之前,以下这四个环境因素,生活方式、训练方式、饮食和营养补充是必须协调发展的。

(二)生活方式

生活方式的改变能够最大化地促进荷尔蒙的合成代谢,最小化地抑制荷尔蒙的分解代谢,并且能够最大化地促进训练的合成代谢效果,这些改变包括获得充足的睡眠、最小的压力并且要避免使用一些使人容易兴奋的药物,例如酒精和尼古丁。为了更好地操纵体内荷尔蒙的内源代谢,以此来确保激素的合成代谢,每一个人的生活方式都应该有所控制。减少身体上的和心理上的压力来提高睾丸素水平并降低皮质醇水平(皮质醇能够分解肌肉组织)。固定的生活方式大都非常简单,它会使压力在达到目标之前变得非常困难、能够更好地塑形并且使压力能够很容易地消除。人们需要充足的睡眠时间。然而一些人每天只睡六个小时或更少,大多数人每天至少需要7个小时的睡眠时间,甚至还会达到十个小时之多。这些在整个夜晚就能够直接做到,或者可以在晚上有6~8个小时的睡眠,再加上下午1~2个小时的小睡。睡眠能够减弱激素功能的不利影响。

兴奋剂的使用是被禁止的,大麻和可卡因能够降低血清睾丸素,酒精能够降低临界的激素水平,例如性激素和生长激素。

(三)训练方式

训练能够使身体产生适应性,这种适应性是通过周期练习产生的。切记,充分的恢复是同样重要的。当过度训练或为训练计划做适当的改变时，一定要把运动损伤降到最小的程度。

（四）饮食

训练方案的第三个因素是最合理的饮食，它将实现在短期内所要达到的目标，并且有益于各种各样的周期性的训练阶段。这一章我们将讨论有关饮食的一些指导方针，对于参与身体训练的个体来说，这些指导方针具有专项的吸引力。作为特例，我们将介绍一种新的饮食模式——新陈代谢饮食，因为人们都对力量增长和瘦肌肉体积非常感兴趣。

（五）营养补充

营养补充是训练方案的第四个组成部分。一旦人们的生活方式、训练方式、饮食都非常的有规律了，那么下一步的工作就是根据目标和训练阶段来选择和制订正确的营养补充。营养补充能够使我们的训练效果更加有效，使肌肉体积和肌肉力量增大，并使体脂百分比降低。

二、运动员的基本饮食

在考虑到营养补充之前，一种好的饮食是必要的。最重要的是营养补充的作用——它不能完全代替饮食，而只能是饮食的一种补充。许多研究表明运动员的营养需求是最基本的。所需要的营养的第一种来源是常量营养元素和微量营养元素，这应该是合理的饮食补充，包括能量、水、蛋白质和多种维生素和矿物质，例如硫胺素、核黄素、烟酸、铁、锌的需求。多样化的饮食是富有成效的。许多研究表明，在比赛的前几天，采用合理的饮食习惯能够提高运动员肌肉中糖原储存的含量并能提高运动成绩。同时，专项的饮食习惯提供了一种竞争性的优势。

激素在阻力训练肌肉肥大的反应中扮演着重要的角色，没有合理的蛋白质和其他营养元素的摄入，激素反应不会引起最大化的合成代谢反应。训练合成代谢的效果不仅取决于可以立即获得结果和延迟激素的改变，而且可以再现训练和恢复中的系统性和细胞多孔性的环境，这样就可以提供一种由训练效果调整为提高蛋白质合成所需要的营养。在训练期间和恢复期间，摄取一定的营养物质能够增强训练过程中的激素反应，以此来提高蛋白质的合成，并进一步使训练中的合成代谢反应达到最大化。含有蛋白质的饮食能够直接刺激肌肉增长，是通过日益增长的肌肉 RNA 的含量和抑制蛋白水解作用，还通过日益增长的胰岛素和自由 T3 的水平（三碘甲状腺氨——甲状腺激素来控制新陈代谢的速率和生长）来完成的。含高蛋白的饮食能够提高大强度训练中的合成代谢效应。当强度达到最大并且能够通过刺激产生适应性反应时，蛋白质的需求会随之增多，从而为日益增长的肌肉体积提供营养。

（一）摄入充足的热量

使肌肉体积增长的第一个要领是确保运动员要消耗充足的热量。通过让自己饥饿，不能获得标志性数量的瘦体重。这样身体将会分解其他的组织，包括肌肉组织，用来弥补饮食中热量的缺乏。如果没有充足的来自其他食物的能量来源，氨基酸就不能有效地合并到蛋白质，部分因为把氨基酸合并到缩氨酸需要大量的来自 ATP 供能系统的能量。饮食中含有的超过基本需求的能量可以提高利用氮的效率。热量摄入应该与热量输出和要达到的目标相匹配。如果要减少体脂百分比，还要获得和维持肌肉体积，那么就可以降低一些热量摄入，但是如果热量摄入过少也会降低一些瘦体重。当增加蛋白质摄入和增加营养补充摄入时，再想减少体脂百分比并维持甚至增加肌肉体积，就可以逐渐减少热量的摄入了。

1. 蛋白质

体育训练会使蛋白质的需求增多吗？最近几年来，一些运动员会提出这样的要求，即在他们的日常饮食计划中增加含蛋白质丰富的食物和补充更多的蛋白质。最近的研究证实了这一观点：研究表明，无论是力量训练还是耐力训练，蛋白质的需求都会增加。较高的蛋白质摄入和氨基酸在激素的合成代谢中将会产生良好的效果，特别是酷似胰岛素的生长因子（IGF-1）。除了 IGF-1 之外，通过饮食中脂肪和蛋白质的高含量可以使睾丸素增加，使食用素食降低，并且使饮食中高含量的碳水化合物降低。不仅是含有适量血清睾丸素水平的蛋白质饮食是重要的，而且蛋白质的种类也非常重要。最近的研究表明，用豆类蛋白质来取代肉类蛋白质，例如，SHBG（血清激素结合球蛋白）是较高的（少量的生物活性的睾丸素）和血清睾丸素是较低的。含 DNA 水平的蛋白质标准化的饮食可能会得到教练的认可，但是对运动员来说，它们是无效的。举重运动员剧烈的肌肉刺激很可能会提高蛋白质的分解代谢并把它作为一种能量来源。在训练过程中提供另一条能量来源，高蛋白质含量的饮食使蛋白质被用来增加肌肉体积，机体将消耗这些蛋白质来代替消耗肌肉细胞内部的蛋白质。

我们相信，在训练的开始阶段一旦运动强度是交叉进行的，蛋白质饮食是必不可少的，目的是使训练的合成代谢的效果达到最大化。然而，在训练开始阶段所进行的练习可能会产生很小的合成代谢的效果，此时并不需要蛋白质的增加。对于竞争性和娱乐性的运动员来说，他们想最大限度地增加瘦体重，但是又不希望增加体重或是肌肉过于肥大，我们建议每天每千克体重至少要消耗 1 克高质量的蛋白质。这适用于想保持一定的竞争性体重的运动员或参与耐力训练的运动员。对于参与力量训练的运动员来说，例如奥运会田径比赛和短跑比赛或足球运动员、曲棍球运动员、举重运动员、力量运动员，我们建议每天每千克体重至少要消耗 1.2~1.6 克的高质量的蛋白质。也就是说，如果体重是 90 千克，想拥有最佳的肌肉体积，那么就必须每天消费超过 320 克的蛋白质。如果想通过限制热量的摄入来减肥或减少体脂百分比，最重要的是保证饮食中有高含量的蛋白质，相对于富含热量的饮食来说，肌体能够更多地氧化热量缺乏饮食中的蛋白质。对于希望减肥但又想维持甚至增加瘦体重的人们，我们建议每天每千克体重至少要消耗 1.5 克的高质量的蛋白质。减少热量的需求来减肥的代价应该是脂肪和碳水化合物而不应该是蛋白质。

2. 碳水化合物

如果想要获得最大的力量和瘦体重、最少的体脂百分比，就必须控制碳水化合物的摄入。在这一节中，我们将讨论新陈代谢饮食中碳水化合物的各个方面。

3. 脂肪

成功的关键在于正确理解"有益的脂肪"和"无益的脂肪"两者之间的区别——前者最大化、后者最小化。另外，还要以恰当的比例摄入不同种类的脂肪。本章中的内容具有一定的技术性、实用性、易被理解和应用。不管食用脂肪的负面宣传有多么的广泛，事实上，食用脂肪对健康的身体是非常重要的。通过正确的吸收运输的脂肪、可溶解的脂肪、维生素 A、维生素 D、维生素 E、维生素 K 等是必不可少的。肌体利用脂质（脂肪的一种）来产生荷尔蒙和其他能够维持身体健康并阻止恶性的疾病发生的物质。脂肪也是一种很好的能量来源，脂质的成分被认为是必不可少的脂肪酸（EFAs），它是肌体所有的细胞膜必不可少的组成部分，它们可以在细胞内部组成错综复杂的结构。视网膜和神经突触依靠脂肪酸组成结构，这种类型的脂肪对生命是非常重要的。然而，还有另一种类型的脂肪能够破坏身体健康并能引发严重的后果。

（1）有益的脂肪

两种必不可少的脂肪酸：亚油酸（LA）和亚麻酸（LNA），它们对保持身体健康是至关重要的。人们只有通过饮食才能摄取，因为肌体不能大量的制造它们。许多人的饮食中脂肪酸的数量不充足，这样会导致一系列的健康问题，因为脂肪酸对人类的生长发育、细胞膜的完整性、许多重要成分的合成都是必需的。得到充足的LNA意味着会出现许多问题，而缺乏亚油酸是带有普遍性的：多数人的饮食中亚油酸要比亚麻酸的含量高，过多的亚油酸能够影响亚麻酸的生物活动，造成一种缺乏亚麻酸的状况。这是很严重的问题，因为亚麻酸和另外一种 ω-3 脂肪酸负责大部分的脂肪酸的健康利益。补充脂肪酸是非常有益的。如果使用恰当它们能够提高整个健康状况，帮助人们避免心脏病的发生并能够减少体脂。在我们的社会中，提高食物生产的速率能够明显地降低日常饮食中脂肪酸的数量。富含脂肪酸的食物都是很容易腐烂的，在为许多商业性的活动做准备时，使用这类食物是不可取的。下面所介绍的新陈代谢饮食就能够提供额外的脂肪酸。要求采用新陈代谢饮食的人们饮食中要含有高水平的脂肪和蛋白质，脂肪酸能够提供一种很好的防治胆固醇的方法，它还能够对血压、免疫力、胰岛素阻力、三酸甘油酯水平产生积极的影响。甚至在饮食中的胆固醇含量较高的情况下，ω-3 脂肪酸能够帮助降低血清胆固醇的含量。一些研究表明，在进行有氧训练时，高脂肪含量的饮食也能够使血清胆固醇降低，并且能够改善胆固醇中富含 ω-3 鱼肝油的功效。

LNA、EPA、DHA 三者都能够促进脂解作用（分解体内脂肪）并且能够降低体脂结构，分解储存在体内的脂肪和降低多余的体脂相结合能够为饮食者获得可喜的成就提供帮助。事实上，利用这些油来分解体内多余的脂肪，使脂肪减少，我们可以完全放心地把鱼蛋白和鱼油加入到我们的日常饮食中来，因为它们在脂肪酸中是属于营养较高的类型。然而，许多种食物不仅仅包含一种脂肪酸，植物油比动物油所含有的不饱和脂肪酸要多。亚麻籽油、坚果、植物种子和非人工合成的蔬菜油中都含有丰富的、必不可少的脂肪酸。

（2）无益的脂肪

营利性的蔬菜油不是脂肪酸较好的来源。加工的问题是天然的聚酯纤维，单不饱和脂肪酸是活性的，受到光和热以后很快就会变质。超市里出售的大部分蔬菜油，包括谷物、豆油等都很容易与氢化合，对健康是有害的。加工过程不仅能够使部分有益的成分流失，例如，脂肪酸和抗氧化剂，主要有的加工方法能够引起免疫力的问题并很容易致癌。

天然的聚酯纤维、不饱和脂肪是不固定的、易氧化的，所以它们有两个最主要的缺点，第一，它们能够提高5%或更多的某种癌症的发病率；第二，它们能够降低胆固醇含量，降低高浓度的脂蛋白水平，这样会增加患冠状动脉疾病的概率。更糟糕的是，聚酯纤维不饱和脂肪会经常被氢化，目的是使它们在室温下更加坚固和稳定，能够储存的时间更久一些。氢化包括在真空中加热油，然后把它放在压力下强迫它氢化。不幸的是，氢化和其他的一些提炼方法一样，例如使用化学溶剂、漂白、加热影响现有的天然油的质量，也会影响我们的健康。交联键脂肪酸支链和通过第二次氢化所产生的脂肪酸碎片能够对血液胆固醇产生标志性的不良后果，增大患心脏病的概率。然而，与 EFA 相比，这些脂肪能够导致 EFA 缺乏，随之发生的是它能够引起其他的健康问题，包括糖尿病、癌症、发胖。

总之，对健康无益的脂肪在加工的过程中会发生改变，因为相对于必要的脂肪酸来说，它们对细胞的新陈代谢和结构会产生消极的影响。这里有一些推测，脂肪酸可能会给胰岛素的敏感性带来一些负面影响，使脂肪的氧化作用减弱、合成作用加强。食物中包含大量的脂肪酸，在它们的成分中包括氢化的或部分氢化的产品。这些食物包括烧烤、薄脆饼干、冰糖、大部分油煎的快餐、马铃薯片和其他的一些由起酥油、人造奶油或精炼油制成的食物。我们要尽可能地远离这类食物。

4. 脂肪的数量和种类

在新陈代谢饮食模式中，脂肪扮演着重要的角色，从脂肪的种类中找到可取的元素并把它们消耗掉，这是非常重要的。下面提供一些有用的建议：

（1）尽量少吃烧烤食品和油炸食品，特别是快餐。

（2）用烘、煮、微波炉、用沸水煮或蒸汽食物来代替油炸。

(3)尽量买一些最普通的单不饱和的油,例如橄榄油、油菜油。

(4)摄入的脂肪的 25% 都应该来自橄榄油和富含脂肪酸的食物,例如坚果、种子、鱼、亚麻籽油等。所摄入脂肪的 75% 应该来自高质量的肉类、鸡肉、蛋类、奶酪、猪肉、黄油、动物蛋壳和一些鱼类、主食等。当然,如果我们居住的地方很容易获得 ω-3 富含蛋类的食品和日常食物的话,就尽管可以放心食用了。

(二)新陈代谢饮食

过去大多数运动员遵循着高蛋白、碳水化合物和低脂肪的饮食模式。但是唯一改变不了的一点——高热量,他们要增加肌肉体积就要降低热量的摄入。特别是运动员的常用的饮食中往往会包含许多高蛋白食物,例如蛋白、烧烤食品、燕麦片和大米等。在过去的十年里,一切都发生了变化。自从 Mauro DiPasquale(毛罗·迪帕斯夸莱)在 1990 年引进了新陈代谢饮食模式,许多力量运动员改变了高碳水化合物、低脂肪的饮食习惯,采用并保持了高蛋白、低碳水化合物、高脂肪的饮食方式。这些运动员发现,相对于传统运动员的饮食来看,采用这种方式的饮食能够使他们得到更大的益处。新陈代谢饮食是很容易被采纳和接受的。它主要有三个益处:

(1)刺激新陈代谢加快,并把脂肪作为基本燃料而不是碳水化合物。

(2)促进脂肪燃烧、降低热量摄入,这样肌体就会获得来自脂肪而不是来自糖原和肌肉蛋白的能量。

(3)节省并维持蛋白质的含量并能够增加肌肉体积。

新陈代谢饮食的第一个步骤是促进新陈代谢,把脂肪作为最主要的燃料。这样做是通过限制食用的碳水化合物和消耗大量的脂肪,在适应这种饮食方式的过程中,不需要改变正常的热量摄入,仅仅是用蛋白质和脂肪来代替以前碳水化合物的热量。第二步,一旦适应了这一模式就要改变原有的热量摄入习惯来达到目标,增加肌肉体积、通过消耗更多的脂肪和蛋白质来增加日常的热量摄入。在保持肌肉体积的同时减少体脂百分比,慢慢地减少热量和脂肪的摄入。因为肌体接受少量的热量和少量的食用脂肪,肌体将逐渐利用它来储存脂肪而不是肌肉以此来弥补能量的不足。在大多数情况下,因为食用脂肪的含量较低,饮食中可以包含中等的或者较低水平的脂肪含量,主要是以必不可少的单不饱和脂肪酸的形式存在。

低碳水化合物、高脂肪和低脂肪、高碳水化合物的饮食方式的循环采用能够更好地控制肌体的合成代谢和燃烧脂肪的过程，这样就能够保持或增加肌肉体积并减少体脂百分比。

在训练过程中要使肌体燃烧脂肪优先于消耗碳水化合物和蛋白质，通过在工作日采用低碳水化合物饮食和休息日采用高碳水化合物饮食的相互转化，就能够熟练地掌握训练肌肉和脂肪的燃烧过程。

1. 新陈代谢饮食的目的

关于运动员饮食要澄清几个误区。我们必须强调不能像其他的饮食模式那样采用一成不变的低碳水化合物饮食，胰岛素并不是我们极力反对的。在以碳水化合物为基础的饮食中，当胰岛素含量一直处于很高的水平或极端不稳定的情况下，胰岛素才真正成为一个很大的问题。事实上，在新陈代谢饮食中，我们能够充分利用胰岛素的合成代谢效果，同时避免体脂和胰岛素浓度的不良影响。胰岛素、睾丸素和生长素的合成代谢会产生很大的影响。生长素是非常重要的，因为它能加强蛋白质的合成，使肌肉的分解能力降低。在训练期间，当采用高脂肪、高蛋白质、低碳水化合物的饮食时，胰岛素水平会保持相对的稳定而不会有太大的波动，生长素的分泌物也会相应地增加。在大环境下，生长素也会促进细胞利用脂肪来代替糖作为能量来源，这样能够提高体脂的燃烧速率并且限制燃烧产物的出现。胰岛素通常会降低生长素的分泌，同时在新陈代谢周末的饮食中或压力较大的情况下，肌体中的碳水化合物和胰岛素的水平就会增加，就像体育训练一样，生长素能够促进胰岛素的增加。在这种情况下，在整个训练期间或至少部分周末能够使生长素增长并获得潜在的积极影响。新陈代谢饮食的良好结果是睾丸素能够增加肌肉体积和肌肉力量。当短期的低碳水化合物饮食与高碳水化合物多次交替时，就会有一个严重的肌肉合成代谢过程。因为水和碳水化合物过多、胰岛素浓度增加产生了强烈的合成刺激，使细胞的水产生很激烈的作用。相对于任何一种饮食方式，连续的波动使合成代谢产生了很大的影响，这种合成代谢过程能够使运动员减肥，同时增加肌肉的密度。

2. 控制分解代谢（肌肉衰竭）

随着肌体的合成代谢过程的增长，确保所增加的肌肉不会被分解，这是非常重要的。要做到这一点，最大化的合成激素，例如睾丸素和生长素并使激素分解代谢的效果和分解代谢的产物降到最小，最关键的是皮质醇（皮质醇也能够使脂肪的存储能力提高），要做到这些主要是通过新陈代谢饮食。因为体脂是能够刺激皮质醇的生成物，使皮质醇和体脂相对减少。

通过激素控制，新陈代谢饮食能够帮助加强心理控制。当出现烦躁的心情和心情波动的幅度很大时，应该采用以碳水化合物为基础的饮食，这种饮食方式能够提高皮质醇水平，心理压力是皮质醇产物的主要结果。

3. 完美的化身

我们为了采用新陈代谢饮食付出了很大的努力，需要适量的体育训练和适当的营养补偿。这种饮食将消除多余的体脂，使肌体更加健康、富有活力。体育训练能够增加肌肉体积、减少体脂百分比并能够保证心血管的健康，不会受到心脏病的侵袭。营养补偿则能够获得饮食和训练以外的、最大的合成代谢效果和减脂效果。这里有三种常用的方法能够提供一种获得成功的方法，分别是新陈代谢饮食、一套完整的体育训练项目、一种明智的营养补偿的方法。

（1）准备工作。在准备采用新陈代谢饮食之前，应该做一个全面的身体检查，还要做一个有关血液的检查，包括完整的血细胞计数、胆固醇水平（总量、低浓度脂肪酸、高浓度脂肪酸）、TSH（甲状腺功能的一种测试）、血糖、血清尿酸、血清钾、肝功能序列和尿素氮氯（BUN）。医生所检查的项目可能会超过这些，如果想检查的项目再多一些他们也会配合检查。在燃烧脂肪而获得能量的过程中，过多的胆固醇和饱和脂肪可能会消耗完，从而出现一些问题。随着脂肪利用率的增加，脂肪作为能量来源并能够帮助减肥，新陈代谢饮食能够减少血清胆固醇的数量。在采用这种饮食之前，我们会建议自己测量并制订体脂的数据分析。减肥是非常重要的但也是非常缓慢的。在不同的季节、不同的时间不可能会减去太多的体重，但是会减去一些很不需要的、多余的脂肪。如果了解了相关的理论知识，它们会帮助我们始终保持较高的生活热情，即使没有减肥，在其他方面也会取得很大的进步而且肌体也变得非常的强壮了。或许人们想保存身体测量的数据，特别是腰围、臀围、大腿、上臂等一些数据，这些数据将会给我们一个目标，身体适合一种怎样的饮食或在哪个部位的减肥效果最好等等。它还会给一些信息，在哪个方面出现了什么问题或需要进行一些什么样的训练才能达到你所追求的体型。当体型保持不变或体重没有变化时这些数据也会帮助、激励我们，因为即使体重没有减轻，如果我们看到腰围、臀围这些数据减小的话就会看到自己所取得的进步了。最后，应该检查一下我们所服用的药物，如果在服用利尿剂，可以只在紧急的情况下服用，因为高脂肪、低碳水化合物的饮食能够脱水。

（2）饮食计划。我们建议希望增加肌肉力量和肌肉体积、减少体脂的运动员一定要采用严格的、不复杂的饮食方式。这种严格的、低碳水化合物的饮食阶段能够持续两周至几周，如果是一个充分的脂肪燃烧者，没有太多的碳水化合物也可以做得非常好，那么就能够允许持续几周。如果是一个充分的脂肪燃烧者，那么就执行低碳水化合物 5 天，2 天为一个单元并相互交替的饮食模式。认真地监督肌体对碳水化合物水平反应，随时对碳水化合物的摄入量做出及时的调整就一定会达到最适合自己的食用碳水化合物的水平。新陈代谢饮食的最初阶段，在缺乏碳水化合物的情况下需测试肌体利用脂肪作为主要燃料的能力以判断机体的功能。具有充足的脂肪氧化的人在饮食的各个阶段会做得很好，在饮食的各个阶段要求很严格的人，在接下来的几周内随着碳水化合物水平提高将会做得更好。

新陈代谢的饮食是阶段交替的，在训练期间消化低碳水化合物的饮食，而在周末就要消化高碳水化合物的饮食。但是，在最初的两周内不是这种方式。在最初的两周内最好的方法是保持低碳水化合物饮食 12 天，然后在周六或周日增加碳水化合物的含量。这种方式是从燃烧碳水化合物向燃烧脂肪作为最主要的燃料的转化。如果完全不适合这种低水平方式，它也会及时地告诉我们另一种方式。新陈代谢饮食的基本步骤：

①用蛋白质和脂肪来代替自己现在所食用的碳水化合物，起初先不要改变所摄入的热量水平。

②在开始高碳水化合物的饮食阶段之前，坚持低碳水化合物的饮食 12 天。

③结束过多的碳水化合物的时候就是进入最佳状态的时候。

④一旦脂肪是适合的，就要根据现在所处的训练阶段来改变所摄入的热量水平。

新陈代谢饮食的最初的适应阶段非常简单，它坚持高脂肪、高蛋白质、低碳水化合物的饮食，从第一周的周一到第二周的周五（如表 5-2-1 所示）。

表 5-2-1　允许的碳水化合物的含量和脂肪、蛋白质、碳水化合物的热量百分比

	碳水化合物摄入	脂肪百分比（%）	蛋白质百分比（%）	碳水化合物百分比（%）
工作日的最大值	30 克	40～60	40～50	4～10
周末	无具体限制	20～40	15～30	35～60

在前 12 天里，每天所摄入的碳水化合物的含量要限制在 30 克以内，除非身体特别的不舒服（疲劳、虚弱等）。所摄入的热量中，脂肪大约占 50%～60%，蛋白质大约占 30%～40%。在饮食的前 12 天内要坚持这一准则，在接下来的 5 个工作日里，判断生物化学机能是否适应了低水平碳水化合物，评估阶段严格地遵循指导方针：

①脂肪：摄入热量的 50%～60%。

②蛋白质：摄入热量的 30%～40%。

③碳水化合物：30 克。

然后，从第二周的周六开始到接下来几个星期的周六要留出更长的时间，检查高碳水化合物的饮食阶段，这一阶段将持续 12～48 小时，主要是周末和接下来的几个周末。摄入脂肪的热量是所消费总热量的 25%～40%，摄入蛋白质的热量是所消费总热量的 5%～30%，摄入碳水化合物的热量是所消费总热量的 35%～55%。再往后要了解几个阶段的特点，调节它们的热量水平使之与个体的化学组成和个体需要的最大值相匹配。整个过程与运动员所谓的"碳水化合物负荷"是很相似的。只要对饮食的感觉是好的可以摄入相对较多的碳水化合物也可以食用一些一周内不曾接触过的食物。碳水化合物负荷时期的指导方针：

①脂肪：摄入热量的 25%～40%；

②蛋白质：摄入热量的 15%～30%；

③碳水化合物：摄入热量的 35%～55%。

在适应阶段（前两周）要限制碳水化合物的摄入，第二周就要用碳水化合物来填充。胰岛素水平奇迹般地上升，事实上这表明是饮食的高脂肪、低碳水化合物的阶段，这一阶段的胰岛素水平升高，碳水化合物的水平也比正常值要高。采用这种饮食方式，机体已经通过了每周的一个很大的过渡阶段，在功能最好的地方是否坚持了严格的碳水化合物水平或者提高了食用碳水化合物水平。这就是为什么碳水化合物在周末要减少的原因，这是很重要的。如果我们发现到周末胃口

特别好，那么要充分利用胰岛素。但必须要小心的是有的人可能要比其他人更快地储存脂肪，必须要意识到自己什么时候变得很肥胖、很臃肿的原因。这是因人而异的，有的人几乎感觉不到胰岛素增长以后胃口有任何的变化，而另外一些人胰岛素的波动幅度很大，会发现自己一直处于饥饿状态，时时刻刻都想吃东西。这也就是为什么在周末碳水化合物在负荷后12~48小时期间摄入的原因。对于那些胃口变得非常大的人或早在碳水化合物负荷阶段就开始储存脂肪的人来说，应该把这个数值减小到12小时。最主要的是能够意识到自己已经很饱了。当已经感到自己变得很肥胖、很臃肿并且感到脂肪还会继续增加时就应该回到训练高脂肪、低碳水化合物的阶段了，要花一些时间来了解自己的身体并能够意识到转换阶段，这一点每个个体之间也存在着很大的差异。或许对一个人来说解释肌体信号很简单，但是对另一个人来说却很难。如果遇到一些麻烦就要在周末尽早做出一些改变。当然，耐心是一定要有的，经历将教会我们怎样更好地锻炼自己的肌体并让我们清楚地知道增加脂肪的过程。以上所列出的消耗脂肪、蛋白质、碳水化合物的百分比都是最佳的数据。如果从来没有做任何的饮食计划可能会遇到一些麻烦，如果做了详细的饮食计划，这一切就不用担心。在最初的几周内，每天消费30克以内的碳水化合物、40%的最小的脂肪含量将会为最初的成功注入新的活力。

（3）增加饮食中的碳水化合物。低水平的碳水化合物含量提高或者在整个过程中或某时需要更多的碳水化合物时，通常要花费人们三至四周的时间来判断新陈代谢饮食的阶段交替。然而，为了安全起见，一定要判断新陈代谢饮食是否适合，我们要在2周之内决定是否采用这种饮食方式。在前2周里如果感觉很好，那么就要执行5天消费30克的碳水化合物和1~2天高含量的碳水化合物阶段。如果感到中度的疲劳或产生了负面影响，要再通过另一个两周的评估阶段。当感觉的效果不是很好时，就要摄入较多的碳水化合物。

从星期六到星期三，如果感觉很好，从星期四开始又感觉到疲劳，然后又到了星期三，这样循环往复就应该做出一个新的计划调整。所以，从星期三应该增加至少100克或更多的碳水化合物。可以每千克体重0.5~1.0克的碳水化合物，然后观察机体的反应。如果大部分时间都感觉很好，但是没有足够的精力来参与训练，在训练结束后要试着消耗50~100克的碳水化合物。训练后所消耗的碳水化合物的数量是多样化的，主要根据所参与的练习项目，从 10～150 克不等。所消耗的碳水化合物的类型也是不同的，消耗高含量与低含量的碳水化合物相结合，这样训练效果就会更好。如果在低碳水化合物的训练中大部分时间里感觉都很好，增加两倍的碳水化合物的摄入量，每个工作日为 60 克，观察这种方式是否有利。如果没有帮助，增加碳水化合物的摄入每天 30 克，这样持续几周就会获得最佳的效果。

大多数人都要增加他们每天摄入的碳水化合物的数量，稳定在 100～200 克之间。我们发现，每天每千克体重摄入 0.5～1.0 克的食用碳水化合物是很正常的，因为他们具有相对较弱的脂肪氧化剂，在少数情况下，每千克体重所摄入的碳水化合物增加到 3 克也是很有必要的，主要根据个体的特点和他们所参与的训练项目来决定。当不得不提高饮食中碳水化合物的含量时，在发现所需碳水化合物的临界点之前，还需要一段时间。通常会花费大约 2 个月的时间才能找到他们理想的食用碳水化合物的水平。一旦发现了这一临界点，就能够在几个月之内使饮食在某一专项的水平上，从而改变机体的组成部分。

三、解决问题的指导

判断碳水化合物临界点的步骤：

（一）如果感觉很好

开始执行两周的新陈代谢饮食的评估阶段，在训练日补偿 30 克的碳水化合物，在周末补偿 130～150 克的碳水化合物然后观察自己的感受如何。坚持两周的指导方针，继续两周的新陈代谢饮食并观察自己的感受。观察一下自己的感觉。当到了新陈代谢饮食评估阶段的第四周时，如果我们的感觉仍然不错，那说明自己的新陈代谢饮食已经稳定，在训练日补偿 30 克的碳水化合物，在周末补偿 130～150 克的碳水化合物，并继续保持。

（二）如果感觉疲劳

如果当我们感到中度的疲劳，饮食需要一些碳水化合物的帮助，应该再继续两周的评估并观察自己的感觉。如果处于中度至严重的疲劳状态，则需要在饮食中注入各种各样的营养补偿来克服这些疲劳。如果处于"各种各样的饮食"的交接处，需要检查我们所选择的食物，从而战胜这些疲劳。如果我们处于一周中后几天的疲劳状态，那么自己需要怎么做？我们可以在周三尝试补偿额外的碳水化合物120克，再观察自己的感觉。如果处于一周中间碳水化合物适中的状态，但是在训练过程中会缺乏精力，该怎么做？训练结束后的半个小时内，要摄入30～100克的碳水化合物来战胜训练过程中的精力不足。如果在训练过程中仍然缺乏精力，在训练过程中再次增加碳水化合物30克，然后一直这样做，直到训练过程中感觉很正常为止。如果整整一周都感觉精力缺乏，就要每天增加30克的碳水化合物，持续一周后，如果整整一周都感觉很疲劳，就要在现在的日常摄入的碳水化合物中再次增加30克，持续一周，然后一直坚持下去，直到感觉正常为止。

（三）选择食物

在训练期间，有许多可以选择的高脂肪、高蛋白质和低碳水化合物的食物。几乎所有的肉类都是很好的。许多人喜欢牛排、香肠、猪肉和其他的红肉，另外，鱼、羊肉、虾、鸡肉和其他的白肉也都是很好的。几乎所有的奶酪都是可以选择的，奶酪酱、乳清干酪含有相当高的碳水化合物。所有的蛋类也都是非常好的。对于爱好糖果或甜食的人来说，食糖是一个很大的问题，应该尽量控制这种迫切需求，特别是在饮食的评估阶段，特别需要低碳水化合物的饮料和人造甜食，要避免山梨糖醇和果糖，但要记住一点，无限制的糖并不意味着无限制的碳水化合物。另一个需要考虑的因素是，即使自己有很强的对甜食的偏爱，也应该到周末才能享用它们，到那时可以享受喜欢的任何食物。首先，可能会在周末摄入过多的碳水化合物。然而，一旦它们在饮食中存在，许多人就不会有强烈的愿望去摄入更多的碳水化合物。他们食用这类食物，但是不会狼吞虎咽的去吃。当他们开始调整自己的饮食从而取得进步时，他们已经意识到真正的进步需要一些机体工作的理论知识作为指导，并能够理解怎样调整才能达到自己的目标。

四、饮食成功的关键

（1）不要担心热量。

（2）适量补偿纤维。

（3）挖掘潜隐的碳水化合物。

（4）不要混合饮食。

（5）第一周是很辛苦的——坚持到底。

在采用这种饮食方式的第一周，将通过新陈代谢的转化阶段，即从碳水化合物转化到肌肉燃烧，从而变成一个燃烧脂肪者。这一阶段是很困难的，大约需要至少1周的时间来适应。有的人会遇到一些症状，有的人会有很强烈的反应，便秘是很普遍的现象。也会出现一定的疲劳现象或呼出一股难闻的气味，这是由于酮产物的增加而引起的（由脂肪氧化的最初阶段引起的复合物）。在感觉上，第一周可能会感觉到烦躁和精神不舒畅，也可能会出现像流感一样的症状，会感觉到"有种东西即将到来"或"我们正要竭力的摆脱它"，精力下降并时常会出现饥饿的感觉，不要惊慌，从根本上说机体正在经历这个调整阶段，它很快就会过去的。如果继续就会进入下一阶段，不要担心热量或其他的一些问题，直到精力恢复正常并没有任何症状为止。这通常需要2~4周的时间并且感觉也会越来越好。另一方面，如果还会感觉到疲劳并且有加剧的倾向，没有关系，坚持到底。这也是新陈代谢饮食要找到最适合自己的食用碳水化合物的水平。所以，如果感到疲劳甚至筋疲力尽，那么最好的办法就是补偿额外的碳水化合物，并找出补偿额外的碳水化合物的最好方式。新陈代谢饮食成功的关键：

第一，在开始阶段不要希望减肥；第二，理解热量的需求存在差异性；第三，尝试着每周减0.6~0.9千克体重；第四，记录所测量的数据，记录所取得的一点点进步；第五，用卡钳来测量体脂厚度；第六，每周称重或测量不要超过一次；第七，不要选择理想的体重；第八，目标是女性减18%的体脂，男性减10%的体脂；第九，依靠榜样多于相信标准；第十，一旦达到了理想的体重，不要改变自己的生活方式和习惯；第十一，通过热量摄入的实验找到一个最合理的维持性水平；第十二，食物的实验。

第三节 运动员体重调控与营养素补充

一般常见的假设是，所有运动员的能量需求量会高于一般人，但是这并非完全正确。事实上，有些运动员会比同年龄的非运动员有较低的能量需求量。研究证实，对于运动员热量摄取与需求量作一概而论的假设是不正确的。要了解运动员是否摄取足够的热量，最好的方法便是追踪身体体重。如果没有脱水问题的话不变的体重便表示热量的平衡，如果体重下降便表示热量的摄取低于需求量，如果体重增加则表示热量的摄取超过需求量。

营养补偿促进合成代谢有多种途径：能够增加训练的能力（例如能够增加耐力和肌肉的收缩力）；能够增加内源代谢的睾丸素生产量或者使荷尔蒙增加，或者使皮质醇的分泌物减少；能够使蛋白质合成物增加。在一般情况下这些营养补偿能够产生积极的影响，包括使体型强壮、力量和耐力的增长，进行合理的营养补偿是体型更加健壮和提高训练效果的关键。

一、能量需求量

能量通常是以千焦为测量单位。1千焦是指让1千克的水，温度上升1摄氏度所需的功或能。运动员所需的热量取决于身材大小、运动需求、训练时间的长度、训练状态和年龄。能量需求量是指能量的摄取等于消耗量并且使身体体重维持不变，维持足量的热量摄取以维持运动员的训练与竞赛计划对于运动员的成功是必要的手段。

（一）影响能量需求量的因素

许多的研究者已经研究了运动员的饮食摄取情形并且发现具有非常大的差异性。由于体重的差异、训练强度的差异和工作效率的差异，所以各种运动项目之间具有非常广泛的能量消耗与能量摄取范围。举例来说，体重为140千克的举重选手与体重60千克的举重选手在进行相同的运动强度时体重较重者会消耗较多的能量。除此之外，所使用肌群的肌肉量大小也会影响能量使用的比例和总能量的消耗。大肌肉群的抗阻训练动作会比小肌肉群的训练动作需要更高比例的能量。不同项目的运动员之间，男性游泳选手、自行车选手、铁人三项选手和篮球选手会有最高的能量摄取量，平均每天大约摄取25115千焦。而女性花样滑冰选手、体操选手和舞蹈者则会有较低的能量摄取量，每天的摄取量会低于5023千焦。针对个别运动员的评估显示会有相当大的能量摄取范围，从数百千焦到超过29300千焦。

成年人能量需求量取决于三个因素：基础代谢率、饮食生热作用和身体活动。

每一项因素均会直接或间接地受到年龄、遗传、身材大小、身体组成、环境温度、训练状态、非训练时的身体活动和热量摄取等因素的影响。对于青少年运动员，发育是另一个增加能量需求量的变量。基础代谢率占了总能量消耗的最大比例，大约为每日能量消耗的60%~75%。它是维持身体正常功能，例如呼吸、心脏功能和体温调节所需的能量值。增加基础代谢率的因素包括净组织的增加、年轻、体温异常、月经周期和甲亢。降低基础代谢率的因素包括低热量的摄取、净组织的流失与甲状腺机能不足。除此之外，代谢功能在遗传方面的差异可达到10%~20%。个体能量需求量的第二大部分是身体活动时的能量消耗。在影响成年人能量需求量的所有因素中，身体活动的能量消耗具有非常大的个体差异性。身体活动所消耗的能量会随着训练计划的频率、强度以及持续时间的增加而增加，也会随着非训练时的身体活动量的增加而增加。身材较大的运动员在进行长时间有氧活动时会有最高的能量消耗量，而身材较小的运动员在进行技术性与爆发力运动时，则会有最低的能量消耗量。饮食的生热效应也被称为食物所引起的生热作用，是指在用餐后数小时可以被测出高于基础代谢率的能量消耗。食物的生热效应包括体内的消化作用、吸收、代谢作用以及食物储存的能量消耗。饮食的生热效应约占总能量需求量的7%~10%。

（二）预计的能量需求量

如同先前所述，一位运动员的能量需求量是指足以维持理想竞赛体重所需的卡路里数。但是，运动员与教练通常都会想要有更多额外的能量。除了非直接的热量计算之外并不容易去计算能量的需求，因为有许多的变量会影响热量的需求量。但是，目前有可以预计每日能量需求的指引。另一种比较麻烦的方法是让动机强烈的运动员在体重维持稳定期间连续三天记录其每日的摄取量。在此时，个体的能量需求量可以假定与所摄取的热量相等。这个方法问题是，记录食物的摄取量往往会抑制摄食行为，因此所记录的摄取量会低估真实的摄取量。

二、运动员体重

（一）增重

运动员想增重的原因有两个：改善身体外形或促进运动表现。为了让体重的增加主要是来自肌肉量的增加，饮食与渐进式抗阻训练的配合是主要的方法。但是，遗传倾向、体型与依附性决定了运动进步的情形。肌肉组织中大约有 70% 的水分，22% 的蛋白质以及 8% 的脂肪酸与糖原。如果在抗阻训练时所有额外摄取的热量均作为提供肌肉发育之用，那么每千克瘦体重的增加大约需要 10464 千焦的额外热量。因此，高于每日需求量 1465 至 2930 千焦可以让体重每周增加至 0.9 千克。为了达到增加热量摄取的目的，一般建议运动员在正餐时吃大量的食物、每餐吃更多种类的食物增加摄取的频率或是选择高热量食物。经验显示，如果运动员每天摄食少于五次的话将难以增加体重。为了配合经常摄食的需要，有些运动员会使用正餐替代性饮料。想增加肌肉量的运动员必须增加蛋白质的需求量。蛋白质的需求量一般是每天摄取每千克体重 1.5～2.0 克，而如果运动员蛋白质的来源是以植物为主时需求量将更高。植物性蛋白质比动物性蛋白质具有较低的生物效价。若运动员摄取足够的热量与蛋白质，并从事渐进性肌力训练计划，便可获得体重与肌力的增加。

（二）减重

在有严格体重限制的运动项目中，例如举重、角力、拳击与轻量级选手，经常需要降低体重才能在较低一级的体重分组中竞赛。即使是没有体重分组的某些运动项目，例如体操运动员会需要较低的体脂以利于比赛。对于想要避免净组织流失的运动员来说，建议利用少量降低热量摄取的方法，以获得体重逐步减轻的目标。为了达到较低体重级数或较低的体脂，往往会有明显降体重的情形。当运动员从事减重策略时必须考虑以下几点：

（1）达到与维持最小脂肪量的可能性，受到遗传相当大的影响，有些运动员在这种情形下仍可维持健康与运动表现，但有些则会出现健康与运动表现的问题。

（2）运动员是否可以同时获得肌肉且降低体脂肪主要是受他们本身训练程度的影响。先前未受过训练者在热量限制与训练之后可以降低体脂肪并且可以增加瘦体重，但是，对于已经具有相当低的体脂百分比且受过训练的运动员并不可能会有体重下降却没有部分瘦体重流失的情形。

（3）体重大幅度的下降会伴随着瘦体重大量的流失，尤其是在限制热量的时候。如果所有的能量消耗或是限制饮食的热量摄入都作为降低体脂之用时，那么每14650千焦的热量负平衡可以造成0.45千克脂肪的流失。每周体脂下降的最大速率大约是身体体重的1%，也就是每周平均下降0.49~0.99千克，而每日卡路里的减少量大约是2092~4185千焦。更快的下降速率会导致脱水、净组织（肌肉与水分）流失以及维生素与矿物质含量的减少。脂肪下降率会受到身材大小的影响，例如，一位体重50千克的女性举重选手如果想要减重的话，每周的流失量不可超过0.5千克，大约是她的体重的1%。相反地，一位150千克的美式橄榄球后卫，每周下降1.5千克也可能会是安全的，而这个下降量大约也是他的体重的1%。

（4）逐步地减重以确保最多脂肪的减少以及净组织的保留。快速地减重可能会造成净组织（肌肉与水分）的下降量是脂肪组织下降量的3倍。

（5）每天的摄取不可低于7534~8371千焦，这个摄取量可作为减重的起始点，卡路里是否要增加或是减少要依据减重的情况而定。

（6）饮食中需含具有高营养密度的食物。营养密度是指每卡食物所含的营养物质（维生素、矿物质与蛋白质）。

（7）饮食中需含具有低能量密度的食物。能量密度是指每单位重量或剂量的食物所含的热量，低能量密度的食物包括肉汁、生菜沙拉、蔬菜和水果。一般来说，低能量密度的食物会含有高比例的水分与纤维，在没有超过热量摄取量的情形下可以大量摄取这类食物，这类食物有助于控制饥饿感和较低的热量摄取。

（8）饮食中必须是均衡的营养，而且必须包含各类食物。

（9）减重计划通常应在休息期或是季前期可较容易完成，训练所花的时间和赛季中的赛程，往往会让减重的努力化为乌有。

（三）快速减重

为了要在所希望的体重级数中比赛而快速减重的方法，与减少体脂肪的逐步减重有所不同，这两种方法不可混淆。快速减重是在比赛前3~10天，通过限制食物与液体的摄取而达到的。竞赛前食物与液体的限制通常在量完体重之后便会恢复进食与水分的再补充。有些运动员在实施减重时并不会有负面的结果，但是有些运动员在企图降低过多的体重时可能会有热疾病、肌肉痉挛、疲劳、头晕、虚弱、注意力降低。目前有许多的推测认为，快速减重可能会有发育不良以及增加饮食疾病的发生概率。不过，这些理论并没有很多的文献支持。大部分的运动员在减重时均没有接受专业的指导,许多运动员使用快速减重的方法是因为他们的体脂已经非常低了。因此,若告诉他们应逐步地减重(即降低脂肪)并不是合理的建议。相反地,体能教练可以告知运动员该如何利用最短的时间来降低体重并强调在任何时间均要保持体内水分恒定的重要性。

三、营养师的角色

当运动员询问体能教练复杂的营养问题时介绍他们到适当的询问处是相当重要的,例如队医、运动营养师或是合格且熟悉运动的营养专家。队医有责任去解决运动员的照顾问题和医学需求。营养师则有责任去处理运动员饮食的需求并与队医以及体能教练密切合作以传达适当的信息给运动员。营养师的责任包括:

(1)个别的营养咨询:减重/增重、促进运动表现的策略、设计菜单、日常补充剂。

(2)食物记录的饮食分析。

(3)营养教育:演讲与讲座。

(4)转诊与治疗饮食疾病。

设计一位运动员的营养计划是一项挑战,因为不会有两位运动员会是相同的。运动员的饮食有许多原因:为了增加能量、构建肌肉、降低脂肪、治疗运动损伤以及加速训练与比赛之间的恢复。营养咨询的第一步就是决定运动员的目标。许多竞技运动员对于发展个人营养策略以促进运动表现方面非常有兴趣。减重、增重、旅行时的饮食、营养补充剂、赛前饮食以及促进运动表现通常是运动员要求营养师提供建议的原因。有时候,对于运动员的咨询可能会简单得就像协助运动员克服吃早餐的障碍,但也可能复杂得需要完整的营养评估,包括食物记录的分析、体型的测量和实验室的检测。体能教练必须与其他协助运动员的运动医学专家密切地合作才能提供给运动员一致的信息。营养在力量训练中扮演着非常重要的角色,必须把合理的生活方式和适宜的训练方法以及健康饮食结合在一起。一旦三者结合得非常好,合理的营养补偿便能提供更好的效果。如果能用正确的途径并且在恰当的时间进行营养补偿,那么就能获得好的训练效果以及身体构成。合理的营养补偿能增加运动员机体的合成代谢和训练量并且能够减少运动员的恢复时间。为了完成这些必须在恰当的时间以适宜的量进行正确的营养补偿。但大多数人不能正确看待营养并从中受益。主要原因是他们的不信任和无知,他们不能正确地进行营养补偿就好像错用药物一样严重。

四、运动员营养补偿

(一)抗氧化剂

抗氧化剂被广泛应用的原理是:非常活跃的分子支配未配对的电子,在运动过程中抗氧化剂被应用是能量的一个来源。也有部分人推测抗氧化剂和身体细胞的组成成分有关,通过某种方式导致分子损害和细胞死亡,甚至也使自己死亡。体内一些剧烈的化学反应通常是比较复杂的,它能引起和导致一些疾病,例如:癌症、动脉粥状硬化(使动脉变得很硬)、高血压、免疫力低下、关节炎、糖尿病、帕金森综合征,还有其他的一些疾病都与这个过程有关。抗氧化剂能保护机体不发生激烈的反应,可以阻止引起上述的疾病。大量的数据表明强度很大的训练使身体的剧烈反应增加,就会导致肌肉疲劳、出现炎症、甚至损害肌肉组织。训练也能够减少抗氧化剂的供应和维生素 E 的水平,例如,倾向于强度非常大训练,通常消耗肌肉中大多数非常重要的抗氧化剂。情感压抑通常使身体剧烈反应增加,就像体育训练引起的反应一样。在通常的情况下身体的反应总是在低水平上,在肝脏、肌肉、其他的系统等部位大部分被抗氧化剂所中和,但是在有压力的情况下,身体剧烈的反应增多,抗氧化剂不能完全中和,这些过程对身体造成损害。尽管最近的研究表明对抗氧化剂的作用提出不同的看法,但一些证据说明它对体内的剧烈反应控制有非常重要的作用,如果你进行大强度训练,在饮食中应加入抗氧化剂。数项研究表明抗氧化剂能够改善训练引起的身体损害。例如,相关研究显示将参加体重训练的 12 名男性分成两组,其中有一组每天补偿 1200 免疫单位的维生素 E,持续两周。另一组让他们摄入安慰剂。最后结果数据表明在大强度运动时补偿维生素 E 能大幅度地减轻肌肉膜的破坏。正确使用抗氧化剂能够使机体更加健康并且拥有吸引人的体型。如果自己从事体能主导类身体练习的项目,那么就应该最大限度地利用抗氧化剂所带来的好处。如果每天需要使用抗氧化剂,饮食中应加入多种维生素,推荐人们多吃蔬菜,建议人们尽量满足身体对抗氧化剂的需要。

维生素 E 不仅能保护肌肉组织，也能帮助限制动脉损害，还可以使有害的脂肪在体内的不利影响减少到最小。维生素 C 能够直接保护身体免受伤害，它还可以储存维生素 E。这两种维生素一起食用可以控制肌肉不受损害。胡萝卜素自然是来自植物，例如胡萝卜、马铃薯和其他的一些绿色和黄色蔬菜，多数的胡萝卜素也被称作维生素原 A，这是因为它们在体内转化成维生素 A，除了这些之外，有证据表明胡萝卜素能增强人体的免疫功能和保护人体组织不受损害，它在低浓度的脂蛋白被氧化过程中起非常重要的作用（低浓度脂肪酸）。然而 β 胡萝卜素比较难生产，它不像维生素和矿物质不能被广泛使用。硒在脂肪和蛋白质调整成能量的过程中扮演着重要的角色，和维生素 E 一样对抗氧化剂进行保护，维生素 E 能提高抗氧化剂的效能。

（二）ω-3 脂肪酸

ω-3 脂肪酸是长支链不饱和脂肪酸，它能在体内转化成非常有用的物质，例如前列腺素和白细胞三烯，也参与身体的很多新陈代谢过程。亚麻酸是最重要的 ω-3 脂肪酸，但是人体不能合成它，其他的 ω-3 脂肪酸在体内能被亚麻酸合成。ω-3 脂肪酸的 EPA 和 DHA 在鱼油被发现。ω-3 脂肪酸因为能形成前列腺素 E_1，它能使荷尔蒙的分泌物增加，促进荷尔蒙的释放。

（三）共轭的亚麻酸

共轭的亚麻酸（CLA）是不同于亚麻酸（LA）的同分异构体，在日常的食物中我们能够找到。CLA 主要存在于奶酪、牛奶、牛肉、和未经加热处理的酸奶。CLA 显示的有益性能是其他亚麻酸所没有的。它可能有抗癌的性能和抗氧化的作用，CLA 能杀死癌细胞。比较重要的作用使瘦体重达到最大化，CLA 可能有抗异化的作用。CLA 能使低浓度脂肪酸胆固醇减少，作者的研究结论是随着 CLA 消耗超重和过度肥胖的个体脂肪减少。

（四）咖啡因和麻黄碱

大量的研究表明咖啡因对长时间的耐力成绩有影响，对高强度短时间的练习也有影响。从生物化学方面进行分析，咖啡因对短时间疲劳和参加高强度短时间练习（例如举重练习）的肌肉纤维有影响。麻黄碱能帮助运动员提高训练和比赛成绩。阿司匹林被运动员广泛的使用,有几个方面的原因。它是一种普通的镇痛药,还有抗炎以及其他的功能。咖啡因、麻黄碱和阿司匹林的结合物被广泛地用于脂肪分解,并能够减少肌肉损伤发生的概率,其结果是增加瘦体重的比例。最主要的说法是把阿司匹林和咖啡因加入麻黄碱所发生的协同作用,可以减少麻黄碱的剂量但并不会降低其功效,其结果是降低了副作用,例如麻黄碱对心脏的刺激,少量的阿司匹林会有如此效果还存在争议。然而,阿司匹林和其他的两种复合物结合还是被广泛使用。用麻黄碱和咖啡因的结合物能增加脂肪的分解,但是还存在一些疑问,这种脂肪分解是否能减少体脂还有待研究。一些数据表明,麻黄碱在增加脂肪分解的同时,不能增加脂肪酸的 β 氧化,仅仅是增加脂肪分解能够提高脂肪酸的再脂化作用并不能改变体脂,这样能够适应高碳水化合物饮食,不能适应高脂肪、低碳水化合物的饮食也能够提高自由脂肪酸的氧化及其利用。

(五)抗皮质醇补偿

压力包括高水平训练、身体和精神上的创伤、传染病或者外科手术使丘脑下部和脑垂体发生改变,从而导致皮质醇分泌物的增加。当皮质醇增加时,体育训练本身就能够补偿抗分解作用。时间短的、小强度的训练能够产生更多的皮质醇分泌物。在训练过程中,条件好的运动员比他们的同伴产生更少的皮质醇分泌物。过度训练的诊断方法之一是男性荷尔蒙皮质醇比率,与男性荷尔蒙有关的皮质醇升高被认为是过度训练的标志,换句话说,如果训练得当,我们的男性荷尔蒙将会升高,而皮质醇含量保持稳定。维生素 C 也具有抗分解作用,训练导致皮质醇降低,但是也可以通过抗氧化剂的作用来参与工作。相反,一些抗氧化剂的抗分解作用可能会通过皮质醇的降低而得到调整。维生素 C 和一些维生素 E、胡萝卜素、锌和硒等物质在训练前可能会有用。据一些研究报道能够降低训练所导致的皮质醇升高的补偿物,磷脂会使训练所产生的中脑垂体变得迟钝。尽管一些实验需要继续通过实验去观察,如果皮质醇降低磷脂是否是有益的,是否在补偿物中加入磷脂,在每一个训练阶段之前补偿 1～2 克这些都需要提出警示。补偿物可能会增加肌肉酸痛、肌肉僵硬和运动损伤,而皮质醇降低仅处于次要地位,当使用这些补偿物时,一定要考虑其利害关系。

（六）左旋肉碱

左旋肉碱能够增强肌体利用自由脂肪酸的能力，并把脂肪组织作为能量来源。更多的脂肪变成可获得的能量，这样可以节省肌肉细胞的蛋白质，肌肉分解也可以被降低。在训练取得好的效果之前，运动员可以每天使用100～3000毫克。然而，要想达到预期的效果每天至少需要2克或者更多（至少200毫克）。另一方面显示，脂肪酸在运输和利用的过程中肉碱有限制因素。当能量输出增加时左旋肉碱影响比较明显，当提高练习强度时可以试一下左旋肉碱。

（七）肌酸水化物

以前，合成代谢的类固醇不受欢迎，生产商试着生产更好的类固醇，但作用不大，大多数运动员怀疑营养物的补偿是否能真正提高力量、肌肉体积和运动成绩。但是在过去的几年里大多数运动员的态度发生了转变，这是因为他们相应营养物的补偿作用。其中有一种补偿物是肌酸水化合物，它能增加肌肉体积，提供更多的能量，帮助个体大强度练习后迅速的恢复，肌酸活动能帮助细胞中ADP转化成ATP（细胞最基本的能量来源）。尽管刚开始几年肌酸的使用不太好，但近二十多年大部分运动员都在使用肌酸。现在很多运动项目的运动员，包括健美、足球运动员、板球运动员、橄榄球运动员、垒球运动员，甚至是网球运动员都使用肌酸。使用肌酸潜在负面的影响是如果使用过量就会使人失去力量、身体发热、肾脏受到损害。

（八）氨基酸与谷氨酰胺

增加血液中氨基酸的水平，其次是摄入高蛋白的食物能引起胰岛素和荷尔蒙的水平提高。增加氨基酸水平同时减少肌肉的分解代谢，高合成代谢的反应。研究表明消化支链氨基酸能改变荷尔蒙的周边环境。氨基酸（基本的蛋氨酸）和二肽蛋氨酸—谷氨酰酸和色氨酸—异亮氨酸有复杂的合成代谢的作用：它们能增加蛋白质合成来促进修复肌肉伤口愈合，这些物质能阻止糖尿病人糖肾上腺皮质激素继续升高。运动之后补偿蛋白质可以使胰岛素和生长素增加，并且增强合成代谢的效果。氨基酸的获得的程度直接影响到蛋白质的合成，尤其是在力量训练后的几个小时内。通常运动后蛋白质的合成率、蛋白质的分解代谢、氨基酸的运输，这些都得依靠氨基酸的获得情况。如果运动后氨基酸的获得量增加，那么分解过程将被不断增长的合成过程所抵消，结果会导致细胞组成的可收缩的蛋白质增多，最重要的是在身体练习后尽可能地增加氨基酸的吸收。食物摄入能刺激肌肉合成蛋白质，其次使胰岛素的分泌增加，因为胰岛素能直接刺激肌肉蛋白质的合成，在一定程度上减少蛋白质分解，提高能量平衡可以影响肌肉蛋白质平衡。然而，有一条最基本的途径期望通过食物摄取来刺激肌肉合成蛋白质，只有增加影响肌肉中运输氨基酸的量。

选择好的氨基酸对运动成绩有帮助。氨基酸谷氨酰胺就是一个很好的例子，谷氨酰胺是人体内最丰富的氨基酸，它占人体细胞内和细胞外的氨基酸总量的50%以上，它对肝脏功能起着非常重要的影响，同时对人体中肌肉和其他组织的细胞提供能量，并且可以调节蛋白质的合成。谷氨酸胺对训练特别刻苦的运动员和热衷于健美的人非常重要，用谷氨酰胺的作用去增加蛋白质的产量（为肌肉再生）和减少蛋白质的分解（导致肌肉损伤），这些都依靠谷氨酰胺在肌肉细胞中含量的多少。如果它的量比较多，那么骨骼的肌肉就利用它进行蛋白质合成。谷氨酰胺还可以维持人体内的氨基酸平衡，能够使身体合成更多的蛋白质尽可能减少过度训练的症状。谷氨酰胺的补偿能够给运动员带来大量的好处。外源的谷氨酰胺可以节省肌肉的谷氨酰胺，还可以减少蛋白水解，使潜在的肌肉中蛋白质水平增加，胃肠的功能和免疫功能达到最大化，控制过度训练的病态。谷氨酰胺还可有效地提高荷尔蒙的释放量并且有可能提高荷尔蒙的合成代谢水平，所有这些因素都说明谷氨酰胺的补偿在提高阻力训练的效果方面扮演着非常重要的角色。

（九）支链氨基酸：异亮氨酸、白氨酸

支链氨酸有一条碳链，分支连接在直线状的主碳链上。据研究异亮氨酸、白氨酸有阻止分解代谢和促进合成代谢的作用。在心脏和附着于骨的肌肉上的三种支链氨酸的作用是加速蛋白质的合成和抑制蛋白质的分解。

五、最大限度利用补偿物

营养物的补偿有很多种途径和方法，补偿营养物需选择适当的途径，这包括连续不断的补偿营养物，以增强它的效果，营养物的补偿需要选择恰当的时机，

有一些补偿物需要循环利用，循环利用能保证补偿物被最大限度利用，并保持持续的效果。

（一）累积

补偿营养物有多种作用，例如有的是为了提高成绩和改变身体组成成分。因为有许多补偿物用于专项的补偿物质，连续使用以取得一定效果称作累积。

1. 训练前的累积

训练前累积是为了最大限度地累积能量，使蛋白质的分解代谢最小化，以增加蛋白质合成，提高生长激素和睾丸素的水平，减少皮质醇的量。

2. 训练中的累积

在血流中增加高氨基酸含量的结合物能使肌肉中蛋白质合成达到最大限度。在训练中补偿物累积一般通过运动饮料。运动饮料中应含氨基酸，所含其他成分因根据训练的目的或是提高肌肉耐力或是肌肉体积和力量而有所不同，饮料应该提供复合水物质、电解质、能量和训练前的功能，包括增加蛋白质的合成和减少肌肉分解代谢，减少过度训练的影响和肌肉损伤。对运动员来说一瓶运动饮料至少应该含有30克以上的乳清蛋白质。

3. 训练后的累积

在练习后摄入营养品、蛋白质、个别的氨基酸（尤其是氨基酸的结合物）能增加肌糖原和脂肪储存，促进蛋白质合成和合成代谢速率的增加。在练习后摄入合适的碳水化合物、蛋白质和一些脂肪的结合物能够：第一，阻止蛋白质合成的减少；第二，补偿肌糖原和肌内的甘油三酸酯；第三，增加蛋白质合成和减少蛋白质分解代谢；第四，提高荷尔蒙和睾丸素的水平；第五，增加缺乏物质的恢复，特别的是要摄入有利于合成代谢的饮食和对脂肪的适应。这里需要注意：第一，训练后立刻进行；第二，训练后1~2小时立刻补偿含有氨基酸的混合物。此时，身体能很好地消化和吸收并迅速增加体内的氨基酸数量，从而达到刺激蛋白质的合成和减少肌肉的分解代谢。氨基酸及时摄入和吸收能促进氨基酸运输到肌肉中刺激蛋白质合成。另有证据表明能增加合成代谢的荷尔蒙分泌物，使荷尔蒙和胰岛素的水平升高。增进碳水化合物和蛋白质的消化减少以及氨基酸的吸收率，所以练习后立刻摄入的物质是氨基酸而不是碳水化合物。

训练后 1～2 小时，为了使蛋白质合成、糖原储存、肌内的甘油三酸酯的储存达到最大限度，应该立刻补充氨基酸和乳清蛋白质。

4.ECA 累积

麻黄碱—咖啡因—阿司匹林（ECA）的结合物有脂解作用和生热作用，能提高无氧和有氧的成绩与维持蛋白质的合成。最基本的目标是增加瘦体重和减少身体脂肪，若加入其他一些复合物对体重和脂肪减少维持肌肉体积会更有效。

（二）循环利用

运动员循环利用营养补偿物有两个原因：第一，运动员专项训练阶段由于对专项的营养补偿物需要量增加；第二，因为运动员身体适应了专项的营养补偿物，长时间使用营养补偿物作用减弱，当机体恢复到正常功能时在次补偿这种营养物就会获得最好的效果。有时候身体仅仅适应某专项的营养物。例如，在练习中阿司匹林累积逐渐减少影响到中枢神经系统，但是它不会丧失促进生热和提高氧化自由脂肪酸的能力，在最大强度训练时，运动员经常循环利用肌酸。如果进行 12 周的循环训练，可根据不同的训练阶段营养物的补偿也需要不断变化。在最初的训练阶段，可能用的营养物仅是多种维生素矿物质片，或者是一些抗氧化剂，或是一些特别的蛋白质，或是燕麦片，在大训练强度阶段，可能选择激素原和氨基酸混合物，在训练的强度最大阶段，可选择生长激素和睾丸素生长剂作为营养补偿物。

（三）时机选择

营养物的补偿时机决定补偿物是否有效。通常在最佳时间进行营养物的补偿会获得最大效果，如果补偿时机掌握不好，效果就会较差。根据补偿物的不同时机应有不同的选择，如第一，不很重要的：复合维生素和激素原；第二，比较重要的：训练中的累积，生长激素；第三，专项时间不应该用的：睡觉时间前的阿司匹林累积。营养物的补偿时机选择非常重要。例如，麻黄碱、咖啡因、专项的氨基酸距训练约半小时之内补偿，大量营养物最佳补偿时间是距训练几小时之内，生长激素生长剂最佳补偿时机是训练前和睡觉前。补偿时机选择也能使蛋白质的效果增强。例如，早晨起床后首先进行蛋白质补偿，使在睡觉时空腹状态下的分解代谢停止，训练之后蛋白质合成增加，这是进行补偿的好时机，睡觉前进行补偿主要是利用晚上荷尔蒙分泌物增加和推迟夜间的分解代谢。总之，在最适宜的时间进行专项营养物的补偿，包括蛋白质和氨基酸以提高激素原和荷尔蒙水平。

要使营养物的补偿达到最大效果，需做到使大量营养元素累积的效果增强，设计专项的时机进行补偿以及营养物的循环利用。营养物的补偿非常讲究科学和艺术，即使手中有科学的信息，个体需进行实验找出哪种营养物能与个体专项的新陈代谢相互作用以及与个体专项的需求和目标相吻合，只有当知道哪种营养物最适合时才可以使用它。运动员必须通过所感觉到的效果来判断营养补偿物是否有效，持一个开放严谨的头脑来享受营养补偿物的益处，并判断它们除了日常饮食和训练之外所取得的进步。可测量的参数例如耐力、力量和瘦体重是否有客观的增长。如果有所增长，判断营养补偿物的作用是训练强度还是训练热情提高的作用，尽管许多营养补偿物对增长瘦体重和提高运动成绩有潜在的益处（尤其是蛋白质和氨基酸），营养补偿物的利用需要更系统地研究，我们需要更多的实验来调节营养补偿物的作用以使训练的合成代谢效果达到最大化。

参考文献

[1]（美）马克·瑞比托.力量训练基础[M].北京：北京科学技术出版社，2016.

[2]（美）图德·邦帕·格雷戈里·哈夫.周期：运动训练理论与方法[M].北京：北京体育大学出版社，2011.

[3]（法）德拉威尔编著；郭雨霁译.女性健美与力量训练[M].济南：山东科学技术出版社，2015.

[4]（以）弗拉基米尔·伊苏林.板块周期：运动训练的创新突破[M].北京：北京体育大学出版社，2011.

[5]（日）有贺诚司.肌肉力量基础训练基础知识[M].北京：人民体育出版社，2011.

[6] 田麦久，武福全.运动训练科学化探索[M].北京：人民体育出版社，1988.

[7] 田麦久.运动员多年训练研究文集[M].北京：人民体育出版社，2010.

[8] 田麦久.运动员基础训练过程与训练计划的制订[M].北京：北京体育大学出版社，2006.

[9] 陈小平.当代运动训练热点问题研究[M].北京：北京体育大学出版社，2005.

[10] 陈小平.当代运动训练热点问题研究理论与实践函待解决的问题[M].北京：北京体育大学出版社，2005.

[11] 陈小平.竞技运动训练实践发展的理论思考[M].北京：北京体育大学出版社，2008.

[12] 孙有平.运动训练实践问题探索[M].上海：华东师范大学出版社，2013.

[13] 刘大庆.运动训练学研究进展与理论探蹊[M].北京：北京体育大学出版社，2013.

[14] 胡亦海.竞技运动训练理论与方法[M].北京：人民体育出版社，2014.

[15] 冯传诚.田径运动专项力量训练[M].北京：中国商务出版社，2010.

[16] 罗陵.现代篮球体能训练指导[M].北京：人民体育出版社，2009.

[17] 冯连世.21世纪运动生理学和运动生物化学研究展望[J].中国体育科技，2002，38（1）：3.

[18] 刘杰.金字塔与固定强度训练法对下肢最大力量及爆发力的影响对比研究[D].北京：北京体育大学，2018.

[19] 闫琪.功能性体能训练在我国的发展[J].中国体育教练员，2011（4）：3.

[20] 王卫星.体能训练理论与实践[M].北京：高等教育出版社，2012.

[21] 孙文新.现代体能训练[M].北京：北京体育大学出版社，2011.

[22] 美国体能协会.体能训练设计指南[M].北京：北京体育大学出版社，2016.

[23] 利伯曼杨溪.力量与体能训练：Anatomy of strength&conditioning[M].北京：人民邮电出版社，2015.

[24] 周家颖，李山.体能训练教程[M].北京：北京体育大学出版社，2015.

[25] （美）霍利斯·兰斯·利伯曼，等.力量与体能训练[M].北京：人民邮电出版社，2015.

[26] 杨海平，廖理连，张军.实用体能训练指南[M].广州：广东高等教育出版社，2013.

[27] （英）马克·韦勒著；李振华译.健美与力量图谱套餐——肌肉训练全攻略[M].济南：山东科学技术出版社，2011.

[28] （美）奥利弗，郝丽著；闫琪译.女子运动员体能训练[M].北京：北京体育大学出版社，2011.

[29] 邓运龙，赵昆华，邓婕.运动训练的哲学[M].北京：学苑出版社，2015.

[30] 魏荣，杨添朝，刘涛.运动训练计划制订与实施[M].长春：吉林大学出版社，2014.

[31] 林岭.现代运动训练新理念、新方法[M].北京：北京体育大学出版社，2013.

[31] 王保成，杨汉雄.竞技体育力量训练指导[M].北京：人民体育出版社，2001.

[32] 张胜年.肌肉力量训练与损伤生物力学基础[M].石家庄：河北科学技术出版社，2007.

[33] （匈）塔马斯·阿让，拉扎尔·巴罗加著；王艳译.举重与力量训练[M].北

京：人民体育出版社，2005.

[34] 万德光，万猛.现代力量训练[M].北京：人民体育出版社，2003.

[35]（美）弗拉基米尔·M·扎齐奥尔斯基，威廉·J·克雷默.力量训练的科学和实践[M].北京：北京体育大学出版社，2011.

[36]（西）里卡多·卡诺瓦斯·里内拉斯.肌肉力量训练彩色图谱[M].北京：人民邮电出版社，2015.

附 录

肌动蛋白：在肌肉运动中涉及的一种蛋白。

适应阈：一个人在给定的训练阶段中达到的适应性水平，超过这个水平必须增加负荷。

适应性：受循序渐进递增负荷的直接影响，一块肌肉在功能或结构上稳定的改变。

主动肌：直接参与收缩的肌肉，与其他肌肉的工作相反。

全或无法则：一条肌纤维或神经细胞受到刺激后，要么整个细胞传递兴奋，要么完全不兴奋。

氨基酸：蛋白的基本结构单位。

合成代谢：蛋白质的合成。

雄性激素：支配男性化的物质。

对抗肌：与主动肌功能相反的肌肉。

ATP不足理论：一种因ATP持续续不足而导致肌肉肥大的理论，例如干扰ATP的消耗和产生的平衡。

肌肉萎缩：由废用或疾病导致的肌组织萎缩现象。

弹性运动：动力性肌肉运动。

β内啡肽：在脑中自然产生一种化学物质（缩氨酸），有止痛效果，在身体中结合一定的受体（同样的物质如吗啡），在长时间的练习中内啡肽能缓解疼痛。

促脂解激素：一种由脑垂体前部分泌的激素，其生理功能尚不清楚，但其氨基酸排序与内啡肽相似（类似吗啡一样物质），因此这种物质也可能与止痛有关。

生物电阻抗分析：测试身体肥胖的一种方法。电流在身体内传导同时测试电阻。因为体内的非脂肪成分中含有较多的水分和电解质，因此能更好地传导电流，由电阻可知身体脂肪比例的信息。

生物学价值：描述食物蛋白制造身体组织的效率。

卡路里循环：调整能量的摄入量，以避免身体对某一特定能量摄入量的适应的练习。帮助身体在控制饮食时期降低代谢率。

碳水化合物：任何只由碳、氢、氧三种元素组成的化合物，包括糖、淀粉和纤维素，是食物的基本原料之一。

心输出量（每搏输出量）：从左心室泵出的血液量。在掌心向上安静时，人的平均值大约是每搏动一次泵出 70 毫升血液。

分解代谢：蛋白质的分解增加。

适应性最高限度：在训练中，一个人已经到达的一定适应性的水平。训练的目标是突破适应性的最高限度，同时提高竞技状态。

中枢神经系统：包括脊髓和脑。

欺骗日：在节食周期中计划好的一天，避免身体对某一特定能量输入量的适应。

慢性肌肉肥大：使用很大的负荷（超过 80%1RM）导致的肌肉在结构水平的持久肥大。

完全蛋白：包括所有九种必需氨基酸蛋白质，来源于动物蛋白。

复合碳水化合物：包括多糖和淀粉，由许多葡萄糖单位组成，来源于蔬菜、水果、谷物。

肌酸激酶：在肌肉损伤的时候循环系统中产生一种可溶性肌蛋白，在骨骼肌损伤和心肌损伤中具体的肌酸激酶有不同的异构体。

磷酸肌酸（CP）：储存在肌肉中的一种高能量化合物。它为少于 30 秒的高强度活动供能。

横桥：肌球蛋白的延伸，一种有收缩特性的蛋白质，在肌肉收缩中有很重要的作用。

反训练：颠倒适应性的练习。比起训练来说，反训练的效果出现的更迅速，仅在停止训练后两周的力量（工作）能力大量减少。

二糖：两种单糖的组成，最普通的是蔗糖和乳糖（牛奶中）。

双金字塔负荷模式：先逐渐增加负荷到最大，然后再减少到最初的负荷。

动态柔韧性：某一动作要求的肌肉在活动状态（与静态相反）中的柔软性。通常称为弹性柔韧。

离心收缩：肌肉纤维在运动中被拉长，同时肌纤维紧张。

水肿：局部和全身的组织包含过量的组织液，急性的膨胀或浮肿，在某一身体部位可以看到组织液迅速形成，仅持续很短时间急性期。

肌电图：一块肌肉或一个肌群的肌膜兴奋后的电活动的测量。

内啡肽：脑分泌的具有镇痛作用的氨基酸。在精力充沛的练习中产生愉快的经历，是吗啡族的成员。

必需氨基酸：不能通过身体合成的氨基酸，因此必须通过食物供应。

兴奋：对刺激产生反应的能力。

纤维束：被称为肌束膜的结缔组织捆绑在一起的一束骨骼肌纤维。

快肌纤维（FT）：具有如下特征的肌纤维：收缩时间短、高无氧能力、低有氧能力，适合高功率输出活动。

脂肪：一种由甘油和脂肪酸组成的化合物。

去脂体重：身体的重量减去脂肪的重量。

中和肌：受到刺激后收缩，稳定某块骨的位置来完成运动的肌肉，也叫固定肌。

平金字塔负荷模式：在准备活动后的整个力量训练期间固定负荷的一种训练模式。

柔韧性：关节的运动范围（静力柔韧性），向关节反方向运动的能力（动力柔韧性）。

血糖指数：一种食物消化速度的测量方法，与葡萄糖消化速度相比较。指示是否一种食物会引起胰岛素的不良波动。可作为运动员控制饮食有用的工具。

糖原：在肌肉和肝脏中，以碳水化合物（葡萄糖）形式储存的糖。

糖酵解：葡萄糖代谢分解成丙酮酸或乳酸并产生 ATP 提供能量的过程。

生长素：一种由脑垂体前叶分泌的刺激生长发育的激素。

大负荷：超过最大力量 80%～85% 的负荷。

稳态：保持相对稳定的内部生理环境。当练习的压力引起内环境改变时，身体持续的工作以保持平衡或达到平稳。

水下称重：精确测量身体脂肪的一种技术，受试者在水槽中并被称重，此测量值与干体重、余气量、水温一起，能精确的计算出身体的脂肪百分比。

充血：流经身体任何部分血流量的增加，也通常叫作"泵血"。

增生：在组织或器官内细胞数量的增加。

肥大：由于细胞体积的增大而非数量增多导致组织或器官体积的增大。

不完全蛋白质：不包含所有九种必需氨基酸的蛋白质，存在于植物蛋白中。

抑制：施加压力，减速是中枢神经刺激（兴奋）的作用（通过减少电活动）。

强度：涉及训练定性方面的元素，在健美训练中，强度用占最大力量的比例表示。

等动收缩：一种发展力量的肌肉收缩形式，在整个运动范围内保持相同的速度。

等张收缩：一种肌肉缩短来对抗固定负荷的收缩形式。也叫向心收缩或动力性收缩。

关节：在人的身体中两个或更多个骨的有功能性关系的连接。

乳酸系统：一种生成ATP的无氧供能系统，通过葡萄糖分解产生，没有氧参与，产生乳酸，为高强度的短期（少于2分钟）工作提供能量。

乳酸：糖酵解（无氧或乳酸）系统的代谢产物，来源于葡萄糖的不完全分解。

韧带：强有力的纤维组织带，连接相邻的骨。

限制氨基酸：体内供应最少的必需氨基酸，如果缺少蛋白质合成将停止。

拉力线：通过一块肌肉确定的描述其张力方向的线。

低负荷：低于79%最大力量的负荷。

大周期：持续2～6周的训练周期。

大负荷：90%最大力量以上的负荷。

中负荷：50%～89%最大力量之间的负荷。

细胞膜：一种由脂肪和蛋白质构成的阻挡层。

小周期：大约持续训练一周的训练周期。

微小撕裂：在肌肉、肌腱、韧带中发现很小的撕裂。

单糖：结构简单的糖，两种最常见的是葡萄糖（血糖）和果糖（水果中）。

运动单位：单个运动神经和它支配的所有肌纤维。

运动神经元：发放神经冲动来影响肌肉收缩的神经细胞，大部分的运动神经细胞支配骨骼肌运动。

肌原纤维：肌纤维的组成部分，包括肌球蛋白和肌动蛋白两个蛋白质链。

肌浆蛋白：肌肉收缩中涉及的一种蛋白质。

负卡路里平衡：与合成相比，身体燃烧更多的卡路里的状态，如果体重在减少这是必然的。

神经适应性：肌肉在收缩中提高神经肌肉的协同性。在青春期之前力量的获得经常由神经适应性的改变获得。

神经肌肉接点：一块肌肉和支配它的神经结合处。

神经元：发动、整合和传导电信号的特殊神经细胞。

非必需氨基酸：能通过身体合成，不需要从食物中获得的氨基酸。

一次重复最大力量：一个人一次能举起的最大重量，最大举起能力的100%。

超量恢复：在过度的练习工作中涉及一种关系，关于锻炼和肌肉重建的力量，在大负荷前唤起生理和心理上激励的生物学基础。

超负荷：在训练中以改善力量为目的增加负荷的练习。

营养的周期性：使用营养品和补剂来匹配训练阶段的程序。

健美周期性：训练阶段方法学的作用是使肌肉的大小、质量和线条有最大的进步。

特别阶段：特别的训练阶段。例如，肌肉增大阶段、肌肉轮廓阶段等等。

脚跖屈：脚向前和向下运动。

平台：在训练中没有明显进步的时期。

PNF（助力性神经肌肉本体感觉练习）：提高身体放松收缩能力的柔韧性练习技术，基于神经生理学原则。

多糖：见复合碳水化合物。

原动肌：主要负责完成某个动作的肌肉。

蛋白质：由氨基链组成的物质。通常用于组织的生长和恢复，与身体的供能物质相对应。

泵血：在力量训练中，由肌肉充血造成的厚重感觉。

金字塔负荷模式：负荷模式的一种，开始负荷比较低，以后每一组有所增加到达最高点，然后下降。

受体：在细胞膜内和靶细胞内的特殊蛋白质结合部位。

感觉神经元：将神经冲动从感受器传送到中枢神经系统的神经细胞，感受器的冲动源于声音、疼痛、光和味觉等。

斜金字塔负荷模式：一种负荷模式，在整个周期中负荷持续增加，只有最后阶段负荷降低。

慢肌纤维：肌纤维有如下特征，较慢的收缩时间、较低的无氧能力、高的有氧能力、肌纤维适合较低能量输出的活动。

专项训练：特定活动或技能的训练计划建构下的原则。

监护员：在训练中观察或帮助练习者做动作的人。

稳定肌（中和肌）：受到刺激以稳定肢体的位置的肌肉。

标准负荷：在一定的时期内保持的相同负荷标准。

静力柔韧性：在最大伸展位置固定肢体以被动地拉长某块对抗肌。

梯形负荷原则：以周为单位增加运动负荷，通常为三周，接下来的一周没有负荷以使身体在恢复。

牵张或静力反射：反映肌肉牵张速率的反射，这种反射对刺激（肌肉的牵张）有最快的反应速度，能引起被拉长的肌肉的收缩，同时阻止其对抗肌的收缩，特别是当牵拉比较快时。

超最大力量负荷：超过一个人最大力量（1RM）的负荷。这种负荷通常只被有经验的运动员使用，特别是在最大力量训练阶段。

协同肌：在肌肉收缩过程中，辅助原动肌收缩的肌肉。

肌腱：连接在肌肉和骨骼之间的胶原纤维束，将肌肉的收缩力传导到骨骼上。

睾酮：在睾丸中生成的男性激素，维持男性第二性征。

暂时性肌肉肥大：由于体液的积累造成的暂时肌肉肥大，不是永久性的组织生长。发生在一次大负荷训练中或在训练不久。当身体回到正常状态时（动态平衡），肥大消退。

痉挛：运动单位对刺激（神经冲动）的反应：短暂的收缩，随之是放松。

减负：在新的负荷之前减少负荷，通常是为了身体和精神上的恢复和激励。

尿素：身体的主要废物，氨基酸分解的产物。

血管舒张：血管的扩张，特别是动脉和它的分支。